Chronicon Monasterii De Bello: Nunc Primum Typis Mandatum

John S. Brewer

Nabu Public Domain Reprints:

You are holding a reproduction of an original work published before 1923 that is in the public domain in the United States of America, and possibly other countries. You may freely copy and distribute this work as no entity (individual or corporate) has a copyright on the body of the work. This book may contain prior copyright references, and library stamps (as most of these works were scanned from library copies). These have been scanned and retained as part of the historical artifact.

This book may have occasional imperfections such as missing or blurred pages, poor pictures, errant marks, etc. that were either part of the original artifact, or were introduced by the scanning process. We believe this work is culturally important, and despite the imperfections, have elected to bring it back into print as part of our continuing commitment to the preservation of printed works worldwide. We appreciate your understanding of the imperfections in the preservation process, and hope you enjoy this valuable book.

CHRONICON

MONASTERII DE BELLO.

NUNC PRIMUM TYPIS MANDATUM.

LONDINI:
IMPENSIS SOCIETATIS.
M.DCCC.XLVI.

LONDON:
Printed by S. & J. BENTLEY, WILSON, and FLEY,
Bangor House, Shoe Lane.

PREFACE.

The following HISTORY OF THE FOUNDATION OF BATTLE ABBEY, now for the first time presented to the public, has been printed from a transcript made by the Record Commission, under the direction of the late Mr. Petrie. For permission to use this transcript, the Society is indebted to the liberality of Sir James Graham, who kindly permitted them the loan of this and of other papers of a similar nature.

It needs scarcely to be stated, that the present Editor has carefully collated Mr. Petrie's copy with the original manuscript preserved in the Cottonian Collection, in the British Museum.[1] The Notes, Index, and the Preface, together with the Apendix at the end of the Volume, have also been added by the same hand.

Although Mr. Petrie had evidently intended to prepare this work for the press, in order that it should form part of our National Chronicles, and had carefully read it for that purpose, yet he had made little or no progress in his task, except so far as a few conjectural emendations marked in pencil (where he doubted the fidelity of the transcript) may be considered to be of this description. It has not been deemed necessary to retain those queries, nor his occasional suggestions of various readings, for these reasons, among others: first, because it has ever been a rule with the present Editor, to adhere strictly to the MS. wherever the original yielded a tolerable sense; and, secondly, because it could not be ascertained, whether

---

[1] Domitian II. A MS. on vellum of the twelfth century.

Mr. Petrie, on more mature consideration, would have retained such emendations, had he lived to finish his work.[1] With this brief statement we may now proceed to make some observations on the Chronicle before us.

It commences with the Battle of Hastings, and extends to the year 1176—an era of the utmost importance in the annals of English Monasticism. The great struggle between the two powers of the Church (the prelacy and the religious orders) dates itself from this period, and the dawning of that emancipation from Episcopal interference, which was fully consummated by the latter under Innocent III.

In the weakness of that political system, which exercised a very inefficient control over the turbulent spirits of the age, it was the policy of William I. and his successors to raise up some antagonistic power sufficient to restrain the great Barons, whether secular or ecclesiastical, who trampled under foot all social institutions, and seemed to look upon this kingdom as their own possession by the right of conquest. Respecting no laws, they made no scruple of plundering the Church, and set its protectors at defiance, imitating those acts of oppression of which their Sovereigns were guilty on a greater scale.

To these causes may be assigned the development of an ecclesiastical order till then unknown; and the existence of a class of bishops endowed with power and authority, living in splendour and riches, never before witnessed by our Saxon forefathers, as never required in their times. Such power and authority was necessary to check the fierce despotism of this age, which had otherwise soon converted this country into its primitive barbarism.

With this power and influence of the Bishops grew the power and wealth of the Religious Foundations; for,

---

[1] Two instances may be mentioned: at p. 8, ten lines from the bottom, Mr. Petrie had proposed to read *sævo* for *scævo*, contrary to the sense of the passage, as much as against the rules of criticism; again, at p. 99, line 13, the transcriber had written *proculat*, to which Mr. Petrie had added, as a note, '*proculio*, longe dimoveo.'

with few exceptions, the prosperity of the hierarchy and of the monastic orders was a common cause, and at this time neither of them had reason to be jealous of the other.

The reign of Stephen and the troubles consequent upon its disturbances, raised the nobility, both ecclesiastical and secular, to a degree of importance never enjoyed by them before. But in the lawlessness which then prevailed, Monasticism seemed to make no progress; it was enough, says the Author of this work, if a man could preserve only a small portion of his own, without attempting to recover what had been unjustly taken from him. And yet this assertion must not be admitted without some qualification. In the great struggles of this reign, and in the rapid interchange of power from one Prince to another, new notions were gaining ground, which led to great and unforeseen results. Men had learned to see that some other authority existed than that with which they had been familiar—one that till then had been overlaid by the tyranny and domination of the Norman Kings. Externally unfavourable to Monasticism, the fierce convulsions of this reign tended to advance in a great measure an invisible and Divine power, and taught men to recognise another dominion, one that was based upon an invisible and spiritual, but not the less real foundation.

It is not intended by these remarks, to assert that this conviction was altogether new to England; there is sufficient evidence of its acknowledgment in the earlier Councils of the nation. But thus much may be affirmed with certainty, that it was a novel thing in its new shape, in this distinct, separate, and independent existence. It was never before brought so vividly before the eyes of men—it was never so dogmatically asserted—it was not considered so much a distinct and independent element —it did not address itself so prominently to men's senses, nor was the necessity of it so strongly felt. In the more patriarchal government of the Anglo-Saxons —more mild as it was more religious in its character— the power of the Prince was a reflection of the power of the Lord; it was in a manner derived from him, as his was from the father of the family. Each great landowner formed a centre round which his tenants and his vassals gathered; each one had little or no connexion with other Lords, no systematic form, no clear line of demarcation defining the just limits of ecclesiastical and lay jurisdiction, for no such necessity existed. But it was far otherwise when the Norman power was established in this country: it disturbed all previous relationships — crushed all usages, and remodelled them upon a stern and unbending system — systematized the whole forms of government, swallowed up all independencies, and made all dependent upon the King's person as the source of power. Then all individual independency was gone, and with it the ancient independency of family circles and lordships. Then, for the first time, the doctrine was sensibly taught, that all authority emanated from one prime and visible head. Were this the place for such details, it might easily be shewn that these remarks apply with equal justice to the ecclesiastical as well as to the civil power. And how thoroughly the Norman Kings had learned to persuade themselves of the truth of it, how well they had conned their lesson, might be further shewn by reference to the acts of their reigns, and from the History now before the reader. Let him turn, for an exemplification of it, to the remarkable conference held before Henry II., when these new opinions, to which the troubles of Stephen's reign had given life and vigour, came to be seriously argued.

It was not to be expected that the principles thus promulgated by the Norman Sovereigns, and upheld by them with so much tyranny and oppression, should not, sooner or later, be turned against themselves, even had their reigns been less marked than they were with violence and bloodshed. But, indeed, the very nature of their policy, and its results, rendered such a consequence inevitable. No intelligent reader of the history of the Middle Ages can fail of perceiving that the policy of the Holy See, whether intentional or not, tended to the restriction of regal power, and the emancipation of the middle orders of the community. The mediatorial position of the Sovereign Pontiff, as the arbiter of peace and order, pointed inevitably to such a result; and what he was as universal bishop to troubled Europe, such was each particular bishop in his own sphere and diocese.

The Norman Bishops were the maintainers of peace and order. For the security of his kingdom, the Conqueror found it necessary to invest them with an authority sufficient to countervail the most powerful of his Barons. A power thus created was not to be destroyed at the will of its author, especially when the necessity for it had not altogether ceased; and the events of the subsequent reigns tended naturally to strengthen it. With such a King as William II., and such an Archbishop as Anselm, men could not but wish the kingly power repressed, and the powers of the Church enlarged. Earnest-minded men could feel no misgiving in the exaltation of that power, whose officers the prophet had declared should be peacemakers, and her exactors righteousness; indeed the only exactors of right and the only guardians of peace in those generations. It was in vain, therefore, in this King to scorn and jest at it, when in his heart he secretly feared it; it was in vain, too, that Stephen, hampered by the troubles of his reign, at one time courted, and then again tried to repress it. In the time of Henry II., notwithstanding the activity and policy of that Prince, it was far more advanced at the conclusion, than it had suffered diminution at the commencement of his reign. It might indeed be considered as fairly and fully established.

At the same time, while the ecclesiastical jurisdiction was thus emancipating itself from secular tyranny and asserting its own independency, whilst it was exerting its influence in checking despotism and preserving and fostering the elements of civilisation, there was growing up within itself a new element of power, destined to check and control the prelacy—I mean the increasing importance of the Monastic Order. The ascendancy of the one order would naturally tend to the advancement of the other. For in the growing worldly pomp and splendour of the Church, it was natural to expect that communities of men living in evangelical poverty, and professing a life of austerity and self-denial, should meet with encouragement and a great share of popularity. As the higher clergy occupied the more exalted stations in society, and were identified with the court, it would naturally follow, that the monastic bodies, taken from the lower orders of the people, should be identified with a popular party, and lead the way in those struggles for independence which were afterwards taken up by the Commons.

Thus, then, were the Monastic Orders appointed to be the instructors of the great masses of society, and to lead them on the road of improvement and independence. Thus were they destined in earlier times to occupy that position as an ecclesiastical body, which was afterwards held by the third estate (as it is called), the cradle of social life and liberty. With some reason, therefore, does a modern writer of great intelligence behold in the advancement of these orders a type and example of the struggles of the Commons. At all events, at the period of which I am now speaking, it is not to be questioned but that the Monks represented the popular ecclesiastical party in England, and what the great mass of the people were to the Norman Barons, the same were the Monks to the more dignified ecclesiastics.

For this popularity of the Monastic Orders we have the direct testimony of a Norman historian.[1] We have even a

---

[1] Ordericus Vitalis, ad an. 1112: "Angli monachos, quia per eos ad Deum conversi sunt, indesinenter diligentes honoraverunt, ipsique

better testimony from the records of the Monks themselves. A slight inspection of the names of the different brethren will be sufficient to prove that they were, with scarcely an exception, of Anglo-Saxon origin. We may add to this the practice common in earlier times, at least, of choosing the new monks from among the tenants of the religious houses, who were also exclusively Anglo-Saxons. We may also add the fact of their being no better fed, or clad, or educated than the sons of the farms from which they were taken. Chosen, then, from the popular classes, and associated with them to a great degree in popular feelings and prejudices, they were the natural guardians and protectors of the labouring classes. Their proceedings in the assertion of their own independence was a popular cause. Besides, while the Bishops were employed about the Court, the Monks resided in the middle of their estates; while the Prelates were employed in matters of state, the Monks had the education of the people. The demand made by monasteries for various excellence and skill promoted various kinds of learning, and fostered genius in all its branches. It tended to the gradual amelioration of the lower orders, it prevented a relapse to barbarism and infidelity,—to the state of torpor amounting to brutality, which had formerly prevailed in England,—a torpor which must have returned again, but for the continual spur to exertion, the continual reward for genius and talent, supplied by the religious houses.

We are not to be surprised, then, that, in their struggles for independence, and in the second step consequent upon it, wealth and power to carry out their intentions and principles, these houses were greatly favoured, not only by the people at large, but even by the Norman Barons. Politic principles would induce many to do this; they would

clerici reverenter et benigne sibi monachos præferri gavisi sunt." And, again, ad an. 1070: "Augustinus et Laurentius, aliique primi prædicatores Anglorum, monachi fuerunt, et in episcopiis suis vice canonicorum, quod vix in aliis terris invenitur, monachos pie constituerunt."—See also Altesserra Ascetic. p. 59 (ed. Glück), for other testimonies to the same effect.

consider that the struggles of the Monks against the Bishops was their own cause, that they were fighting the same battle in which the laity themselves were engaged. The cause of the monks, though in reality, at first, the cause of the people, would appear to the Norman nobles in a far different light; and thus these nobles helped forward the aggrandisement of the monkish orders, in many instances, from policy — in some cases, undoubtedly, from the conviction, the better conviction, that such establishments were beneficial to the people, the great schools and nurseries of the land.

No view of history, therefore, can be more shallow, or more indicative of narrow bigotry, than that which would represent the growth of the Monastic system, its wealth and its influence, as the result of superstition, and the fruits of a miserable fraud. When, indeed, has it ever happened that unworthy motives produced any vital or lasting effects? Were men's minds so differently constituted at that time, that they would willingly forego those advantages which men now-a-days grasp so firmly? Is an enduring influence gained by selfishness or deceit. Such vices may have tended to the destruction of the orders, but they bore no part in their foundation, strength, and increase. These were the works and the establishments of men who had great objects at heart, and who saw in such institutions the great means for the general amelioration of their fellow-men.

The Monks were the great teachers and instructors of antiquity; not so much, perhaps, spiritually (although in this respect they were no mean or inefficient instruments), as in secular arts and learning. As laymen of a better order, and living under discipline (for such they were to very late times), they had not only a greater influence on the laity, but in times of lawlessness and oppression they were a living lesson of the blessings of obedience, and of the value of discipline. They were a living lesson among laymen of the reality of spiritual things. In their position, also, and union, they were enabled to enforce good rule,[1] in the weakness of the feudal system left too often to individual efforts; to become the sturdy maintainers of right against the lawlessness of the times and the oppression of the feudal barons. They were a shelter to the poorer classes, the instructors of their children, the physicians of their sick and aged; and wherever the religious orders were established, there fertility and good order prevailed. Here, then, is another reason why the Norman nobles were forward in founding cells and augmenting monasteries: a religious act in itself, it was rewarded as such in this life; for it returned tenfold in the improvement of their estates, in the education of their vassals, in the repression of disorder, in the superior skill in handicraft every where introduced by the Monks.

To the Church now, or, more correctly speaking, to the Clergy, has mainly been committed the education of the people; but what the Clergy could not do then, and no other ranks of men cared to do, was done by the Monastic Orders. A school-room formed an integral portion of every monastic establishment—a *scriptorium*, and a body of men to transcribe and multiply books; for to their labours has the press succeeded: and, what is as much to be admired, to their care[2] in preserving and recording

---

[1] Thus, the Abbot of St. Albans, "perceiving the road to London, which was by the Watling Street, to be much infested by thieves and robbers, demised the manor of Aldenham to the Abbot of Westminster for a term of twenty years, he engaging to defend the road and protect all travellers." (Newcome's St. Albans, p. 43.)

[2] I cannot here refuse myself the pleasure of transcribing a passage from Newcome's "History of St. Albans," in illustration of the foregoing remark. In the character of this people, it should not be forgotten that we are vastly indebted to the Normans for the stimulus they gave to learning in this country. In this respect the monasteries under their rule form a very striking contrast with that of their Saxon predecessors.

"Among other things" (says Newcome), "one Robert, a very stout soldier, who lived at Hatfield, and being one of the Norman leaders, had received that vill and manor in the distribution, gave two tenths of the tithes of his demesne, assigning it for the purpose of purchasing and providing books for the monks; for this Robert was a man of letters, and a diligent hearer and lover of the Scriptures. The tithes of Redburn were assigned to the same purpose; and the best writers and copyists were sought for far and near for transcribing books, and their

the events of their days are we indebted for what is most valuable in the records of antiquity, as well as for a diffusion of the knowledge of the Scriptures—for the preservation of that which is most precious in the records of antiquity.

But we must draw these remarks to a close; and we do so with a hope that men will learn to look upon these questions with feelings less influenced by prejudice; that a more even-handed justice will be dealt out to a body of men whom it has long been a fashion to abuse, and to represent as the great foster-fathers of idleness and luxury. Three centuries have passed away, and yet they have left their trace and influence even on this age—how different from their own! Even in these days of utilitarianism and expediency, men are constrained to go on pilgrimage to the relics of their departed greatness; to worship beauty, to gaze with awe, to submit to emotions which nothing else would evoke; to admire deeds of self-denial, of personal sacrifice, of humility, of faith so opposite to this age, enshrined in perishing and crumbling stone. Men are constrained to confess, even in this bustling, talking, conceited age, in this noisy laudation, this idolatry of work and action, that there are other and quieter virtues, which are noiseless, pure, peaceable, and of good report.

---

diet so provided for them, that they might never be taken off or hindered in their employment. The Abbot, in return for these favours, gave Robert, for the use of his chapel in his court or palace at Hatfield, two suits of pontific vestments (which, in those days, consisted of many garments, and those highly enriched with gold and silver), one silver cup, a mass-book, and other necessaries. Having thus furnished Robert's chapel, a particular room in the Abbey was set apart for these copyists, called the Scriptorium; and, by their means, twenty-eight volumes of the choicest books were procured, Lanfranc furnishing the originals. Besides these, they prepared eight psalters, a collection of the collects, another of the Epistles," &c. (Hist. of St. Albans, p. 48.)

As a proof of the great industry of the monks in this respect, Haeften quotes an instance of the Abbot of Turin (*in Taurinis*), as early as the year 531, carrying off into a place of security as many as 6700 MS. volumes, a ta time when an invasion from the Saracens was expected. (Disquisit. Monast. p. 850, ed. 1644.)

EXTRACT FROM

BROWNE WILLIS'S HISTORY OF MITRED ABBIES.

"KING WILLIAM the Conqueror, A. D. 1067 (and not A. D. 1086, as it is in the folio edition of Stow's 'Annals'), built an Abbey in the same place where he fought and overcame Harold and his army. His design in building this Abbey was, that perpetual praise might be given to God for the said victory, and that prayers might be offered for the souls of such as were slain here. It was dedicated to St. Martin, and was endowed at the Dissolution with lands valued at 880*l.* 14*s.* 7*d.* per ann. Dugd.—987*l.* 0*s.* 11¼*d.* Speed.

"In this battle, it is said, above ten thousand men lost their lives on the conquering side; but what the number of the vanquished was may be guessed at with astonishment. King William designed to have endowed this Monastery with lands sufficient for one hundred and forty monks, but was prevented by death. However, he granted many privileges to it, as exemption from episcopal jurisdiction, treasure-trove, and free warren in all their lands; all which privileges, with the Abbey itself, coming into the King's hands at the Dissolution, he soon after bestowed the site of the church,[1] with several of the lands, upon one Gilmer, who, for lucre of the land, timber, &c., in a little time pulled it down and sold the

---

[1] Which was dedicated to the Holy Trinity, the Virgin Mary, and St. Martin the Confessor.

materials; which sacrilegious act thrived not, it being soon after sold to Sir Anthony Browne;—a circumstance I take notice of here, on purpose to rectify a mistake in Fuller's 'Church History,' who says it was originally granted to him by King Henry VIII. The posterity of this Gilmer do yet live in this place in a mean capacity.

"Though this Abbey be demolished, yet the magnificence of it appears by the ruins of the cloisters, &c., and by the largeness of the hall, kitchen, and gate-house, of which the last is entirely preserved. It is a noble pile, and in it are the sessions and other meetings for this peculiar jurisdiction, which hath still great privileges belonging to it. What the hall was when in its glory, may be guessed by its dimensions. It is in length above fifty of my paces. Part of it is now used as an hay-barn; it was leaded—part of the lead now remains, and the rest is tiled. As to the kitchen, it was so large as to contain five fire-places, and it was arched at top. But the extent of the whole Abbey may be better measured by the compass of it, being computed at no less than a mile about.

"In this church the Conqueror offered up his sword and royal robe which he wore on the day of his coronation. The monks kept these till the Suppression, and used to show them as great curiosities, and worthy the sight of their best friends and all persons of distinction, that happened to come thither. Nor were they less careful about preserving a table of the Norman gentry which came into England with the Conqueror. This table also continued till the Dissolution, and was seen by our admirable antiquary, Mr. Leland, who hath given us the contents of it in the first tome of his 'Collectanea.'

"Not far from the Abbey stands the parochial church, which is one of the best in all this country. In this church there formerly hung up an old table, containing certain verses, the remains of which I shall here subjoin:—

> This place of war is Battell call'd, because in battle here
> Quite conquered and orethrown the English nation were.
> This slaughter happen'd to them upon St. Ceelict's day,
> The year whereof . . . this number doth array.

"One of the descendants of the above-mentioned Sir Anthony Browne endeavoured to raise a good seat out of the Abbey materials, but being never finished,[1] it now lies in ruins with the Abbey itself."—"History of Mitred Abbies," by Browne Willis, in Leland's *Collectanea*.

---

[1] It was finished, and subsequently destroyed for the sake of the lead.

CHRONOLOGICAL ABSTRACT.

A. D. 1066.

The Author's object in compiling this History, 1.

William the Conqueror succeeds to the Dukedom of Normandy—and after many troubles brings it into a state of tranquillity, 2—is made heir to Edward the Confessor—prepares an army against Harold, who had usurped the kingdom of England[1]—lands at Pevensey—stumbles when disembarking; William Fitz-Osbert's interpretation of the omen, 3.—Fortifies a wooden castle at Hastings—burns his ships—prepares for battle—puts on his mail shirt the wrong way; Fitz-Osbert's remark thereon; the Duke comforts his followers by committing himself to God's keeping, and vows to build a monastery to the honour of God and the saints[2], 4.—William Faber, (so called from his mechanical genius,) a monk of Marmoutier, persuades him to dedicate it to St. Martin[3]—the battle of Hastings; the great slaughter committed there, 5.—The Author's reflections upon it; a mark is set up where Harold's standard fell, 5.—The Duke marches on to London[4]—is recognized as King at Christmas and crowned, 6.[5]

A. D. 1067—1076.

William I. engaged in subduing the natives—his character—temperate, brave, strict, devout, tractable;—entrusts the building of Battle to William Faber and four monks of Marmoutier, 7.—They begin to erect some buildings to the west of the proposed site—the King refuses to let them change it—his answer to their complaint of its

[1] See also p. 22.   [2] See p. 22.   [3] See p. 23.
[4] See also p. 22.   [5] See also p. 23.

wanting water; swears that there shall be more wine there than water elsewhere, 8.—Sends for Caen stone—stone meanwhile is found at the spot—the foundation laid—the great altar is erected on the spot where Harold's standard fell—the building proceeds slowly, owing to the peculation of the contractors.[1]

Robert Blanchard appointed the first Abbot, 9.—Is drowned on his return from Marmoutier—William Faber sends for another monk from the same place, named Gausbert, who lands in England with four others.

A. D. 1076—1087.

Gausbert, 2nd (generally styled 1st) Abbot of Battle, 9. —The King endows the abbey with land extending a mile and a half round, free from all exaction and episcopal superintendence [2]—particular description and admeasurements of the abbey land, 10.—The Author's land measure, 11.—List of tenants and tenements belonging to the abbey, 12.—Their rent and services—privileges of the inhabitants of the vill, 17.—Description of lands lying beyond the vill, and below the leuga—ancient guilds, 20.

Legal privileges of the abbey, 24.—The number of monks increase, 25.—The King insists that the Abbot shall not do homage to Marmoutier, 25.—Stigand, Bishop of Chichester, refuses him benediction, except in the cathedral church of Chichester, but at the King's threat complies—the Bishop continues to urge his jurisdiction, 26.—Summons the Abbot to his synod at Chichester—the cause is tried in the King's court—the Abbot is exempted by royal authority—spiritual rights of the abbey—tithes paid to the abbey by the neighbourhood, 27.—A chaplain appointed by them performs service in the church of St. Martin's—the monks of Marmoutier endeavour to usurp authority, but the King forbids it—grant of the manor of Wi, 28.

[1] See p. 23. [2] See also p. 24.

—civil privileges connected therewith, 29.— Grant of two pennies out of three in the county—and the maritime customs of Dengemareis —Right of wreck, 30.—Grant of the manor of Alsistone, in Sussex—of Liminesfield, in Surrey—of Hou, in Essex, 31—of Bristoldestone, in Berkshire—of Craumareis, in Oxfordshire—of Culuntun, in Devonshire—of the chapel of St. Olave's, Exeter—further account of this chapel, 31.—Repetition of the privileges granted to the abbey by the King, 33.—Grant of a meadow in Bodeham from Osbern Fitz-Hugh, 34.— Of St. John's Brecknock, from Bernard Novo Mercato — Of Berington, in Herefordshire, from Agnes his wife, 35. —Of one hide of land at Shoreham, in Sussex, with other gifts, from William de Braiosa; another in Herincgeham, 36—and in Langlentune.—Death of William the Conqueror, 37.—The Writer's reflections on this event.

A. D. 1087—1095.

William II. crowned at London by Archbishop Lanfranc—gives his father's pall and feretory to the abbey of Battle, 40.—Bestows upon them the manor of Bromham, in Wiltshire—dedication of their church—the King, with Archbishop Anselm, and various other bishops, attend it.

A. D. 1095.

The King bestows on the abbey certain churches in Suffolk, Norfolk, and Essex, 41—*viz.* Exelings, Trilawe, Middehale, Norton, Brantham with the chapelries of Bercholt, Selfelege, Benetlege, Scotlege, the church of Mendlesham cum Andreeston, Branford with Burstale and Æilbrichteston, Eilesham with two parts of the tithes of the chapelries of Stiffkey and Schppden, Brundele and Banningham with a moiety of Ingeworth, 42.—Death of Abbot Gausbert.

The monks apply to the King to have a new Abbot appointed out of their own number, 43.—He appoints Henry,

Prior of Christ Church, Canterbury, at the suggestion of Archbishop Anselm.

A. D. 1096—1100.

Henry elected Abbot of Battle, June 11; 44.—Shows too great partiality to the monks of Canterbury—Ralph, Bishop of Chichester, refuses him benediction, except in the cathedral church—a dissension arises, owing to the Abbot's remissness.—The King grants ten marks out of their property to a monk of Flagi—the Abbot sells the silver fringe of the feretory to pay him, 45.—The Divine judgment upon this act.

A. D. 1100—1102.

William II. dies in the New Forest, 46—is buried at Winchester—Henry I. crowned at Westminster.

A. D. 1102—1107.

Abbot Henry dies, 47.—The King sends one of his chaplains, named Vivian, to superintend the abbey—transfers the government of it to Gausfridus, a monk of St. Carileph—who improves the abbey estates, farms, and pensions—visits the manor of Wi, which had been bestowed on a servant of the late Abbot, who had allowed it to run to waste—cites the tenant to appear in his court at Battle, 48.—His prudence in managing the case—obtains from the opposing party a recognition of his jurisdiction, 49—and the tenant is fined.

A wreck in Dengemareis claimed by the abbey—a dispute arising, judgment is given in their favour—the goods distributed among the servants.

William, Abbot of Marmoutier, attends the King's coronation at Winchester—takes this occasion to urge his claim to the right of jurisdiction over Battle—Gausfridus gets notice of it—provides against it—upon the Abbot alleging the King's verbal promise in his favour, the council declare that the promise is invalid without a written testimony—the King, to allay his disappointment, grants him the manor of Torvertune, in Devonshire, and the church of Chosham, in Wiltshire, 51.—Death of Gausfridus.

A. D. 1107—1125.

Henry I. calls a general council—fills up the vacant ecclesiastical appointments — nominates Ralph, Prior of Rochester, a monk of Caen, to the abbey of Battle, 52.— His election—his virtues—the church flourishes under his management—purchases three wistæ of land from Ingelran, a retainer of Withelardus de Bailol, for fifty-seven shillings—Ingelran bestows on the abbey a tithe of all his profits in Boccholte, 53.—Gives them a piece of land—they purchase the manor of Glesham from Gerold de Normanville for twenty marks silver—receive as a free gift from one Weningus the church of Westefelde, with one wista of land and the *judicium aquæ* belonging thereto—also William Fitz-Wibert gives them a tithe of all the money arising from his land in Bocstepe, and at his death land to the amount of ten shillings on the same estate.—At this time they purchase Dudilande and Bregeselle from Anselm de Fraelvilla for eleven marks silver, 54.—The same Anselm bestows on them a certain parcel of land for salt-pits, an acre of meadow, and the tithes of Glesi.

William de St. Leodegarius grants them his land in Prunhelle, beyond Winchelsea, on the payment of twenty-three shillings at the feast of St. John the Baptist, and another moiety on St. Andrew's Day—Osbern Fitz-Isilia gives them two salt-pits, and land for a third at Rye—and Emma, the wife of Osbern, land to the value of six shillings, in the manor of Bodeham, and a mill in Normandy near Crivil, 55.

Henry I. gives to the abbey the manor of Fundintune, in exchange for the abbey lands in Reading—founds a religious house there—the monks change Fundintune for Apeldreham, near Chichester—the King further bestows on them the churches of St. Peter's, Carmarthen, and St.

Theodore's, 56.—Increases his gift by a parcel of land named Pentewi.

The Abbot of Battle treats with Ralph, Bishop of Chichester, to obtain exemption from all episcopal dues for the chapel of St. Mary's beyond the walls—the Bishop consents—permits the Abbot to appoint the incumbent—excuses him from attending the Bishop's synods, 57.

These exemptions confirmed in writing—in testimony of which, the monks give to the church of Chichester a copy of the letters of St. Jerom, and the better to secure the rights of the house, the Bishop solemnly and publicly recites them during service time, at the winter feast held at St. Martin's.

The Abbot makes a new feretory of gold, silver, and precious stones, to supply the one which had been spoiled by his predecessor, 58.—Has it blessed by the Bishop.

At this time, a contest arising between the monks and the neighbouring land-owners respecting their boundaries, the King orders the land to be accurately measured and surveyed.—The commendation of Abbot Ralph—his activity—his piety—the works which he did—his tenderness towards his brethren—his zeal for their souls—his gentleness in correction—his winning example—like Martha, and yet like Mary—a serpent and a dove—a Noah in the waters.—His last sickness and death, 60.

Roger, Bishop of Salisbury, Chief Justice—appoints John Belet to take care of the abbey during the vacancy.

A. D. 1125—1135.

The King publishes an edict commanding all vacant churches and religious houses to send over their deputies to meet him in Normandy—nominates Warner, a monk of Canterbury, to be Abbot of Battle, 61.—The new Abbot receives benediction from the Archbishop of Canterbury—provides against the great famine of this year.

To gratify Bernard, Bishop of St. David's, the King

gives the Abbey Langenherste in exchange for St. Peter's, Carmarthen, 62.

The new Abbot is summoned by his diocesan to appear at his synod at Chichester—refuses the summons—but goes of his own free-will—protects his rights and satisfies the Bishop—employed in repairing and decorating the church—in collecting and purchasing furniture for the altar and the service, 63.

Has a quarrel with the Bishop of Chichester, which originates with the retainers of both parties—the Abbot refuses the Bishop hospitality—a great dissension arises between them, which is quieted for this time, 64.

A. D. 1135—1139.

Henry I. dies, and his body is brought into England—Stephen succeeds—is crowned at Canterbury by the Archbishop—Abbot Warner incurs the King's anger and resigns, 65.

A. D. 1139—1148.

Stephen appoints Walter, brother of the great Richard de Luci, a monk of Lonley—his prudence and activity—a wreck happens at Dengemareis—claimed by the Abbot's men, contrary to the statutes of Henry I., 66.—The Abbot summoned to Court for the wrong—defends himself on the ground that the King's statutes were not binding without the consent of the Barons—is compelled, however, to satisfy the Archbishop and his men, 67.

History of his dispute with Hilary, Bishop of Chichester.

A. D. 1148—1154.

Hilary made Bishop of Chichester, 68.—Asserts his rights as diocesan against the Abbot—the Abbot stands on his privileges, 69.—The Bishop threatens to put him under an interdict, 70—executes his threat—the Abbot complains to the King, who desires the Bishop to forbear from oppressing the church of St. Martin's, as belonging to the Crown—appoints him to appear, and have his cause tried in the great meeting of his Parliament at London—the Bishop fails to appear at the time appointed—the Abbot, having obtained from the King a confirmation of his privileges, returns home, 71.

A. D. 1154.

Stephen dies, and is buried at Feversham—the Bishop of Chichester takes the opportunity of summoning the Abbot to attend his synod—on his refusing, excommunicates him—word is brought of it to the Abbot, then in London, waiting with his brother the arrival of Henry II.—he informs the Archbishop of the sentence, who directs the Bishop to relax the interdict for the present—Henry II. is crowned, 72.

A. D. 1155.

The King assembles a Parliament at London, and renews the ancient laws of England—confirms several charters—among others those of Battle.—Hearing this the Bishop of Chichester suggests to the Archbishop the necessity of opposing these and similar privileges;—by his influence with the King the Archbishop gets the grant to Battle annulled, 73.—The Abbot goes to the King at Westminster—after prayers persuades the King to confirm the charter—as he is about to do so, he is interrupted by the Bishop of Chichester—the King confirms the charter, and then hears arguments on both sides—after this, on occasion of the rebellion of Hugh Earl of Mortimer, the Abbot finds means of serving the King. 75.—When peace was made between the King and the Earl, 76—the Abbot visits the King, who returns his charter to the Abbot.—In August, the same year, he crosses over to Normandy, and is well received by the King, 77.—Jealous of his influence, the Bishop of Chichester does the same.

A. D. 1156, 1157.

In Lent the Abbot is summoned by a papal brief to attend the chapter at Chichester—professes his readiness to obey, saving the rights of his church and his order—attends the chapter—his speech on entering—the Dean answers and recites the papal letter, 78, commanding his obedience to the see of Chichester—the Dean's argument, urging the same, 79.—Offers the Abbot a schedule to sign to that import, 80.—The Abbot wards it off, 81.—Asks time for consideration, 82.—The Dean refuses, 83.—The day is wasted in discussion—neither party consenting to the other—the Dean concludes, at last, with a resolution to advise with the Bishop.

A. D. 1157—1171.

On his return, the Abbot informs his brother Richard de Luci of all that had passed at the conference; at his suggestion the King commands the Bishop to desist from molesting the Abbot for the present, 84.—On his return to England the Abbot meets the King at his brother's castle, at Ongar, in Essex—the King appoints the Whitsuntide following to hear his cause—the case is argued before him, 85.—The Court—Richard de Luci opens the case—reads the foundation charter, 86.—After some remarks by various persons, the Court rises, 87.

The sitting resumed at the octaves of Whitsuntide—Richard de Luci again opens the case, 88.—After some remarks by the Abbot the Bishop of Chichester urges his claim in a remarkable speech, setting forth the distinction of the secular and spiritual jurisdiction, 90 — this brings on an angry discussion, 91—and frequent interruptions from the King, 92 — and others, 93, 94, 96.—The Bishop concludes with desiring that the question may be determined according to the established maxims of the canon law, 96.

The King refuses to admit his appeal, determining to

abide by the decision of the great council of the realm, and the Abbot puts in his charters, 97.—After some discussion the Abbot retires to consult with his friends, and on their return into court, Thomas à Becket, the Chancellor, delivers the result of their deliberations, 98.—He answers the Bishop's objections, proceeds to comment on the papal letters demanding the Abbot's submission, 101.—Whereupon the King fires up, and asks, in great anger, whether the Bishop had procured these letters of his own authority, 102—which the Bishop denies—in the end, the Bishop finding that the King was highly incensed, resigns his claim, 103.—The parties are reconciled, and the conference terminates, 104.

The solicitude of Abbot Walter in securing the rights of his church, 105.—Prosecutes his claim to three wistas of land in Bernehorne, 106.—Obtains a decision in his favour against Gilbert de Bailol, 107—who had sold the land to one Siward of Hastings.—Upon the matter coming to no satisfactory termination, the King summons both parties before him at Clarendon—the arguments on both sides, 108.—Gilbert de Bailol denies the authenticity of the instruments produced by the Abbot, because they had no seal—his objection is overruled by Richard de Luci—sentence in the Abbot's favour, 109—possession given him.

Dispute with Robert de Iclesham respecting a part of the same land, 110—who is fined for a false accusation—a claim made on the abbey for assarts by the King's forester, Alanus de Nòva-villa, is resisted, 111.—Character of this forester—a great extortioner—an anecdote respecting his death, and the King's remark thereon, 112.

The Abbot vindicates the claim of the abbey to the church of Middehale, which had been usurped by Robert de Crevecœur, the lord of the manor, and bestowed on the Canons of Leeds, 113.—Both parties appeal to Rome—the Pope refers the cause to the Bishops of London and Salisbury, 114.—After various delays, the parties are summoned to appear at Staines—the Abbot appears by his proctor—the opposing party failing to appear, sentence is given in favour of the abbey, 115.—The church is conferred on a clerk named Robert Philosophus, to be held on the payment of an annual pension.

The Abbot proceeds to substantiate his right to a pension from the parsonage of Trilawe, withheld by Roger, the incumbent.—After Roger's death, one Haymo Peccatum claims the right of patronage, and bestows it on a clerk named William de Orbec, 116.—The Abbot failing to obtain his rights from the civil and spiritual courts, appeals to Rome—obtains a letter from the Pope to the Bishop of London, demanding instant restitution, *si super clerici in ecclesiam intrusione constaret*, 117.—The parties being summoned to appear at St. Paul's, sentence is given for the Abbot, who bestows the patronage on Robert Philosophus.

At Robert's death William de Orbec is again intruded into the living by Haymo Peccatum—the Abbot brings an action against him, 118.—The parties are summoned to appear at London, but upon the latter alleging his inability to appear, by reason of his sickness, a new trial is appointed at Northampton;—the Abbot appears by one of his monks named Osmund—Haymo by his son Geoffry—Haymo foregoes his claim, and William de Orbec resigns the church into the hands of the Bishop of Norwich, 119.

The Abbot now turns his attention to improving the pensions from the churches in Norfolk and the counties adjoining—which pensions, amounting to ten shillings per annum from each church, were called by the ambiguous term *decimæ*, 120.—Owing to their distance from Battle, and other causes, these pensions were seldom paid; and, as the expense of collecting them exceeded their value, the convent presented these churches to Richard de Bellafago, Archdeacon of Norwich, on condition of his being responsible for the due payment of all the annual pensions.—On Richard's promotion to the see of Norwich, his son Alan usurps one of these churches, named Brantham, 121—

and during the reign of Stephen enjoys the benefice.—Abbot Walter, designing to visit these churches, sends his messenger, among others, to Alan de Bellafago at Brantham, demanding entertainment of him, 122.—Alan refuses it, and shortly after, on a second progress made by the Abbot, persuades Withgar, the incumbent of another of these churches (who had agreed to pay a pension of forty shillings, on condition that his son Nicholas should succeed him in the benefice), to withold the pension due to the convent, 123—affirming that himself, and not the Abbot, had the right of presentation.

The Abbot cites both parties to appear before him at St. Edmund's, 124—and, when neither would yield to his persuasions, addresses himself to the King, who was then in Normandy.

In the meantime, upon Withgar's death, Alan de Bellafago had obtained possession of the other church of Mendlesham, dispossessing Withgar's son.—The Abbot's messengers return with a precept from the King to the Justices, whereby Alan and the Abbot are required to appear at Winchester, 125.—At the hearing of the cause, Alan produces certain charters granted in his favour by Abbot Warner—whereupon, to prevent further litigation, the Abbot consents to a composition, 126—resigns Brantham to his opponent upon the annual payment of a crown (aureus) in lieu of the ten shillings usually paid, and the surrender of Mendlesham into the hands of the convent.

After the terms of the composition, Alan endeavours to lay claim to Branford, but upon a threat of having the whole matter tried again before the Judges, he solicits the Abbot's favor by Richard, Archdeacon of Poitiers, 127—consents to resign all claim for ever over any of these churches, if the Abbot would promise to present his brother Roger de Bellafago to the church of Brantham, upon payment of the same pension as was paid by himself.—The Abbot consents.—Alan professes his agreement to the terms in the Court of Exchequer, and a day is fixed upon which his brother Roger is to make his appearance at Battle, and return the charter of confirmation to the convent, but is prevented by death, 128. — Upon this, Alan de Bellafago breaks the terms of the composition, usurps the church of Brantham, and owing to the intervention of friends and the death of Abbot Walter shortly after, enjoys it several years.

The Writer's remarks upon Abbot Walter's zeal and prudence in recovering these churches—thinks that the difficulty of the task was increased by the circumstance that the lords of the manors laid claim to the right of patronage over those churches which were situated in their estates—would have preferred it, had the Abbot appointed vicars (according to the modern system), instead of taking pensions, which he might easily have done, owing to his influence with the King, 130.—The sum total of these pensions was twenty-two marks silver.

The Abbot appoints a moiety of the tithes at Wi for the sacristy at Battle, and a certain portion of white wine, spice-cakes, and simenels, &c., for his anniversary;—solemnly anathematizes any that should infringe this order, 131.

Two milites give to the convent two portions of land near Bodeherste—purchase a parcel of land and a right of way for their estate near Bodeham, 132.—St. Martin's deprived of the honour intended it by Heaven, owing to the irreverence of the people of Battle, 133.—This honour is transferred to St. Nicholas, Exeter, 134.

Character of Abbot Walter—careful in his pastoral charge, in attending the sick and the leprous, 135.— Looks after the estates belonging to the convent—practises hospitality—visits the manors in distant parts—enriches the church—provides new vestments—builds the cloister—is taken ill at his manor of Wi—account of his last sickness, 137. — Visited by the convent — by his brother—carried to Battle—laid in the chapter on sackcloth and ashes, 138.—His benefactions.

A. D. 1171.

Richard de Luci appointed guardian during the vacancy, 139.—Nominates for his deputies Hugo de Beche and Peter de Oriel, two neighbouring land-owners (milites)—who hold their office four years—and careful and diligent in the execution of it.

Richard de Luci begs the church of Wi for his son Godfrey de Luci—the monks grant him a moiety of it, 140.—Godfrey begs the other moiety from the King—the King consents, and writes a letter to the Archbishop of Canterbury, to give Godfrey institution, 141.—This causes a great contention between him and the convent.

Many churches and monasteries are vacant at this time—occasioned by the contest of the King with Thomas à Becket.—The history of their controversy.

Richard elected Archbishop of Canterbury, 144.—Henry fills up the ecclesiastical appointments which had been neglected during the long struggle between himself and the Archbishop of Canterbury;—on this occasion the monks of Battle (among others) are commanded to send deputies to Woodstock, to treat of the election of a new Abbot—the King's clerks bring them a mandate for that purpose—shortly after, another message is sent commanding them to bring their charters to the court, 147.—Struck with astonishment, and much dispirited at the order, they nominate in the meanwhile two of their members, one of whom the King is to make choice of for Abbot.—Arrival of the deputation at Woodstock—summoned to present themselves first—introduced into the presence of Gilbert Foliot, Bishop of London—the Bishop demands their credentials—asks on whom their election had fallen—objects to it—assures them the King will never consent to it—urges them by threats and flattery to make a new nomination—they refuse, 148—neither party will yield.—After a great part of the day had been spent in bickering, the King bursts into the room with a frowning and angry countenance—enquires the cause of all this delay. —The monks find that opposition is of no avail, and make a new choice.—They fix upon Odo, Prior of Canterbury, then just come to the court on business connected with his convent—the King and the Archbishop commend their choice, 149 — and send for Odo—the Prior is introduced with great honour—is seated between the King and the Archbishop—wonders at the reason of it—the deputies from Battle make a speech announcing their choice, 150.—Odo refuses the honour intended him, 151—and remains firm in his denial, notwithstanding the persuasions of others, 152.—When the King and the Archbishop urge him to comply, requests time for deliberation, but this is refused him;—appeals to Rome—the King strives to gain his compliance by promises, 153.—The day is nearly spent in this sort of struggle—when Odo, remembering the example of Theophilus, 154 — and the advice given by Maurilius, Bishop of Rouen, to St. Anselm, consents at last to resign himself to their wishes, 155.—*Te Deum* sung—the Author's doubts as to the motives from which this appointment proceeded, 156.

Contrary to his custom, the King does not exact an oath of fealty from the new Abbot, but allows him to retire without it—goes to Canterbury—the deputies return to Battle, 157.—After some days, fearing that the Archbishop should induce the new Abbot to make submission to his former convent, and so involve them in the subjection, the convent at Battle send their deputies demanding his exemption from obedience to Canterbury—he refuses the exemption — the Archbishop grants it, and gives him benediction.

Odo takes his way to Battle, 159.—Is introduced into the chapter—ceremonies of this introduction—addresses the monks on the occasion—enters on his office, 160.—In the meantime the Dean of Chichester and others arrive— demurs to receiving his benediction from the Bishop, 161. —Applies to the King and the Archbishop on the subject

c

—the King is persuaded to permit the Archbishop to give him benediction in his own presence—receives it in a manor belonging to the Archbishop, named Mallingam, near Lewes—returns home, 162.—Grows more strict in his life and conversation—expounds the Scriptures, and preaches in Latin, French, and English, 163.—Is invited to Canterbury by Benedict, the Prior, his successor there—has sufficient influence to gain the King's consent for Roger to be made Abbot of St. Augustine's—uses his interest with the King to get a renewal of one of the foundation charters of his abbey, which had perished by age, 164.—The King refers him to his Court—they consent to the renewal—the King grants it in an unusual form, as an original charter, 165.—The Abbot procures several copies to be signed with the King's seal.

At this time the church of St. Mary's, Battle, being vacant, which had been appropriated by the Prior and convent after the death of the late Abbot, Aluredus de S. Martino, applies for the vicarage to be bestowed on his chaplain, 166.—The convent represent to him the difficulty of granting his request—on his declining to press his suit, the Abbot bestows it on one of his kinsmen, named John, Vicar of Heriatesham, 167.—He refuses to reside, 168.—It is then offered to one Walter of Berkshire.

A. D. 1176.

The Abbot is summoned by Cardinal Hugutio to attend a general council, 170—specially to answer the complaint of Godfrey Luci, in the matter of the church of Wi—is greatly disappointed at the summons—applies, without avail, to various friends to undertake the cause—all refuse, alleging various reasons—chiefly from fear of disobliging the King or the Archbishop of Canterbury.—The Abbot is persuaded at last to apply to a foreign counsel in the train of the legate, who undertakes it for the fee of a mark—at midnight preceding the day of trial the advocate sends to decline the cause, and the Abbot is left to his own resources, 173.—Is greatly dejected; proceeds to the court—the opposing party defended by Ivo of Cornwall—his speech on opening the case, 174.—The Abbot is thunderstruck at his arguments, 175— is at a loss how to proceed.—In the midst of his perplexity, Walerannus, Archdeacon of Bayeux, plucks Gerard Pucelle by the sleeve, and persuades him to go to the assistance of the Abbot, 176.—They retire to consult—on their return Gerard Pucelle undertakes the defence—his speech, insisting much upon the independency of the ecclesiastical jurisdiction, 176, 177.—The Judges advise a compromise, 178.—The terms of the composition.

GEOGRAPHICAL INDEX.

Æilbrichteston (Suffolk), 42.
Albans, St., 65, 70.
Alsistona, 30; in Sussex, *ib.*
Andreeston (Suffolk), 41.
Anestia (Wilts.) 111.
Apeldreham (Sussex), 55.
Aungre Castrum (Ongar), 84.

Banningeham (Norfolk), 42.
Bearrocsira, 31, 168.
Beawerdregge, 178.
Bece, 10.
Beche, 18.
Bekewelle, 178.
Bellum, 3, 7, 9, &c.
Bercholt, 41.
Benetlege, 41.
Berintona (Beryngton, Herefordshire), 35.
Bernehorne, 53, 105, 107.
Boccham, 10.
Bocestepe, 53.
Bochalte, 109.
Bodeham, 11, 12, 34, 54.
Bodeherste, 11, 12, 18, 131.
Bodeherstegate, 10, 19.
Brandford, 41.
Brantham, 41, 42, 123.
Brecchennio, Castrum de, 34.
Bregeselle, 54.
Bregge, Castrum de, 75.
Brembra (Bramber, in Sussex), 35.
Bretherste, 20.
Bristwoldingtuna, 31; (Berks), *ib.*, 111.
Bromham, in Wilts, 40, 111.
Brundele (Norfolk), 42.
Buleworehethe, 19.
Bulintune, 11, 19.
Burgum (Peterborough), 163.
Burstale, 42.

Carmerdin, 61.
Catecumbe, 19.
Cattesfelde, 11, 19.
Celvetege, 19.
Chærmerdi (Carmarthen), 55.

Chapenore, 19.
Chosham, 51.
Cicestria, 55, 56.
Claverham, 21.
Colebroche, 32.
Colecestria, 85, 104, 122.
Clarendona, 107.
Craumareis, 31; in Oxfordshire, *ib.*
Crevil, in Normandy, 55.
Croherste, 10, 11.
Culuntuna, 31; (Devonshire), *ib.*, 32.

Dengemareis, 29, 49, 54, 65, 66.
Devenesira (Devonshire), 51.
Dudilande, 53.
Duniford, 18.
Dunintune, 18.

Edmundus, S. (St. Edmondsbury), 84, 124.
Eilesham, 42, 130.
Esse, 32.
Exelinges (Suffolk), 41.

Fævresham, 71,
Flagi, in Normandy, 44.
Fundintune, 55.

Glesham, 53.
Glesi, 54.

Hanwisse, 19.
Hastinges, 3, 101.
Hechelande, a hill near Hastings, 3, 11, 18, 19.
Heregrave, 36.
Heriatesham, 167.
Herincgeham, 36.
Herste, 7, 19.
Hinelande, 32.
Holeford, 178.
Holintune, 11.
Horsmede, 30.
Hou, 11; in Essex, 31, 84.

Inguwerthe, 42.
Itintune, 11.

John's, St., in Brecchenio (Brecknock), 34.

Lametha (Lambeth), 74.
Langenhersse, 62.
Langlentuna, 36; in Heregrave, 36.
Ledes, 113.
Lewes, 101.
Limnesfelde, 30; (Surrey), ib.
Liuns, 64.
London, 5.
Loxebeche, 19, 20.
Lunlegium, 65.

Majus Monasterium (Marmoutier), 4, 7, 50.
Malfosse, near Hastings, 5.
Mariscus de S. Martino, 53.
Mary's, St., Battle, 19, 165.
Mendlesham, 41, 122.
Middehala (Suffolk), 41, 113, 115, 130.
Mienes, 62.

Nicholas, St., Exeter, 33, 134.
Nirefeld (Nedrefeld), 10.
Nortuna, 41.
Northamptona, 119.

Olave's, St., Exeter, 31.

Paul's, St., London, 117.
Peneherste, 11.
Pentewi, near Carmarthen, 56.
Petlee, 18, 19.
Petrus, St., in Wallia, 55.
Pevenesel, Castrum (Pevensey), 2.
Philesham, 11.
Pipering, 19.
Plesseiz, 20.
Prunhelle, 54.
Puchehole, 11, 18.

Quarrere, 20, 21.

Radingæ (Reading), 31, 55, 64.

Ria (Rye), 54.
Richelherste, 18.
Rumenel, 65.

Salmurum, 76.
Sanford, in Essex, 41.
Sansei, 55.
Santlache 19, 20.
Scotlege, 41.
Scipdene, 42.
Selfelege, 41.
Setlescumb, 12.
Sorham, in Sussex, 35.
Stanes, 114.
Stene, La, 18.
Stevechaia, 42.
Strellewelle, 20.
Sudsexia, 30.
Surreia, 30.

Telleham, 18, 19.
Torvertuna, in Devonshire, 51.
Trilawe (Suffolk), 41, 115, 117.

Uccheham, 17, 19, 20.
Uppeton, 32.

Vetus Villa, in Wales,   .

Wævre, 32.
Walia, 84.
Wasingate, 10.
Watlingetuna, 12, 19.
Wedestoche, 145, 147.
Westbece, 11.
Westefelde, 53.
Westmonasterium, 64, 73, 76, 169.
Wicham, 12.
Wiltesira, 51.
Wiltinges, 11.
Wi, manor of, 28, 29, 47, 65, 130.
Wilminte, 10.
Winceleseie, 54.
Wintonia, 50.
Withiburne, 30.
Wurmincgeherste, 36.

GLOSSARY.

AMBRA, 35; a measure of salt, equivalent to four bushels.—Ellis'"Doomsday," i. 133.

Acra, an acre, = 40 × 4 or 20 × 8 perches, 11; ad mensuram Norman. 34. On the use of the word equivalent to *ager*, see Hearne's "Langtoft," p. 519.

Aureus, 127.

Berwica, "manerium uel potius membrum manerii a corpore dissitum." MS. Reg. de Bello.

Blodwite, fine for blood-shedding, 24.

Boscus, a wood, 18.

Bovarius, 13.

Brasium, 12, 15, 16, malt; Gallicè, *brasseur*, Angl. brewer.

Caligæ ferreæ, 132.

Cervisia, 21.

Companagium, 16, n., provision of any kind excepting bread; "quicquid cibi cum pane sumitur."—Spelmann. Sometimes used for fish or an equivalent; "ad nonam 4 panes et 8 harings (herrings), vel aliud companagium quod tantum valet." —Custum. de Hecham, quoted by Spelmann.

Connarius, 15.

Conredium, 18, al. *corrodium*, *corredium*, diet or maintenance; sometimes for a term of life, sometimes for a particular occasion, or a single meal.

Corduanarius, 13.

Curia, 12, 16, 18, 20, 24, 27, a court; like the word *court*, used ambiguously. It signifies the precincts or buildings of a monastery, sometimes the monastery itself, and sometimes jurisdiction. More rarely it is employed to designate a family or household.

Denarius tertius, 29, the third penny of all profits arising from markets and forfeitures paid to the Earl of each county; sometimes extended to all the ordinary duties paid to the Crown, the third penny of all customary payments.—See Heywood's "Ranks of the Anglo-Saxons," p. 100.

Denarius olei et synodi, 56.

Denegeld, 24, a tax of 12*d.* levied from every hide, originally to provide help against the Danes; it was discontinued (at least under this title) in Stephen's reign.

Dominium, 17,—in dominio tenere,— demesne lands; the expression is used in various ways, but here it seems to imply either that the land paid no service or rent (*liberum tenementum*, according to Spelmann, Gloss. p. 182), or that it was not leased out, but cultivated by the Abbey servants for the use of the house.

Episcopalia, 68.

Exarta, or essarta, lands cleared of wood and brought into cultivation, 111. Spelmann quotes a charter granted by Henry I. to the Abbots of Romsey, whereby the King exempts them from all claim for essarts and forester's visits.—Gloss. p. 202.

Ferra et clavi (horse-shoes and nails), 18.

Forisfacturæ, forfeiture, 41. Christianitatis, 26.

Forstal, 24, obstruction of the highway; hence the obstruction of provisions by forestalling the markets; preemption.

Fundus, 34.

Galon, 131, a gallon, = 8 pounds, or 8 × 12 ounces.

Geldum, 24, 28, a fine or tax.

Guastellum, 131, or Wastellum, wastell bread.

Hamsocne, 24, house-breaking.
Hida, 10, = 8 virgates.
Hidagium, 24, a tax of six shillings collected by the Conqueror from every hide of land.
Hundreda, 24, a hundred.

Infangenetheof, 24, power of trying a thief taken within the limits of the Lord's manor or barony.

Judicium aquæ, 53.

Læstagium, 24, market dues.
Leuga, 9, 10 n., 26, 181, =12 quarenteines; 11. Sometimes called a league; the land surrounding a monastery; by Ingulph stated to be equivalent to an English mile, by others to a mile and a half.—See Spelmann, *in voc.*, and Ellis' "Doomsday," i. 159.
Liberatio, 26, provision or diet.—See App. (C.)

Mansura, 12 n., 20, 35, a messuage, a manse.—See Hearne's "Langtoft," p. 596.
Minister curiæ, 16.
Misericordia, 17, n. "mulcta lenior—graviores enim mulctos *fines* vocant, atrocissimas *redemptiones*."—Spelm. *in voc.*; see also Hearne's "Langtoft," p. 522.
Molendinarius, 13.

Ortolanus, *i. q.* hortolanus, 15.

Pertica, perch, = 16 feet, 11.
Porcarius, 13, 15.
Præbenda, 18, 31, a portion or allowance of corn for horses.—See Spelmann, i. v. *Præbendarius*.
Procuratio, 47, hospitality; entertainment or provision given to an ordinary at his institution; afterwards commuted for a sum of money. Hence our word *proxy*.
Purgator.

Quarenteina = 40 perches, 11, n.
Quartarium, quarter of corn = 8 bushels.

Saka, 24, or Saca, right of holding pleas by a lord in his own manor.
Salina, 54, salt-pit, or salt-works.—See Ellis in "Doomsday," i. 126.
Scotum, 24, 28, exemption from taxes.
Secretarius, 16.
Servitium, 13, service rendered by a tenant to his lord.
Signum coronæ, 82.
Simenelli lx. solidorum, 23, 131, a better sort of bread.
Sira, 24.
Socheman, 42, tenants in the *soc* or franchise of a great baron, holding in a kind of free villenage.—See Ellis, *ib.* 69.
Socna, 24, right of investigation previous to holding pleas; thence, perhaps, the privilege of holding pleas.
Solidi, 23, $\frac{1}{3}$ oz. silver.
Summa, 12, n.
Summonitio, 14.
Swulinga, 28 = to 1 hyde.—See Spelmann, *in voc.*; Ellis, *ib.* 154.

Tabulata, 136.
Theam, 24, a privilege exercised by the lord of a manor for restraining bondmen and villeins, and bringing them to answer in his own court.—Ellis, 16, 276.
Thol, 24.

Villa, 17.
Virgata, 10, eight = 1 hyde, 11. In other parts of England, four = 1 hyde, or 160 acres.—See Hearne's "Langtoft," p. 601; Ellis, *ib.* 155.

Warenna, 33, warren, right of taking game.
Warpeni, 24, guard-penny; the sum paid to a castellan or superior for protection.
Wista, = 4 virgates, 11; aliis in locis *virgatæ* vocantur, 17; three, worth 57s., 53. "Virgata terræ et wista idem sunt et unum significant. Virgata seu wista est sexta decima pars unius feodi militis. Quatuor virgatæ seu wistæ faciunt unam hydam; quatuor hydæ faciunt unum feodum militis." Reg. de Bello, i. 136. MS.

HISTORIA FUNDATIONIS,

ETC.

MONASTERII DE BELLO.

QUONIAM de situ et institutione loci nostri, ecclesiæ scilicet beati Martini de Bello, aliquanta jam memoriæ commendata, ad posterorum monimentum, nobis in promptu habentur, decrevimus et nos, de eadem nunc latius, quædam omissorum recapitulando vel supplendo, annotare; ut ea, quæ verbotenus, vel etiam scedulis exarata ab antecessoribus, ad subsequentium utilitatem memoriæ digna, discere potuimus, his quoque qui necdum sunt, in libello collecta, transmittamus. Quia enim minus lucide de fundo possessionum latius diffuso, de terrarum situ, de reddituum censu, de consuetudinum dignitatumve ejusdem ecclesiæ libertatibus, de variis ad cautelam vel commodum posterorum accidentium vel placitorum causis hactenus digestum est, nunc licet ad hæc insufficientes penitus simus, ad eadem plenius expedienda ab exordio animum arctius accommodare non inutile visum est. *The writer's object.*

Quoniam igitur dispensationis nutu quo omnia volvuntur secularia, ex insigni Normannorum ac magni principis Rollonis stemmate piissimus dux Willelmus, pater patriæ, et limes ducatus et regni merito nominandus, ipso in *Occasion of the foundation.*

mundi climate prout Lucifer exortus, cum mira industria, per Dei gratiam, propria liberalitate, cum Gallicæ nobilitatis favore auctus, principatum proprium hereditario sibi jure a patre relictum feliciter optinuit, post multos et innumeros calamitatum turbines, illud potenter tandem ad manum pacificavit. Interea vero et Anglicæ regnum monarchiæ eidem duci Willelmo, a suo consanguineo rege Edwardo e mundo migrante, hereditario jure delegatum relinquitur. Quod cum hostiliter a suo[1] perjuro quodam Haraldo invasum, memoratus dux rescisset, ad id vi vel arte obtinendum, suorum consilio et auxilio fultus, animum et vires convertit. Classe igitur parata ingenti, plerique comites, multi nobiles, multi illustres, multi etiam non suæ ditionis proceres vel barones, sed et ex circumjacentium finibus provinciarum innumeri, sese ejus comitatui pro sibi innata clementia adjunxerunt. Dux ergo cum incredibili exercitu, divino comitante favore, navigationem aggressus, prospere tandem prope castrum, Pevenesel dictum, applicuit[2] . . . . exercitu per litoris spatia late[3] exilientes Angliæ nonnulli gaudenter tereri . . . . . . dere, contigit ducem e navi exire . . . . . . in faciem corruisse, litoreque naso vulnerato aliquantum cruentato, terram protensis primo comprehendisse manibus. Verum cum hinc plerique infausti auspicii fortunam mussitantes pertimescerent, intererat et dapifer ducis, Willelmus filius Osberti cognominatus, vir miræ probitatis et præpollens ingenio, qui mox animos nutantium dejectos hujusmodi audacter relevavit oraculo. "Desinite," inquid, "viri, hæc in adversum interpretari, quia profecto hinc prosperitatis datur auspicium. Hic enim Angliam utrisque palmis complexam conquisivit, propriaque progenie hereditan-

---

[1] Sic, pro *servo.* (?)

[2] Here a new leaf begins; the previous one has been apparently lost. The omission is not supplied in Dugdale's Monasticon.

[3] This tends to confirm Mr. Hardy's conjecture, that the Duke did not land his army in one particular spot, but in various places along the coast. William of Malmesbury, ii. 412, n. ed. Hardy.

dam suo cruore signans dicavit, hancque ex divinæ dispositionis præsagio potenter optinere meruit."[1]

Sicque pro voto cedentibus causis, dux ibidem non diu moratus, haud[2] longe situm, qui Hastinges vocatur, cum suis adiit portum, ibique opportunum nactus locum, ligneum agiliter castellum statuens provide munivit.[3] Navium vero parte maxima dispensatorie jam combusta, ne scilicet repatriandi spe aliqui forsitan negligentius cœptis instarent, dux post modicum rex futurus, sollicitus circumjacentia sibimet subjugare festinabat. Quo agnito, regni invasor Haraldus collecto maturius exercitu, ad eum expellendum vel potius cum suis omnibus exterminandum, ad locum qui nunc Bellum nuncupatur temerarie festinans, venire non formidavit. Occurrit audacter et dux equitum cuneis circumseptus. Perveniensque ad locum collis qui [4]Hechelande dicitur, a parte Hastingarum situm, dum sese invicem armis munire contendunt, ac eidem duci lorica ad induendum porrigitur, ex inproviso inversa ipsi oblata est. Quod advertentes qui aderant, dum uti infortunii præsagium execrarentur, mox memoratus ducis dapifer solita cunctos constantia compescuit, protestatus et hinc quoque prosperitatis collatum indicium, quod scilicet, ea quæ ante restabant, ut proposita securiter illi cessura forent. Sed dux nihil motus, vultu placido loricam induens, digna memoriæ concionatus dixit: "Scio, karissimi, quod si sortibus crederem, bellum hodie nullatenus introirem. Sed ego me in omni negotio Creatori meo fiducialiter committens, nec sortibus credidi, nec umquam sortilegos amavi. Unde et nunc de ejus auxilio securus, ad vestras qui mei gratia hoc initis certamen corroborandas manus

William lands at Hastings.

---

[1] The same anecdote is narrated, with some slight variation, by William of Malmesbury, p. 411.

[2] *Haut;* and below, *Set*, MS.

[3] It may be observed, that other writers attribute to the Duke himself the courage and presence of mind which dictated so happy a termination of the omen. It was quite in character, however, with the ready wit and determination of Fitz-Osbert; as may be seen in the anecdote which Brompton narrates of him, p. 958, ed. Twysden.

[4] Juxta Bodeherste, p. 11.

ac mentes, votum facio, me in hoc certaminis loco pro salute cunctorum, et hic nominatim occumbentium, ad honorem Dei et sanctorum ejus quo servi Dei adjuventur, congruum cum digna libertate fundaturum[1] monasterium, quod ita ut mihi conquirere potero [2]lib[er..o]blatum universis propitiabile fiat asilum.

William Faber.

Cumque inter auditores, et quidam Majoris Monasterii monachus Willelmus, Faber cognominatus, adesset, qui quondam ipsius ducis serviens hinc Fabri nomen obtinuit; quod cum sodalibus venatum aliquando profectus, sagittis forte deficientibus, cum quendam fabrum hujuscemodi operis ignarum adissent, ipse malleis arreptis mox sagittam artificioso ingenio compegit, postmodumque voluntate mutata ad Majus Monasterium, quod tunc quam maxime religionis fama rutilabat, sese contulerat, tunc vero divulgato ipsius ducis in Angliam adventu, gratia commodi ecclesiæ suæ, cum reliquis exercitui sese immiscuerat; mox ut votum audivit procedens, quatinus ut ei pro voto cederent omnia, idem monasterium in venerationem beati pontificis Martini[3] nominatim fundaretur suggessit. Cujus cum votis et dux annuens devotus, ita fieri benigne spopondisset, post pacem conditionalem a duce per internuntios tertio oblatam, et ab hostibus refutatam, denuo, juxta Merlini vaticinium, gente Normannica in tunicis ferreis Anglorum audacter dejiciente supercilium, armis viriliter decertatum est.

Battle of Hastings.

Verum cum Anglis indissolubiliter cum rege suo collem, quo nunc ecclesia consistit, præoccupantibus . s . cutur[4] cederet, tandem strenuissimus Boloniæ [come]s Eustachius clam callida præmeditata arte, fugam cum exercitu duce simulante, super Anglos sparsim agiliter insequentes cum manu valida a tergo irruit, sicque et duce hostes ferociter invadente, ipsis interclusis utrinque prosternuntur innumeri. Dispergitur, deprimitur, labitur, laniatur ac

---

[1] An older hand of 12th century.
[2] Apparently for *liberaliter*. In Dug *liberum vel oblatum*.
[3] As patron of the Norman and French soldiers.
[4] Dugd. ... *eatur*.

necatur inermis ac pedes misera gens Anglica, regeque
suo belli fortuito ictu prostrato, per diversa dissiliens
latebras quærit. Innumeris itaque in campo vel potius in
fuga prostratis, oculis cunctorum suprema patebat cala-
mitas. Siquidem et inter hostiles gladios miserabile quoddam, in proximo spatiose protentum, ex naturali telluris
hiatu vel forsan ex procellarum concavatione, præcipitium
vaste patens,[1] licet uti in vastitate dumis vel tribulis obsi-
tum, oculis minus prævideretur, innumeros et maxime
Normannorum Anglos persequentium, suffocavit. Nam
dum inscii cum impetu dissilirent ibidem in præceps acti,
flebiliter contriti necabantur. Quod quidem baratrum,
sortito ex accidenti vocabulo, Malfosse[2] hodieque nuncupatur.

Has inter miserias lugubre patebat spectaculum, arva
cadaveribus operiri, nec in girum obtutibus aliud quam
sanguinis ruborem offerri. Convalles undique defluens
cruoris rivus replesse ad instar fluvii procul videbatur.
Quanta putas illic tunc strages facta est de victis, cum
et de victoribus decem millia in brevi, ut fertur, sup-
putationem excesserit? O quanta humani cruoris inibi
effusa est unda, ubi infortunati non tantum labebantur, sed
et necabantur! Quantus armorum fragor, quantus ictuum
stridor, quantus morientium clamor, quantus dolor, quanta
suspiria, quot gemitus, quot supremæ calamitatis diræ
voces personuerunt, digne quis æstimabit! Vere stupenda
proponitur ac deflenda infelicitatis humanæ misera con-
ditio. In horum ergo contemplatione succumbente calamo,
subjungendum jam videtur, quod tandem finito certamine
Normannis Anglia cessit cum triumpho. Designato igitur
loco quo hostilis temerariæ invasionis cecidit signum, dux
ulterius propere progrediens, quæcumque adire valebat
suo juri mancipari festinabat. Tandem ergo ad regni me-
tropolim perveniens Lundoniam, rationisque ac pacis con-

The author's reflections on the battle.

---

[1] See Gesta Gulielmi Ducis in Duchesne's Script. Norm. p. 202; and William of Malmesbury, p. 416.

[2] *Malfos sed*, MS. *Malfossed*, Dugd.

federatione civibus oblata, ac demum ab his etsi ægre suscepta, gaudenter ut heres et dominus excipitur.[1] Denuo autem et regni parte nonnulla sagaciter pacificata, cum favore procerum ac nobilium regni, ad natale Domini intrante anno incarnationis ipsius M. lxvij. regni insignitus solio, Anglicæ monarchiæ obtinens coronam, digno diademate redimitur.

<small>Delay in founding the Abbey.</small> Quo facto, quia multis et innumeris præoccupatus negotiis, regnum in brevi unire ac pacificare nullatenus quiverat, plura diutius necessario omisit, quæ maturius exequenda proposuerat. Per plurimum enim temporis ad municipiorum expugnationem, atque ad rebellium subjugandam cervicositatem sollicitius animum occupavit et vires.[2] Unde factum est, ut quemadmodum a Deo electo et promoto regi cedentibus pro voto prosperis, nec compatriotarum hostilis astutia, nec malignorum versuta machinamenta, nec alienigenarum incursus minaciter propositus obessent, sed ipso ubique in auxilio cælesti confiso, hinc regni gloria magnifice roboraretur. Et merito; erat enim moralitate præcipuus, liberalitate munificus, mansuetudine spectabilis, ingenio præpollens, animo constans, armis strenuus, in inchoandis magnanimus, in adquirendis efficacissimus, in regendis pacificus, in legum statutis reformandis ac servandis studiosus, divinitatis cultor assiduus, totus ecclesiarum utilitati deditus, et quod magis mirari necesse est, cum tot gentibus imperaret, adeo ei fomes virtutum discretio dominabatur, ut alias invictus, rationis facili ultroneus suggestione opportune vinceretur. Quocirca, et potenter imperii sui fines adauxit, et contra spem omnium suo tempore strenue pacificatum gubernavit, heredibusque suis feliciter possidendum reliquit. Sed hæc hactenus.

Nunc vero quia minus necessarie propositi textus exordium protendisse ex accidenti videmur, jam arctius stilo in-

---

[1] See the Carmen Widonis in Michel's Chron. Angl. Norman. iii. 28.

[2] The Conqueror's progress in England is briefly summed up by William of Malmesbury, p. 421.

choati opusculi materiam sulcando rimante, libet loci nostri prima rudimenta ex amussim, ut promisimus, explanare. Igitur præclarissimo rege Willelmo pluribus, ut meminimus, intento, inter alia, et voti prætaxati efficaciam, etsi animo non amisit, diutius tamen temporis illius præ occupationibus intermisit. Verum conscia interius instante conscientia, exterius quoque, non facile, supradicto monacho Willelmo Fabro horum mentionem studiosius inculcante, seposito, tandem eidem monacho, ut optaverat, rex quia ad manum habebatur, operis fabricam committens, præcepit quatinus in antefato congressionis loco, accitis secum suæ ecclesiæ aliquibus fratribus, opportunum festinaret fundari monasterium. Quod is alacriter excipiens, Majus Monasterium ocius adiit, hincque quatuor monachos, scilicet Thedbaldum[1] cognomine Vetulum, Willelmum Coche, Rotbertum de Bolonia, Rotbertum Blancard, viros personalitate ac religione præcipuos, secum in Angliam adduxit. Qui memoratum belli locum considerantes, cum ad tam insignem fabricam minus idoneum, ut videbatur, arbitrarentur, in humiliori non procul loco, versus ejusdem collis occidentalem plagam, aptum habitandi locum eligentes, ibidem ne nil operis agere viderentur mansiunculas quasdam fabricaverunt. Qui locus, huc usque Herste cognominatus, quandam habet spinam in hujus rei monimentum.

Care of it delegated to William Faber.

Igitur cum inter hæc regis animus sollicitus de fabricæ provectu quæreret, ab isdem fratribus ei suggestum est, quod locus ille ubi ecclesiam fieri decreverat, uti in colle situs, arenti gleba, siccus et aquarum foret indigus, atque ob hoc oportere tanto operi aptiorem locum, in proximo, si placitum haberetur, delegari. Quod cum rex percepisset, indignatus refugit, ociusque jussit in eodem loco quo hoste prostrato sibi cesserat triumphus basilicæ fundamenta jacere. Cumque obniti non præsumentes aquarum penuria causarentur, verbum ad hæc memoriale magnificus rex protulisse fertur: "Ego," inquit, "si Deo

William is inflexible, when desired to change the site.

[1] A "Tetbaldus presbyter" is mentioned in Doomsday (Sussex, 20, 23, 24).

annuente vita comes fuerit, eidem loco ita prospiciam, ut magis ei vini abundet copia, quam aquarum in alia præstanti abbatia." Denuo quoque illis de loci conquerentibus inopportunitate, eo quod scilicet per vicinia latius, uti per silvestre solum, nusquam ad ædificium apti lapides reperirentur, rex de thesauro suo ad omnia sufficientiam proponens sumptuum, delegavit etiam naves de proprio, quibus a Cadomensi vico lapidum copia ad opus propositum transveheretur. Cumque statutum regis exequentes aliquantam de Normannia lapidum portionem advexissent, interim, ut fertur, matronæ cuidam religiosæ revelatum est, quatinus in designato sibi per visum loco fodientes, ibidem ad opus præmeditatum lapidum invenirent abundantiam. Non longe itaque a præsignato ecclesiæ ambitu, ut jussum fuerat, quærentes, tantam ac talem lapidum repererunt copiam, ut manifeste pateret inibi divinitus ad prædestinatum opus lapidum ab ævo reconditum thesaurum. Jactis ergo tandem fundamentis præstantissimi ut tunc temporis habebatur operis, secundum regis statutum altare majus in eodem loco quo regis Haraldi signum, quod Standard vocant, corruisse visum est, provide statuunt. Et licet peritissimi, non vili commercio asciti, operi præessent artifices, tamen exactoribus plus propriis quam Jhesu Christi deditis, negligentius cœpti fabrica, ut specietenus ad hoc magis quam studio intendentum, proficiebat. Interim quoque et infra designatum monasterii ambitum sibimet idem fratres insumptuosas quidem quo degerent domunculas ædificant. Sicque interdiu scævo exemplo in exorsis, die diem recrastinante, et regiæ opes quæ ad fabricæ accelerationem pro libitu cedebant pro libitu et dispensantur, multaque ex ejusdem regis devota liberalitate illuc collata indiscrete distrahuntur.

Hæc ad declarandum magnifici regis studium nos interseruisse nulli sit onerosum, quia licet, ut supra meminimus, innumeris irretitus negotiis, nec locum præ dolore intimo adire, nec de eodem, quæ proposuerat, hujusmodi forte dilationibus circumventus, exequi valuerit, tamen ut in his etiam revera probari potest tantam initians suis proposuit sufficientiam, ut ipsius quoque devotio perpetim digna sit memoriæ.

Præterea sicut meminimus, sese tamen rebus habentibus, regi suggestum est, quatinus ex his unum, qui asciti fuerant, fratribus, cui cæteri intenderent, abbatem inibi præficeret. Electus igitur ad hoc prænominatus Rotbertus Blancard perniciter ecclesiam suam, Majus videlicet Monasterium, devotione ductus adiit, atque cum omnium congratulatione regrediens, cum jam oceani prope persulcasset æquora, Angliam intraturus, divino quo ignoratur commotis fluctibus judicio, sævis absorptus gurgitibus, regimen propositum, e mundo sublatus, ad alium divina dispositione prædestinatum transmisit. Quo comperto, et tandem regiis auribus exposito, communicato itidem consilio, misit prædictus Willelmus Faber qui totius loci curam administrabat, et a Majori Monasterio alterum fratrem ad ejusdem abbatiæ regimen suscipiendum ascivit, Gausbertum nomine, virum religionis summæ, mansuetudinis ac multiplici virtutum insignitum dote. Quem ad designatum festinantem locum quatuor ex consodalibus secuti sunt fratres, Johannes scilicet, Hamelinus, Ainardus, Leffelmus,[1] qui simul cum eo prospere Angliam appulsi ad destinatum hilares locum pervenerunt.

Robert Blanchard, 1st abbot, drowned.

Hinc autem eodem venerabili viro Gausberto, regiæ nutu majestatis, circa M. lxxvi. Dominicæ incarnationis annum, in abbatiæ regimen feliciter promoto, et coram altare sancti Martini de Bello benedicto, et in sedem suam locato, cœpit sub eo et ecclesiæ fabrica, et fratrum paulatim numerus, proficere.

A.D. 1076. Gausbert, 2nd abbot.

Rex igitur magnificus inchoati operis non indevotus, ad victoriæ suæ perpetuandam memoriam ipsum locum Bellum memoriter per succedentia tempora nominari censuit. Cui in primis leugam circumjacentem penitus ab omni exactione vel subjectione episcoporum, et aliarum

---

[1] Leffelmus: one of the same name held lands in Sussex at the formation of the Survey. Sus. f. 23, b.

quarumlibet personarum dominatione ac consuetudine terrenæ servitutis liberam et quietam pro voto, sicut et cartarum ejus comprobatur testimonio, concessit et dedit, ipsumque locum ut regiæ signum coronæ non tam multimoda prædiorum dignitatum ornamentorum variarumque opum largitione, quam et religionis carismate fratrumque numerositate ultra quam exequi, morte, proh dolor! præventus valuit, multipliciter ditari disposuit. Leugæ vero illius spatia his terrarum, ut in libro regis[1] continetur, componuntur portionibus.[2]

Description of the Abbey lands.

Ecclesia itaque de Bello tenet circa se unam leugam, Ipsa tenet Boccham, [id est Vochehant,[3]] et habet ibi dimidiam hidam. De ista dimidia hida est una virgata foris extra leugam, et pertinet ad Croherste,[4] quam Walterus filius Lamberti[5] excambiavit pro quadam silva quæ erat infra leugam, et hac ratione tenet illam. In Bece quam tenet Osbertus[6] de comite Augi, tres virgatas. In Wasingate, [id est Bothherstegate,] dicit liber regis quod ecclesia habet unam virgatam, sed non habet nisi dimidiam. In Wilminte dicit liber regis quod ecclesia habet sex virgatas, sed non habet nisi quinque.[7] In Nirefeld [Nedre-

---

[1] Id est, Doomsday Book. The survey of the Abbot's land in Sussex will be found at f. 17, b.

[2] "The Leuca and Quarentena of the Survey," says Sir Henry Ellis, "were most commonly applied to woodland. The leuca, according to the Register of Battle Abbey, consisted of 480 perches, or 12 quarentines. Ingulphus, however, who is good authority, speaks of the leuca as a mile." He concludes by observing, that the ancient English mile was nearly a mile and a half of the present standard. Introd. to Doomsday, i. 159.

[3] Formerly in the possession of Earl Godwin. The words in brackets are later corrections.

[4] Crowhurst was held by Walter Fitz-Lambert, of Harold. At the end of the Register in the Survey are the ominous words, "vasta fuit." It had depreciated in value from eight pounds to 109 shillings.

[5] See the Survey, f. 18, b. 19, 20.

[6] Osbernus in the Survey. De Augi, or De Ow, in the Survey, better known as Count d'Eu, the great friend and counsellor of the Conqueror. He held the castelry of Hastings, and extensive domains in Sussex.

[7] Sir Henry Ellis, who quotes this passage in his Introduction to Doomsday, thinks that it affords a proof that the property of the monastery was sometimes *over*rated in the Survey; inferring thereby, if I mistake not, that such was also the case with other ecclesiastical property. Introd. to Doomsday, i. 30.

feld] habet sex virgatas. In Peneherste habet dimidiam hidam. In Hou habet dimidiam hidam. In Philesham habet unam virgatam. In Cattesfelde[1] habet tres virgatas. In Bulintune habet duas hidas, una virgata minus. In Croherste habet unam virgatam. In Wiltinges habet unam virgatam. In Holintune habet unam virgatam.[2]

Summa: Sex hidæ[3] et dimidia virgata.

Omnes istæ terræ sunt infra leugam sicut dictum est, et de his terris composita est ipsa leuga, quam ecclesia de Bello possidet, quam etiam rex Willelmus liberam et quietam ab omni consuetudine terrenæ servitutis, et ab omni subjectione episcoporum, et maxime episcoporum Cicestriæ, seu aliarum quarumlibet personarum dominatione et oppressione vel exactione, sicut supra dictum est, fecit, et carta sua confirmavit.

Octo itaque virgatæ unam hidam faciunt.[4] Wista vero quatuor virgatis constat. Leuga autem Anglica duodecim quarenteinis conficitur. Quarenteina vero quadraginta perticis. Pertica habet longitudinis sedecim pedes. Acra habet in longitudine quadraginta perticas, et quatuor in latitudine. Quod si habuerit viginti in longitudine, habebit octo in latitudine, et sic per reliqua.

De foris Bodeherste ad orientem est terminus leugæ, juxta terram Rotberti Bovis, et transit juxta terram Rogerii Moin, usque ad Hecilande, et includit Hecilande juxta terram Willelmi filii Rotberti filii Widonis, et terram de Croherste, ad meridiem. Inde transit juxta terram de Cattesfelde, et per Puchehole usque ad Westbece, juxta terram de Bodeham, ad occidentem. Deinde pertransit juxta terram de Itintune usque ad aquilonem.

---

[1] Cedesfeld in the Survey.

[2] With the exception of Wasingate, Wilminte, and Wiltinges, these lands belonged to the Earl of Eu.

[3] The printed Doomsday makes the sum two hides and a half; unless it be a typographical error.

[4] This is a passage of great importance, as tending to show the measurement of land in this county. In Doomsday, four virgates make the hyde. Is it possible that the words hida and wista have been transposed? A little further on the writer says, that in some places the words wista and virgata are used synonimously.

Inde, est terminus juxta terram de Wetlingetuna,[1] et terram de Wicham,[2] et juxta Setlescumbe,[3] et sic revertitur ad primum terminum scilicet deforis Bodeherste, ad orientem.

Igitur leuga circumjacente in prædicti loci proprietatem hoc modo redacta, et jam ecclesiæ etiam proficiente fabrica, accitis hominibus quampluribus ex comprovincialibus quidem multis, ex transmarinis etiam partibus nonnullis, cœperunt fratres qui fabricæ operam dabant circa ambitum ejusdem loci certis dimensionibus mansiones singulis distribuere, quæ hactenus ut tunc ordinatæ sunt cum consuetudinali censu vel servitio subsistentes manere videntur. Mansurarum vero hic modus est.

Names of the Tenants.

I. Prima itaque mansura[4] constat contigua portæ curiæ, juxta domum peregrinorum, quæ Hospitalis vocatur, ex parte aquilonis, quæ Brihtwini qui fuerat Bedel extitit.

II. Secunda Reinbaldi de Bece. Quarum utraque septem denarios ad festum sancti Michaelis annuatim persolvit, et ad prata de Bodeham colligenda unum hominem inveniet uno die tantum, similiter et ad molendinum restaurandum, et unam summam brasii[5] faciet.

III. Post istas est mansura Wulmeri, quæ similiter vii. denarios prædicto termino persolvit, et opera prædicta facit.

IIII. Mansura Malgari fabri, vii. denarios similiter et opera.

V^{ta}. Ælurici Dot, vii. denarios et opera.

---

[1] Watlingtowne. Doomsday, f. 18, b.

[2] Doomsday, f. 27, a.

[3] Selescome in Doomsday, f. 20.

[4] "Dr. Nash, in his Collections for Worcestershire, says that mansura, in a town, signified a house; in the country, a messuage,—that is, house and land.—Cowel says, mansura and masura are used in Doomsday, and other ancient records, for *mansiones vel habitacula villicorum.*"—Sir Henry Ellis, in Doomsday, i. 244. Our English word *manse* seems to approach very near the true meaning of the word as used here.

See also Hearne's Liber Niger, i. 312.

[5] "One seam of malt." The suma was a horse-load, or eight London bushels. See Ellis, in Doomsday, i. 134.

VI. Willelmi corduanarii, vii. denarios et opera.
VII. Æduardi Gotcild, vii. denarios et opera.
VIII. Radulfi Ducgi, vii. denarios.
IX. Gileberti textoris, vii. denarios et opera.
X. Deringi Pionii, vii. denarios et opera.
XI. Legardæ, vii. denarios et opera.
XII. Ælfuini Trewæ, vii. denarios et opera.
XIII. Godieve, vii. denarios et opera.
XIIII. Goduini filii Colsuein, vi. denarios et opera.
XV. Goduini coci, vi. denarios et opera.
XVI. Ædvardi purgatoris, vii. denarios et opera.
XVII. Rotberti molendinarii, vii. denarios et opera.
XVIII. Rotberti de Havena, vii. denarios et opera.
XIX. Selaf bovarii, vii. denarios et opera.
XX. Wulurici aurifabri, vii. denarios et opera.
XXI. Willelmi Pinel, vii. denarios et opera.
XXII. Lamberti sutoris, vii. denarios et opera.
XXIII. Ordrici porcarii, vii. denarios et opera.
XXIIII. Sevugel Cochec, v. denarios ad festum sancti Michaelis et opera; XXV. et v. denarios ad festum sancti Thomæ, de alia mansura juxta se, et opera.

XXVI. Mansura Blacheni, bubulci, vii. denarios et opera.

XXVII. Willelmi Grei, vii. denarios et opera.
XXVIII. Rotberti filii Siflet, vii. denarios et opera.
XXIX. Sewardi Gris, vi. denarios et opera.
XXX. Ælurici dispensatoris, vii. denarios et opera.
XXXI. Wulfuini Hert, cum terra circa mansuram, xi. denarios et opera.

XXXII. XXXIII. Juxta ecclesiam sanctæ Mariæ de parrochia, a parte occidentali est mansura Lefui Nuc, quæ supradicto termino, sancti scilicet Michaelis, vii. denarios persolvit et opera.

XXXIIII. Post illam est mansura Gileberti extranei quæ cum terra sibi pertinente libera est et quieta, excepta decima terræ suæ quam reddit, et duobus servitiis per annum, uno Cantuariæ, alio Lundoniæ.

XXXV. Ælurici de Dengemareis libera est et quieta, tantummodo summonitionem facit de terra ejusdem Ælurici in Dengemareis quando servitium suum facere debet.

XXXVI. Benedicti dapiferi, libera est omnino et quieta.

XXXVII. Mauricii, vii. denarios et opera.

XXXVIII. Ædrici qui signa fundebat, vii. denarios et opera.

XXXIX. Gunnild, vii. denarios et opera.

XL. Burnulfi carpentarii, vii. denarios.

XLI. Æilrici cild, vii. denarios et opera.

XLII. Æilnodi sutoris, vii. denarios et opera.

XLIII. Francefant, vii. denarios et opera.

XLIIII. XLV. Ælduini coci, duæ, xiii. denarios et opera.

XLVI. Emmæ, vii. denarios et opera.

XLVII. Ælstrildis Nonnæ, vi. denarios et opera.

XLVIII. Petri pistoris, vii. denarios et opera.

XLIX. L. Sewini, II^{ae}, xiii. denarios et opera.

LI. Rotberti de Cirisi, xv. denarios et opera.

LII. Mathelgari Ruffi, vii. denarios et opera.

LIII. Siwardi Stigerop, vii. denarios et opera.

LIIII. Golduini, vii. denarios et opera.

LV. Æduini fabri, vii. denarios et opera.

LVI. LVII. Sevugel, II^{ae}, x. denarios et opera.

LVIII. Gotselini, vii. denarios et opera.

LIX. Russelli, vii. denarios et opera.

LX. Lamberti, viii. denarios et opera.

LXI. Ailrici pistoris, xii. denarios et opera.

LXII. Æilnodi filii Fareman, viii. denarios et opera.

LXIII. Gileberti clerici, vii. denarios et opera.

LXIIII. Lefuini pistoris, xiii. denarios et opera.

LXV. Herodis, xi. denarios et opera.

Ex alia parte viæ.

LXVI. Orgari, xiiii. denarios et opera.

LXVII. Chebel, vii. denarios et opera.
LXVIII. Deringi, vii. denarios et opera.
LXIX. Leffelmi, vii. denarios et opera.
LXX. Benwoldi Gest, vii. denarios et opera.
LXXI. Wulfrici porcarii, v. denarios et opera.
LXXII. Emmæ, vii. denarios et opera.
LXXIII. Slote, vii. denarios et opera.
LXXIIII. Gosfridi coci, vii. denarios et opera.
LXXV. Godefridi, v. denarios et opera.
LXXVI. Lefuini Hunger, vii. denarios et opera.
LXXVII. Ædvini Cniht, v. denarios et opera.
LXXVIII. Goldstani, vii. denarios et opera.
LXXIX. Wulbaldi Winnoc, vii. denarios et opera.
LXXX. Brembel, vi. denarios et opera.
LXXXI. Rotberti Barate, vi. denarios et opera.
LXXXII. Lefflet Lounge, iii. denarios.
LXXXIII. Edildæ Tipæ, v. denarios et opera.
LXXXIIII. LXXXV. Goldingi, v. denarios et opera, et de alia juxta se, v. denarios, et inde non facit brasium, nec invenit hominem ad prata, nec ad molendinum.
LXXXVI. Ælurici Curlebasse, vii. denarios et opera.

A parte orientali sanctæ Mariæ.
LXXXVII. Mansura Wulfuini Scot, vii. denarios et opera.
LXXXVIII. Hugonis secretarii, vii. denarios et opera.
LXXXIX. Hunfredi presbiteri, vii. denarios et opera.
XC. Pagani Peche, vii. denarios et opera.
XCI. Durandi, vii. denarios et opera.

Ex alia parte viæ.
XCII. Juliot Lupi, vii. denarios et opera.
XCIII. Ælfuini Abbat, vii. denarios et opera.
XCIIII. Siwardi Crulli, v. denarios et opera.
XCV. Sevugel cannarii   et opera.
XCVI. Brictrici ortolani, vii. denarios et opera.

XCVII. Ælwini secretarii, v. denarios et opera.
XCVIII. Chenewardi, v. denarios et opera.
XCIX. Balduini sutoris, v. denarios et opera.
C. Osberti Pechet, viii. denarios et opera.
CI. Cocardi, v. denarios et opera.

Ex alia parte viæ juxta murum monachorum.

CII. Mansura Ælfuini Hachet ad festum sancti Thomæ vii. denarios et opera.

CIII. Æilnothi Hecæ, vii. denarios et opera.

CIIII. Blachemanni de Bodeherstegate, vii. denarios et opera.

CV. Reinbaldi Genester, vii. denarios et opera.
CVI. Ælurici Corveiser, vii. denarios et opera.
CVII. Brictrici Barhe, vii. denarios et opera.
CVIII. Ælfuini Turpin, vii. denarios et opera.
CIX. Rogeri Braceur, vii. denarios et opera.
CX. Walteri Ruffi, vii. denarios et opera.
CXI. Hunfredi Genester, vii. denarios et opera.
CXII. Goduini Gisard, vii. denarios et opera.
CXIII. Siwardi Crulli, v. denarios et opera.
CXIIII. Brunreve, viii. denarios et opera.
CXV. Wulfuini carpentarii, viii. denarios et opera.

His itaque certis dimensionibus mansionum villa de Bello ordinata hactenus constare videtur.

Services. Omnes igitur ut supradiximus debent una die invenire de unaquaque domo hominem ad prata, et ad molendinum reficiendum, et habebit unusquisque panem et dimidium, et companagium[1], et brasium facient si necesse fuerit, unusquisque summam unam. Minister vero curiæ cum equo proprio monachorum singulis singulas deferre debet summas domibus, et hominibus tradere. Homines autem, cum brasium præparatum fuerit, curiæ reddere cum mensura

---

[1] "Quicquid cibi præter panem et potum;" Somner. "Unum panem et companagium," occur again in the laws of Athelstan (Brompt. p. 854) as a fine paid by each one of a gild or company for the soul of a ghilde-broðher. Ancient Laws, &c. ii. 499.

debent, et eo die unusquisque duos panes cum bono companagio habere debet. Similiter ad prata vel ad molendinum si amplius quam justum est ire necesse fuerit, non cogantur, sed rogati si possunt eant. Qui vero aliquo præoccupatus negotio ire nequiverit, non inde causetur, nec in forisfacturam ducatur. Eo etiam tenore de brasio faciendo constitutionis ratio tenenda est.

Privileges of the inhabitants of Battle.

Homines autem ipsius villæ, ob ejusdem loci permaximam excellentiæ dignitatem, Burgenses vocantur. Qui cum ab jure consuetudinario in aliquo deviaverint, et forisfactura rei in placitum ducti fuerint, ventilata causa coram abbate aut monachis, seu ministris illorum convicti, consuetudine regali de quinquaginta solidis pro emendatione persolvendis in misericordia præsidentis vadimonium dabunt.[1] Veniente autem abbate noviter ad regimen abbatiæ, pro libertatibus suis burgenses ejusdem loci abbati centum solidos persolvent.

Description of lands within the leuga.

Hactenus de his quæ ad villam pertinent perstrinximus. Nunc ad ea quæ sunt extra villam infra leugam describenda veniamus. Nec causetur quisquam, quod aliter quam in libro regis continetur, nos terras et terminos ejusdem leugæ descripserimus. Antiquitus enim terræ ejusdem leugæ, quemadmodum in præfato regis libro descriptæ sunt, dividebantur, nunc autem succedentibus abbatibus prout eis melius visum est, ab eisdem divisæ sunt. Dividitur igitur leuga per wistas, quæ aliis in locis virgatæ vocantur.

In Uccheham sunt tres wistæ in dominio. Item in Uccheham sunt quatuor wistæ et dimidia, quarum possessores de unaquaque singulis annis tres solidos persolvent, et quarta ebdomada tota omne opus quod eis injungitur perficient. Sabbato vero cum equo suo quo eis injungitur pergent.

---

[1] Fifty shillings constituted the forfeiture, according to the laws of Wessex, for a breach of the King's peace. Misericordia was a variable fine, imposed at the discretion of the judge; *mulcta lenior*, Spelm. This passage confirms the correctness of Du Cange's definition.

Inter Hechelande et Bodeherste est una wista, cum simili opere et denariis.

In Telleham habentur septem wistæ, quæ simili modo ut supra dictæ, opera omnia facient. Una autem ex his est libera ab his operibus, quia quotienscunque possessor ejus summonitus fuerit, cum equo suo, ubicunque injunctum sibi fuerit, cum monacho vel cum aliquo qualicunque perget. Similiter pro hoc servitio de redditu denariorum liber est. Præbendam[1] de curia equo suo iens habebit et rediens. Similiter conredium habebit et ferra ad equum suum. Quod si equus suus in via mortuus fuerit, monachi restaurabunt ei.

In La Stene est una wista, quæ denarios præfatos reddit, et opera facit.

In Richelherste sunt quinque wistæ, quæ opera et denarios prædictos persolvunt.

In Puchehole est una wista, simili opere et denariis supradictis constans.

In Beche tres wistæ sunt, possessor quarum semper debet per dimidium annum in promptu habere equum ad summonitionem abbatis, talem quem abbas aut unus ex monachis suis possit honorifice equitare, et quotiens necesse fuerit ibit cum equo suo quo ei injunctum fuerit, ad ferra et clavos atque expensam abbatis et monachorum. Pro hoc servitio liber erit de redditu denariorum. Et si prædictum servitium non fecerit, decem solidos annuatim pro præfata terra persolvet.

In Dunintune tres wistæ jacent, quæ redditus denariorum, et opera supradicta persolvunt.

Præter hæc tres boscos leuga includit; Hechelande scilicet, Bodeherste, et Petlee, quartumque qui Duniford vocatur.

Tria etiam pomaria ibi sunt; unum contiguum curiæ a parte australi, aliud juxta domum quæ vocatur Hospitalis,

---

[1] Præbenda, allowance; conredium, entertainment. Ferra, here spoken of, and clavos, somewhat below, I suppose to mean horseshoes and nails. They are more than once mentioned in the roll of expenses of the Abbot of Whalley. See Whitaker's Whalley, p. 92.

tertium juxta ecclesiam sanctæ Mariæ a parte aquilonali, ubi etiam hortus monachorum esse solet.¹

Tria etiam molendina habet ecclesia in dominio. Duo infra leugam, scilicet unum subtus Loxebeche, aliud inferius in valle, tertium vero partim infra leugam partim est extra, in parte australi ecclesiæ, in loco qui vocatur Piperinge, ea, quæ terra extra leugam excambiata est, a domino de Cattesfelde, pro quodam prato parvulo, qui est in Bulintune juxta Buleworehethe.

Hactenus de his; nunc de terris quæ sunt infra leugam in dominio dicendum est.

In Petlee est una wista in dominio, quam quidam qui vocabatur Oter olim possedit. Ista enim quadraginta viii. acris constat.

In Catecumbe sunt quinque acræ, quæ jacent prope Wetlingetune.

Inter Petlee et Uccheham jacent quadraginta ii. acræ, et usque ad viam quæ vadit de Bello ad Wetlingetune.

In Uccheham sunt tres wistæ, cum prato qui vocatur Hanwisse.

Bodeherstegate usque ad viam juxta Hechilande jacet, campus permaximus incultus.

In Hechilande sunt duæ wistæ.

Santlachæ usque ad domum infirmorum habentur xxx^{ta} acræ et una, qui locus Dune vocatur.

Ex alia parte viæ, ubi olim pars aliqua vineæ fuit, et in Celvetege, quæ sunt ex australi parte ecclesiæ, computantur xxxvi. acræ.

In terra de Chapenore, quæ est juxta illas, quindecim acræ sunt, exceptis xii. acris quas ecclesia sanctæ Mariæ habet.

Inter Bodeherste et Hechilande, et inter domum infirmorum et Chapenore, et usque ad terram de Telleham xxxvii. acræ supputantur.

Est terra quædam quæ jacet inter pomarium, quod est

---

[1] See Sir Henry Ellis, Introd. to Doomsday, i. 123.

contiguum curiæ, et vivarium quod est a parte australi, quæ vocatur Quarrere, et sunt ibi iiii. acræ.

Ex alia parte viæ juxta pomarium, quod est conjunctum domui quæ vocatur Hospitalis, sunt duæ acræ in Herste.

Ibi juxta illas est mansura cum duabus acris sibi pertinentibus, ubi lavantur vestes monachorum, ubi etiam tres aliæ acræ sunt.

Ibi etiam a parte occidentali sunt octo acræ.

Juxta illas versus austrum simili modo octo acræ de dominio sunt.

In Loxebece duæ wistæ habentur.

In parte occidentali villæ, decem acræ optimæ jacent, quarum aliquæ cultæ abundant frumento.

In Bretherste xi. acræ sunt.

In Plesseiz xv. acris terra constat.

Ibi etiam juxta illas in aquilonali parte sunt xviii. acræ.

Præter hæc sunt quædam terræ quæ libero censu se defendunt, et sunt sine opere, hoc modo;

In Uccheham est i. acra, quæ reddit iiii. denarios.[1]

Juxta villam in parte orientali sunt xi. acræ, quæ sunt de feudo de Uccheham, et reddunt xi. denarios. Quæ terra vocatur terra Coci.

Post illas jacent v. acræ, usque juxta Santlache, quæ similiter v. denarios reddunt.

Ibi est et i. acra ubi domus, quæ Gilthalle vocatur, stat.

Juxta Strellewelle sunt iiii. acræ, quas Gilebertus extraneus tenuit et heredes ejus post illum, quæ terra vocatur terra Wrenci, quæ etiam libera est, pro servitio quod debet facere, cum equo suo, quo jussus fuerit illius possessor, sicut supradictum est.

Duæ etiam Gilthallæ sunt in eadem villa, una ut supradiximus in Santlache, quæ vocatur Gilda sancti Martini.

---

[1] Undoubtedly a large sum. In the Confessor's reign, when land rated rather higher, the average rent per acre was only $1\frac{1}{4}$d. See also Whitaker's Whalley, p. 130.

Alia vero in parte occidentali villæ, qui locus vocatur Claverham.

Tertia autem est extra villam juxta vivarium quod est subtus Quarrere, ad opus rusticorum[1] qui sunt extra villam.

His igitur abbas certis temporibus ad cervisiam faciendam invenire debet quantum aliquis illorum,[2] et habebit pauperem suum, qui in loco illius sedebit in unaquaque, et cum aliis bibet.

Cereos autem, per homines particulatim collectos, majores Gildarum super majus altare sancti Martini offerre debent.[3]

Si casu forisfactura aliqua in ipso ambitu Gildarum quanto tempore Gildam biberit evenerit, ipsorum erit. Si vero extra, abbatis est. Pro mortuis[4] abbas nihil cum aliis dabit.[5]

---

[1] The ceorlisce, or villani, of the laws of Athelstan; Ancient Laws, &c. i. 229. Thane gilds are mentioned in Hickes, as below.

[2] That is, like other members of these gilds, the Abbot was to provide a certain portion of malt. See Hickes, Diss. Epist. 21, 22. This gild consisting of inferior persons, the Abbot was not compelled to sit at their meetings, as the laws of these companies required, but had a deputy.

[3] See the Laws of the gild of St. Catherine in Dugdale's Warw. p. 123.

[4] He should not pay the gild penny for the soul's health. See note at foot, p. 16

[5] Two leaves left blank; with this view probably, that any fresh accessions of landed property might be registered with the foregoing.

Incipit liber de situ ecclesiæ Belli et de possessionibus sibi a rege Willelmo et ab aliis quibuslibet datis.

[1]ANNO ab incarnatione Domini M. lxvi. dux Normannorum nobilissimus Willelmus cum manu valida pugnatorum in Angliam transnavigavit, ut regnum Angliæ sibi a suo consanguineo rege Ædwardo dimissum, de manu Haraldi qui illud tirannica fraude invaserat, abstraheret; sibique illud jure hereditario possidendum obtineret. Hoc audito, Haraldus cum exercitu contra illum advenit, duce strenuissimo Willelmo audacter itidem ei cum exercitu ad locum qui nunc Bellum vocatur, occurrente. Dux igitur devotus in procinctu bellico jam armatus, convocatis baronibus et militibus suis, universos exhortatione sua et spe promissionum fiducialiter monet pugnæ insistere; atque ad eorum corda roboranda coram eis cum favore omnium votum Deo fecit, ut si divina pietas illi victoriam de suis adversariis concederet, eundem Deo locum sicut sibi conquirere posset liberum et quietum omnino offerret; ibique cœnobium, quo Dei servi congregarentur, pro omnium, illorumque nominatim qui in eodem bello occumberent salute, construeret; qui locus refugii et auxilii omnibus esset, quatinus jugi bonorum operum instantia commissa illic effusi cruoris redimerentur. His animosiores effecti, pugnam constanter ineunt, Deoque auctore tandem pridie idus Octobris hoste prostrato exercituque fugato, triumpho potiuntur. Tirannide[2] itaque hostili undique prostrata, in brevi etiam tota pæne Anglia pacificata, eodem anno dux armipotens, regio diademate insignitus, apud Lundoniam mirifice, ut nobilem decebat, coram regni primoribus in regem totius Angliæ elevatur, atque a viro venerabili Aldredo Eboracensi archiepiscopo

---

[1] This initial A is very splendid, and represents the Conqueror seated in his coronation chair.

[2] On this subject a note by Sir Henry Ellis deserves to be consulted, in his Index to Doomsday, i. p. 312. Harold was a great usurper of Church property.

sacra unctione linitus coronatur, electo ad archipræsulatum Cantuariæ Stigando regi contraire conanti.

Rex itaque collatæ sibi gratiæ non ingratus, memor fuit Dei et in bono proposito delectatus est, opereque votum gestiens prælibatum efficere, in prædicto certaminis loco tantæ victoriæ condignum præcepit fabricari monasterium. Et quia illud in honorem sanctæ Trinitatis, et beatæ Mariæ, necnon et beati Martini confessoris Christi, sanxerat consecrandum, ejusdem sancti Martini quosdam accivit de Majori Monasterio monachos qui operi præessent, religionisque monachicæ fundamenta jacerent; ut simul cum ecclesiæ fabrica, religionis ibidem norma proficeret, eisque ad opus accelerandum, pecuniarum expensas pro nihilo ducens, thesauraria sua pandi faciebat quotiens voluissent. Sed filii alieni non tam Jhesu Christi quam quæ sua sunt quærentes, negligentius operi insistebant. Ecclesiæ igitur structura indies proficiente, cum eam devotus rex magnis opibus et regiis dignitatibus mirifice ditare disponeret, eo quod ibidem Tonantis gratia victoriam et regnum sibi suisque heredibus obtinuisset, ob victoriæ ejusdem memoriam perpetuandam, ipsum locum Bellum appellari voluit; statuitque conventum ad minus lx. monachorum ibidem congregari; proponens eandem ecclesiam cum dedicari faceret in tantum ditare, ut conventus ejusdem omni tempore numero septies viginti monachorum existeret. "Sed homo proponit, Deus autem disponit." Nam id perficere, proh dolor! morte, quæ regi æque imperat ut mendico, præventus nequivit. Tamen suæ dilectionis memoriam suis monachis reliquit, constituens in primo monachis ejusdem ecclesiæ ad cotidianos usus panem regiæ mensæ aptum, qui *Simenel* vulgo vocatur, habere pondere lx. solidorum,[1] et in Quadragesima de quartario majorem, ut elemosinæ pars sibi cederet. Huic ergo ecclesiæ sancti Martini de Bello hanc inprimis regali auctoritate dignitatem concessit et

Monks invited from Marmonstier.

---

[1] I. e. 36 oz. See Fleta, ii. 9 & 12.

24 HISTORIA FUNDATIONIS

dedit, ut habeat curiam suam[1] per omnia, et regiam libertatem, et consuetudinem in omnibus possessionibus suis tractandi de suis rebus et negotiis, et justitiam per se tenendam, et ut sit libera et quieta in perpetuum, ab omni subjectione et exactione episcoporum, et ab omni calumnia Majoris Monasterii, et quarumlibet personarum dominatione, sicut ecclesia Christi Cantuariæ. Et si quis latro vel homicida vel aliquo crimine reus, timore mortis fugiens, ad hanc ecclesiam confugerit, in nullo lædatur, sed liber omnino dimittatur. Abbati quoque per totum regnum Angliæ latronem, vel furem, aut alio crimine damnatum, a supplicio liberare liceat, si forte supervenerit. Thesaurus etiam inventus in terris ejusdem ecclesiæ totus illius sit, similiter et murdre si acciderit, et omnes homines illius ubique a theloneo liberi sint, et omni consuetudine terrenæ servitutis, sicut cartæ ipsius testantur.

Gift of the surrounding leuga.

Dedit autem eidem ecclesiæ in possessionem æternam leugam circumjacentem, liberam et quietam in perpetuum ab omni geldo,[2] et scoto,[3] et hidagiis,[4] et denegeldis,[5] et opere pontium et castellorum et parcorum, et clausuris, et exercitibus, et omnibus placitis, et auxiliis, et querelis, et siris, et hundredis, et lestagiis;[6] cum saca,[7] et socna,[8] et thol, et theam,[9] et infangenetheof,[10] et warpeni, et hamsocne,[11] et forstal,[12] et blodwite,[13] et cildwite,[14] et latro-

---

[1] This was the same as raising them to the rank of the Great Barons of the kingdom.

[2] All these terms are explained in Brompton, whose interpretation is here briefly set down for the benefit of less experienced readers.

[3] *Scot;* symbolum ad opus ballivorum domini regis.

[4] *Hidage* vel *taillage;* tallagium (tax) de hidis terrarum.

[5] *Danegeld;* tallagium datum Danis, i. iii. d. de qualibet bovata terræ. (12*d.* for each hyde.)

[6] *Lestage;* consuetudo exacta in nundinis et mercatis.

[7] *Saka;* jurisdictio curiæ. [The Lord's privilege of holding pleas.]

[8] *Soka;* secta curiæ, (circuit or precinct of the court,) inde *sockne* dicitur, quandoque interpellatio majoris audientiæ.

[9] *Theam;* laudare auctorem; revouchergarant. [Elsewhere; power of judging and restraining bondmen, thieves, &c.]

[10] *Infangthef;* infra suum attachiamentum (manor) capere reum.

[11] *Humsoken* vel Hamfare; insultus factus in domo.

[12] *Forstall;* coactio vel obsistentia in regia strata facta.

[13] *Blodwithe;* amercement pro effusione sanguinis.

[14] *Giltwithe;* emenda pro transgressione.

cinio, et omni consuetudine terrenæ servitutis, et ab omni exactione et subjectione episcoporum Cicestriæ, et quarumlibet personarum dominatione; ita ut nullius, præter abbatis et monachorum ejus, ditioni subjaceat, nec in ipsa vel in aliqua ejusdem ecclesiæ possessione quisquam placitari, aut venari, vel quodlibet negotium exercere sine permissione præsumat, super forisfacturam regiam; nec etiam si casu quicquam captum fuerit efferatur, sed ecclesiæ sit.

Interea nonnullis illuc religionis desiderio confluentibus, quampluribus etiam liberos suos in Dei instruendos servitio offerentibus, ecclesiæ utilitati per singula intendens rex, ex his quos a Majori Monasterio acciverat quendam monachum, equidem strenuum et religioni maxime deditum, Gausbertum nomine, prædictæ ecclesiæ abbatem præfecit; ea tamen conditione, ut nullatenus ipse vel successorum ejus aliquis Majori Monasterio subjaceret; sed ut religionem ibidem adhuc novellam, sua prudentia ad perfectum perduceret, atque post ipsum omni tempore quem sibi concors congregatio fratrum regulariter elegerit, de eadem congregatione, ecclesiæ Belli cum regis voluntate abbas succederet.

Gausberto itaque electo, cum ad eum benedicendum episcopus Cicestrensis Stigandus nullatenus assentiret, nisi Cicestriam benedicendus adiret, regem hac de causa providus abbas caute adivit; causam exposuit, quid agendum foret inquisivit. Quo cognito, indignatus rex episcopo interminatus præcepit, quatinus abbatem in ecclesia sancti Martini de Bello, omni remota calumnia, benediceret; eo etiam modo, ut illic ipse, vel suorum aliquis, eodem die ex consuetudine nec hospitaretur nec cibum quidem sumeret, in testimonium videlicet libertatis ejusdem ecclesiæ. Factum est ergo; et abbate Gausberto ante altare sancti Martini de Bello benedicto, atque in locum suum ab episcopo collocato, memoriale ad posteros transiit, ecclesiam de Bello ab omni exactione et subjectione episcoporum Cicestriæ liberam esse, sicut dominicam

Abbot Gausbert.

regis capellam, nec in ea, vel in omni possessione ejus, quisquam aliquid calumniari possit, nisi gratis et caritative impendatur.[1]

Abbati etiam cum curiam adiret, liberationem habere constituit.

Hospitia quoque apud Lundoniam et Wintoniam delegavit.

His dispute with the Bishop of Chichester.

Abbate igitur Gausberto, et regiæ majestatis reverentia, et propria prudentia, plurimum coram regni primoribus honoris locum optinente, episcopi tamen Cicestriæ sæpius infestatione vexabatur. Ipsum nempe sinodum apud Cicestriam adire summonebat, abbatiam quasi ad suam diocesim pertinentem plurimis calumniis opprimere quærebat, ut scilicet in ea vel in his, quæ illius erant, sibi aut ecclesiæ suæ aditus dominandi aliquis pateret. Quod præcavens abbas, hæc iterum regiæ intulit aulæ. Cujus rei causa coram regis curia ventilata, statutum est in communi, ut de eadem ecclesia et leuga circumjacente se episcopus non intromitteret, sed abbas ecclesiæ suæ et leugæ circumjacentis judex sit et dominus, ut servi Dei secularibus curis expediti, soli Deo et saluti omnium intenderent, et suæ ecclesiæ cum prædicta leuga, et seculari et ecclesiastico more præessent, episcopo hæc et reliqua quæ prædicta sunt cum regali auctoritate confirmante. Firma igitur pacis concordia inter ipsos viros venerabiles ex tunc permanente, hoc etiam sua auctoritate episcopus confirmavit; ut si provincia illa, episcopali sententia, pro aliqua re interdicta fuerit, ecclesia sancti Martini de Bello non cessabit, sed si infra factam interdictionem aliquis prædictæ ecclesiæ frater aut soror morte præventus in provincia sepeliri non possit, requisita memorata ecclesia sancti Martini, licentiam sepeliendi absque omni calumnia episcopali habeat, nisi forte is qui sepeliendus est interdictionis fuerit causa. Et si forisfacturæ Christianitatis quolibet modo infra leugam contigerint, coram abbate

---

[1] See the proceedings in the Synod of Chichester, A. D. 1157, relative to this exemption. Wilkins' Concil. i. 427.

definiendæ referantur. Habeatque ecclesia sancti Martini emendationem forisfacturæ, pœnitentiam vero reatus sui rei ab episcopo percipiant.

Verum quoniam tunc temporis adhuc licitum erat quemque suas decimas[1] quo vel cui vellet attribuere, quamplurimi ex vicinis eidem loco suas decimas jure perpetuo possidendas delegabant. Unde illas, episcopali auctoritate confirmatas, ecclesiæ de Bello hucusque possidet.

Eo itaque tempore in ecclesia sancti Martini de Bello, omnibus in tota leuga commanentibus, et extra eam etiam quamplurimis ad eandem parrochiam pertinentibus, servitium fiebat; eratque clericus quidam capellanus, qui in curia monachorum degens cum suo clerico, quod necesse habebat inde sumebat, et de his quæ ad Christianitatem pertinebant sub abbatis imperio parrochianis ministrabat, cunctæque oblationes et decimæ et beneficia ecclesiæ ipsi absque calumnia manebant.

Præterea ipso abbate Gausberto devotionis gratia Majus Monasterium unde scilicet monachus erat visitante, ejusdem ecclesiæ conventus cum abbate suo moliebantur, ut ecclesiæ Belli quocunque pacto dominarentur; hoc efficere conantes, ut abbas eidem ecclesiæ de Bello in capitulo Majoris Monasterii ordinaretur, qui ut subditus quotiens mandaretur eos adiret. Abbas itaque Gausbertus hæc prænoscens, cum in Angliam redisset et hac de causa ut Majus Monasterium adiret iterum iterumque mandatum excepisset, non consensit, sed curiam petens, regiis auribus hujus rei querimoniam innotuit. Quamobrem commotus rex, omnes qui secum aderant Majoris Monasterii monachos remittere præcepit; ipsique interminatus, "Per splendorem Dei!" inquit, (hoc enim assueverat juramento), "si hac de causa mare transieris, aut illuc ulterius

The monks of Marmonstier demand his subjection to their house.

---

[1] See Bp. Kennett on the Augmentation of Vicarages, p. 11. This practice, though at various times forbidden, continued in vogue until the year 1195, when it was restrained by a bull of Pope Celestine III., directed to Hubert Archbishop of Canterbury: see the notes in Kennett, ib. at p. 13. The passage in the text is rather valuable, as showing at what an early period tithes began to be appropriated.

ieris, in perpetuum Angliam, ad abbatiæ meæ custodiam, non repedabis." Quo jussa implente, hujusmodi calumnia quievit, confirmante rege ut ab omni subjectione Majoris Monasterii, ut prædictum est, ecclesia de Bello libera in perpetuum permaneat.[1]

In villa vero de Bello et per totam leugam,[2] retenta in ecclesiæ dominio utiliori, ut visum est, terræ parte, quamplurimi ex comprovincialibus, et nonnulli etiam ex transmarinis partibus asciti, abbatis et monachorum distributione sibi mansiones jam parabant, qui cum terræ debito censu, alias quidem liberi, ecclesiæ diversa ex more servitia extunc persolvere soliti sunt.

Grant of the royal manor of Wy, in Kent.

Dedit etiam idem inclitus rex Willelmus eidem ecclesiæ de Bello in Cantia regale manerium quod vocatur Wi, cum omnibus appenditiis suis,[3] septem swulingarum,[4] id est, hidarum, ex sua dominica corona, cum omnibus libertatibus et regalibus consuetudinibus; ita liberum et quietum sicut ipse liberius et quietius tenuit, vel ut rex dare potuit, scilicet ab omni geldo et scoto, et reliquis quæ suprascripta sunt, et ab omni consuetudine terrenæ servitutis. Quod cum ecclesiæ eidem conferret, verbum memoriale et merito recolendum, ipse ter prædicandus princeps dixisse memoratur. Siquidem quibusdam tantæ largitatis causa mirantibus, "Ego," ait, "istud corpori

---

[1] See the King's charter in confirmation of this, published in the Monasticon, i. 319.

[2] To this passage a marginal note has been added in a later hand; "Notandum contra eos qui dicunt, quod fuit ibidem villa, quæ vocabatur *Sothope.*"

[3] See this grant also in the Monasticon, ib. 317. Notwithstanding the grant of *saka* and *soka*, it seems almost, from the entry in Doomsday, that the abbot, at first, either did not possess or did not exercise this privilege. In the time of King Edward, it is stated, that the receipt was 125*l*. 10*s*.; allowing 20*d*. to the ora. It was valued in the time of the Survey at 100*l*. ad numerum. But if the abbot had held sake and soke, it would be worth 20*l*. more. " T. R. E. valebat quatuor xx. lib. et c. solid. et vi. sol. et viii. den. Quando recepit cxxv. lib. et x. sol. de xx. in ora. Modo c. lib. ad numerum; et si abbas habuisset sacas et socas, xx. lib. plus appreciaretur." 1. 11, b. Wy with its appendages is valued at 195*l*. 5*s*. in the Taxation of Pope Nicholas.

[4] See Sir Henry Ellis, Introd. to Doomsday, i. 153.

meo' aufero, et animæ meæ confero. Qua de re," inquit, "si corpus illud libere et quiete tenere prævaluit, multo dignius est, ut anima, quæ melior pars hominis est, hoc si fieri potest, liberius atque quietius possideat."

Hujus itaque manerii, ab antiquitate, hæc præ cæteris dignitas semper extitit, ut cum suo hundredo viginti duobus hundredis et dimidio ad socnam illius pertinentibus præesset. De quibus omnibus quotiens ad comitatus vel ad alias consuetudinales collectiones convenire debent, vicecomes de Chent præposito de Wi, vel ministro ejus, loco et termino designato, litteris suis sigillatis mandare debet, et ipse deinde consuetudinaliter summonere. Quibus collectis, de omnibus placitis et forisfacturis prædictorum hundredorum præpositus de Wi, vel minister ejus vadimonia accipiet, et duos denarios similiter. Hundredum vero de Wi liberum est et quietum propter istam summonitionem ab omni consuetudine, et sicut olim regi, ita nunc ecclesiæ sancti Martini de Bello, proprium permanet.

Consuetudinaliter[1] autem per totam Angliam mos antiquitus pro lege inoleverat, comites provinciarum tertium denarium sibi optinere.[2] Inde enim comites dicebantur. Unde quia tunc episcopo Baiocensi Odoni, fratri scilicet suo, rex Cantiæ comitatum totum dederat liberum et concesserat, iccirco ecclesiæ suæ de Bello duos, quos ipse habebat in dominio suo, denarios dedit, tertio, ab episcopo cui comitatus cesserat, retento. Succedente vero tempore, postquam prædictus episcopus propriis infortuniis subactus comitatum prædictum amisit,[3] idem tertius denarius in redditibus regiis computatus remansit.

In Dengemareis, quod est unum membrum de Wi, [4]concessit et dedit idem nobilis rex Willelmus omnes mari-

Of Dengemareis.

---

[1] "Not. de duobus denariis de quibus cartæ nostræ faciunt mentionem." f. 26, b. Note in the margin.

[2] See Heywood's Dissertation on the Government of the Anglo-Saxons, p. 106. Lond. 1818.

[3] Will. of Malmesbury de Gestis, p. 457.

[4] See the charter in the Monasticon, ib. p. 317.

timas consuetudines quas illic habuit. Quod si piscis qui vocatur Craspeis[1] illic appulerit, abbatis et monachorum sit totus; et si in terra vicinorum, infra terminos scilicet de Horsmede usque Withiburne, quod pertinet ad socnam de Wi advenerit, duas partes illius cum lingua dedit ecclesiæ de Bello, et ut abbas et monachi illud tam libere semper habeant et possideant, sicut ipse liberius possidere potuit. Eodem modo et werec, quod illic contigerit, habere concessit.

In his vero quam maxime quanti pendebat rex utilitates ecclesiæ de Bello propalabatur, dum quotiens edicta regalia vicecomitibus sive justiciariis, vel ministris eorum Cantiæ constitutis, de ejusdem ecclesiæ negotiis destinarentur, hoc præcipue regii continebant apices, ut omnes de manerio de Wi libertates regiasque consuetudines illibatas observarent, ut ecclesia et monachi sui de Bello, sicut ipse rex melius potuit, ea omnia in pace manentes absque inquietudine possiderent.

Grant of the manor of Alsistone. Item dedit unum manerium in Sudsexia, quod vocatur Alsistona[2] cum omnibus appenditiis suis, quadraginta iii. hidarum et dimidium, quod antea in dominium suum idem rex redegerat, cum omnibus libertatibus et regalibus consuetudinibus prædictis.

Liminesfield. Aliud etiam manerium in Surreia simili modo prædictæ ecclesiæ suæ de Bello, Limnesfeld[3] nomine, cum suis appenditiis xxv. hidarum, ex sua dominica corona contulit;

---

[1] The word occurs again in the Laws of King Ethelred, as printed by Brompton: "Homines de Rothomaga qui veniebant cum vino vel craspisce." Twysd. 897.

Somner in his Glossary observes: "Craspiscis, idem proculdubio quod alibi *Grospeis*. Spelmanno nostro *grampois*, piscis grandior. Vox composita, cujus prior syllaba in una, a Gall. *grand*, in altera a Latin. *crassus*. Bractono *crassus piscis*, ii. 24, f. 55, b; folio vero 120, a, *grossus piscis*." See also the Glossary to the "Ancient Laws of England," s. v.

[2] Monasticon, ib. 317. Formerly held by Alnod Celt or Ulnoth, Harold's younger brother. Doomsday says xliv. hides and a half, p. 17, b. In the Valor Nich. 102*l*. 12*s*. 10¾*d*.

[3] Monast. ib. Limenesfield in the hundred of Tenrige; held formerly by Harold. In the Survey is this entry: "T. R. E. se defendebat pro xxv. hidis; modo non se defendit postquam abbas recepit." f. 34.

cum omnibus libertatibus et regalibus consuetudinibus suprascriptis.

Hou[1] vero nomine in Essexia manerium aliud, cum omnibus quæ sibi adjacebant, pacto eodem prædictæ ecclesiæ dedit et confirmavit. Hoc itaque trium hidarum et trium virgarum divisione dimensum est. *Hou, Essex.*

Bristwoldingtuna[2] autem decem hidarum ex corona sua, idem piissimus rex suæ ecclesiæ, in Bearrocsira situm, pro anima sua obtulit, et carta sua cum prædictis libertatibus et regalibus consuetudinibus confirmavit. *Bristwoldingtuna.*

Craumareis[3] quoque, v^{que} hidarum, quod est in Oxenefordsira, eadem regali auctoritate qua suprascripta eidem ecclesiæ suæ de Bello concessit et dedit. Ecclesiam etiam in villa de Radingis,[4] ex dominio suo, cum possessionibus et terris et decimis illi pertinentibus, prædictæ ecclesiæ suæ concessit et dedit. *Craumareis.*

Sub lege quoque eadem dedit eidem ecclesiæ memoratus rex in Devenesira ecclesiam quandam dominii sui, de villa de Culuntuna,[5] cum præbendis quinque ad eandem pertinentibus. *Church of Culuntowne.*

Verum quoniam in ejusdem provinciæ eximia civitate Exoniensi, magni nominis et famæ ab antiquitate, pro miraculorum ibidem frequentia, sancti Olavi regis et martyris exstabat capella, illam quoque rex merito præconandus uti cum devotione munificus, suæ ecclesiæ liberam possidendam delegavit, cum terra quadam Sirefordia, et Cheneberia,[6] et aliis terris vel decimis ad eandem pertinentibus.[7] *Chapel of St. Olave's, Exeter.*

Ad quæ omnia recipienda illuc, ab ecclesiæ Belli conventu quidam frater Gunterus vir strenuus primo directus est.[8] Qui ibidem paululum remoratus, cum curæ sibi *Cono and Robert appointed to this chapel.*

---

[1] Monast. ib.

[2] Monast. ib. Bristoldestone, in the hundred of Nache-de-dorne; formerly held by Harold: Survey, 59. Decreased from 10*l.* to 9*l.*

[3] Formerly held by Harold. It had increased from 6*l.* to 8*l.* in value: Survey, i. 157.

[4] See the Survey, ib. f. 60.

[5] See the Survey, f. 104. The land was one hide.

[6] See the Survey, f. 104.

[7] See the King's charter in the Monasticon, i. p. 352, old edition.

[8] "Ortis postmodum quibusdam

injunctæ utiliter operam daret, revocatus, ex pro summæ religionis industria Torneiæ abbas effectus est. Ad prædictarum vero curam ecclesiarum alius quidam monachus cum efficacia magnanimus Cono nomine, adjuncto etiam sibi quodam fratre nomine Rotberto, destinatus, mox quemadmodum intimum decebat ecclesiæ filium, ad augendum et extollendum sibi locum commissum utiliter in posterum prospiciens, animum convertit. Pecunias siquidem reddituum vel oblationum, seu etiam cum reliquiarum (quo idem insignitur locus) circumlatione prædicationum, vel aliunde pro posse adunatas, terrarum vel ecclesiarum sive decimarum adquisitione cis citraque urbem Exoniensem ecclesiæ loco scilicet sibi commisso perpetuabat, indeque Tonantis gratia favorem quoque compatriotarum quam maximum obtinebat. Cumque et infra urbem quoque nonnullas mansiones vel terras emptione seu devotorum largitione jam possideret, deliberavit tandem vir sagax ingenio, eo quod eadem sancti Olavi ecclesia modica foret, monasterium in honorem sancti Nicholai confessoris Christi ad fratrum habitationem accommodum penes eandem fabricare. Quo cum superstitis regis Willelmi conquestoris licentia et auctoritate, animum spe in Deo quam maxime magnanimum inopia non angustante, mirifice inchoato, pro posse diatim proficiebat. Paulatim ergo opere ad effectum tendente, et eodem jam aliquantum loco habitabili existente, accitis aliquot ab ecclesia Belli fratribus, cœpit ibidem regulariter divinum celebrari officium; ad eorundem fratrum stipendia cum omnibus ad ecclesiam sancti Olavi pertinentibus, ecclesia quoque prædicta de Coluntuna, ubi prius habitaverant monachi, cum quinque terris præbendarum, scilicet Uppetona, Colebroche, Hinelande, Wævre, Esse, et omnibus ad eam pertinentibus, ab abbate et conventu ecclesiæ sancti Martini de Bello, eidem

simultatibus inter ipsum [Folcardum Torneiæ præpositum] et Lincolniensem episcopum, recessit [Folcardus] et Cænomannensis Gunterius de Bello monachus, qui Salesburiensis fuerat archidiaconus, successit." Ordericus Vitalis, p. 865. His epitaph will be found in the same author.

ecclesiæ sancti Nicholai delegatis, ea tamen conditione ut pro subjectionis recognitione, ecclesiæ sancti Martini de Bello portio census definita, sexaginta solidi scilicet, persolverentur.[1] Hæc igitur ab ordine digredientes, succinctę dixisse sufficiat. Cæterum ut omissis se calamus applicet, magnanimus ecclesiæ suæ prospiciens rex, mercatum in villa Belli, Dominico die, liberum omnino et quietum, ac ecclesiæ et monachis absque ullius exactione, jure perpetuo, ut proprium ad disponendum constituit, et regia auctoritate confirmavit.

Ecclesiam itaque suam de Bello excellentissimus princeps et merito nominandus rex Willemus, ut supra texuimus, cum leugam et omnibus maneriis suis vel possessionibus ad eam pertinentibus ab omni consuetudine terrenæ servitutis liberam et quietam in perpetuum esse constituit, et regia auctoritate confirmavit; scilicet ab omni geldo, et scoto, et hidagio, et denegeldo, et sires, et hundredis, et omnibus placitis et querelis, et omnibus auxiliis, et lestagiis, et sartis, et clausuris, et omnibus operibus castellorum et parcorum et pontium et exercituum, cum saca et socna, et thol, et theam, et infangenetheof, et warpeni, et hamsocne, et forstal, et blodwite, et cildwite, et latrocinio si in terris ecclesiæ illius acciderit. Quod si murdre inventum fuerit in aliquo loco, super terram illius ecclesiæ sancti Martini scilicet de Bello, in leuga, in maneriis, vel in membris eorum, nullus se intromittere debet, nisi abbas et monachi ejus. Et si thesaurus in præfatis terris ecclesiæ illius repertus fuerit, ut ecclesiæ et abbatis atque monachorum sit totus, concessit. Warennam etiam in ipsa leuga vel in maneriis ipsius ecclesiæ ubique constituit. Præcepit vero idem nobilis princeps, quatinus ecclesia illa cum omnibus terris et possessionibus suis libera sit et secura ab omni dominatione principum et

Privileges granted to Battle by the Conqueror.

---

[1] In the Taxation of Pope Nicholas, the tythes of St. Olave's chapel are returned, *nil;* that is, as barely sufficient for the support of one chaplain. It is elsewhere stated that the prior of S. Nicholas received from this chapel eight shillings yearly, and nine pence from the tythes.

baronum et episcoporum, seu aliarum quarumlibet personarum exactione, et ut homines illius omnes liberi sint et quieti ab omni theloneo, et omnia mercata sua per totum regnum suum ubique absque theloneo faciant, et ne quis eis super hoc molestus sit, super forisfacturam regiam. Insuper etiam et hoc addidit, ut si quis baronum vel hominum suorum illi ecclesiæ aliquas terras vel possessiones aut de suo aliquid aliquando dederit, eandem per omnia libertatem vel regalem dignitatem, sicut supradiximus, in iisdem sua quoque habeat ecclesia, ut servi Dei undique quieti et liberi Deo in pace omnimodis intendant.

Grant, by Osbern Fitz-Hugh, of a meadow in Bodeham.

Quoniam autem loca circa ecclesiam eandem de Bello nimis erant arentia, et pratorum irriguis minus abundabant, ex abbatis Gausberti monachorumque admonitione, quidam miles ex vicinis Osbernus[1] nomine filius Hugonis, ex suo dominio, concedente domino illius comite Augi Willelmo, cum regis Willelmi confirmatione, triginta acras prati ad mensuram Normanniæ dimensas, in fundo manerii sui, vocabulo Bodeham septem fere milariis ab ecclesia eadem distantis, partim largitione pro sua suorumque salute, partim venditione, acceptis pro munere quinquaginta solidis, in perpetuum possidendas, ecclesiæ Belli, liberas ab heredum suorum et aliorum omnium calumnia vel exactione, et ab omni consuetudine concessit et dedit, cartaque sua confirmavit.

Of St. John's Brecknock, by Bern. Newmarch.

Eo etiam tempore quidam baronum regis, vir magnificus Bernardus cognomento de Novo Mercato, cujusdam prædictæ ecclesiæ Belli monachi nomine Rogerii apud eum aliquandiu forte commanentis inportuna suggestione, eidem ecclesiæ sancti Martini apud Walliæ provinciam, cum quadam possessione quæ Vetus Villa dicitur, ecclesiam eidem contiguam sancti Johannis Evangelistæ extra munitionem castri sui de Brecchennio sitam, liberam cum omnibus ad eam pertinentibus donavit.[2] Quam prædictus

---

[1] One of the same name, held here 1 hide and 3 virgates in the time of the Survey. Doomsd. f. 20.

[2] See the charters in confirmation of these grants in the Monast. iii. 264, 266. According to the former of these, he also gave to Battle Abbey the church of Bodeham.

frater Rogerius, ut novus valebat colonus, cum summo studio et labore a fundamentis restaurans, associato sibi quodam alio suæ ecclesiæ monacho magnæ sagacitatis viro Waltero nuncupato, ibidem ad habitandum ædificia construebat, prece vel munere nonnullas interim a vicinis terrarum vel decimarum possessiones eidem loco adquirens, ac pro posse utpote in commisso fidelis, sibi creditum talentum possessiunculæ multipliciter accumulatum matri suæ ecclesiæ impiger reportare satagens. Procedente vero tempore fratribus ad loci commoda omnino intendentibus, ejusdem Bernhardi uxor, Agnes nomine, forte invalitudine tacta, eidem loco ex viri sui assensu de propria hereditate, quandam villulam extra Walliam in Anglia sitam, quæ Berintona[1] vocatur, liberam omnino et quietam in possessionem æternam contulit; sicque paulatim ex ipsius quoque Bernhardi largitione in terris, molendinis, ecclesiis, sive decimis, ejusdem ecclesiæ possessionibus auctis, et eodem loco, cum suis omnibus, cum regiæ auctoritatis et præfati Bernardi confirmatione, in jus ecclesiæ Belli delegato, ab abbate et conventu ejusdem ecclesiæ sancti Martini, prædicto Waltero priore jam constituto, decretum est ibidem, ex ejusdem ecclesiæ monachis, Dei servos ad divinum regulariter peragendum officium adunatos degere, atque pro recognitione subjectionis, per annum census partem, viginti scilicet solidos ecclesiæ de Bello persolvere.

Cæterum ut ad propositum recurram, illis quoque diebus quidam præpotens baronum regis, Willelmus cognomento de Braiosa,[2] apud Sudsexiæ comitatum in rapo de Brembræ, ipsi ecclesiæ de Bello, in eodem burgo de Brembræ octo mansuras, et tres alias in Sorham liberas dedit et concessit, quietas, de dominio suo, et super hæc unam quoque hidam terræ in Sorham, in perpetuum absque calumpnia possidendam, insuper et annuatim centum ambras[3]

[1] Beryngton in Herefordshire, a grange rated at 7*l*. 3*s*. 4*d*. in the Valor of Hen. VIII.

[2] He possessed forty-one manors in this county.

[3] A measure of four bushels (modii). See the Glossary to the "Ancient Laws and Institutes of England," published by the Record Commission; and Sir Henry Ellis,

salis, et etiam decem modios vini, quos illi abbas Fiscamnensis singulis annis reddebat, pro quadam terra quam de illo possidebat Wurmincgeherste nomine,[1] prope Langlentune sitam. Pro quodam etiam milite suo, Hanselino nomine, aliam hidam terræ, quæ vocatur Herincgeham, eodem modo liberam concessit. Tunc temporis etiam alius quidam illius miles, vocabulo Radulfus Theodori filius, ex suo dominio, eodem domino suo Willelmo de Braiosa concedente et confirmante, alias centum ambras salis eidem ecclesiæ contulit. Quidam etiam ex ipsius Willelmi de Braiosa hominibus, Tetbertus nomine,[2] cum fama bonitatis ac religionis præventus, monachicam anhelaret subire conversionem, se eidem loco devotus contulit, et ex ipsius domini sui assensu et confirmatione, terram suam scilicet unam hidam terræ apud Langlentune in Heregrave, quæ vocatur hida Wulvrun, secum in possessionem æternam ecclesiæ eidem liberam attribuit. Quæ omnia etiam Philippus de Braiosa, coram patre suo Willelmo prædicto, concessit et confirmavit. Secundum vero libertates et regales dignitates ejusdem ecclesiæ Belli concessit prædictus Willelmus, burgenses quos dederat posse emere et vendere infra easdem domus libere, absque calumpnia, et sine theloneo, excepto die fori quo in publicum venalia deferre solitum est.

A. D. 1087. William I. dies, Sept. 9.

Cum itaque longe lateque fama bonitatis ac religionis, ut præfati sumus, Dei servorum apud Bellum degentium et divulgaretur, caritatisque abundantia universis gratuita summopere accumularetur, ab omnibus idem locus merito

in his Introduction to Doomsday, i. 133. Sussex seems to have been famous for its salt-pits in the time of the Conqueror. Sir Henry Ellis mentions, from Doomsday, two hundred and eighty-five. — Ib. p. 126.

[1] He held manors here of the yearly value of 8*l*. 13*s*. 1*d*., according to the Valor Nich. p. 138, b.

[2] One Tetbertus held a hide of land of William de Braiose in Cengeltune, according to the Survey, f. 28, a. That it could be no other than the one here mentioned, is clear from the entry which is quoted at length. Are we then to suppose that the names had changed within so early a period, or that Doomsday is incorrect?— "Tetbertus tenet unam hidam in Cengeltune de Will. Werun, tenuit de Godwino. Nihil ibi est. Valet xi. sol."

magnificabatur. Cumque, ecclesiæ fabrica proficiente, eam in proximo munificentissimus rex largiflue ditatam dedicare disposuisset, interim adversæ pulsatus molestia fortunæ Normanniam transfretavit. Ubi in expeditione forte debilitatus, demum Rotomagum adiit. Verum ægritudine indies ingravescente, cum jam extremum sibi diem imminere sentiret, ecclesiæ suæ quam in Angliam construxerat non immemor, Willelmo filio suo, quem regni heredem constituit, imperare studuit, quatinus Angliam concitus adiens regni diademate insigniretur, atque ecclesiæ suæ de Bello manerium unum quadraginta librarum super ea, quæ jam ibidem ex suo dono collata fuerant, conferret. Pallium quoque suum regale mirifice auro et gemmis pretiosissimis insignitum, et trecenta numero philacteria decenter auro argentoque fabrifacta, quarum plura catenis aureis vel argenteis appendebantur, innumerabilium sanctorum reliquias continentia, cum feretro in modum altaris formato, (quo multæ erant reliquiæ, super quod in expeditione missa celebrari consueverat,) quæ inter alia multiformia ex prædecessorum suorum regum cum regno adquisitione obtinuerat, et quæ in regio hactenus reposita thesaurario conservabantur, eidem loco ex suo munere conferri præcepit, atque ut eandem suam dedicari quantocius honorifice faceret ecclesiam. Quo jussis obtemperante, idem rex præcellentissimus, ægritudine ingravescente, anno regni sui xx°. i°. diem, proh dolor! v. idus Septembris clausit ultimum, atque inde Cadomum delatum corpus terrenum in ecclesia sancti Stephani quam ipse fundaverat ante altare terræ committitur humatum;[1] cujus spiritui pius Redemptor regnum præstet perpetuum!

Verum ut hujus consideratione paululum inmoremur, quibus verbis hujus vitæ miserabilis explicetur ortus nequaquam pensare sufficimus, cum tam plangendus regiæ etiam magnificentiæ incumbat occasus. Quis enim tam diram hujus præclari omnimodis regis non defleat for-

---

[1] Neustria Pia, p. 640.

tunam, cujus studii præcipue erat Deum Deique basilicas honorare, extollere,[1] atque sub legum observantia non tam regis nomen quam rectoris æquitatem obtinere? Hujus industriæ cum privatus adhuc adventaret, Normannorum superciliosa cessit feritas, Anglorum barbarica succubuit subacta severitas, regnorum diversorum attonita obtemperabat sullimitas, et tamen cum his omnibus rationis supereminerete moderamine, mortis eum, heu! pomo nacta, subigere non exhorruit immanitas. O igitur deflendum miseræ conditionis discrimen! Hunc siquidem quem magnanimitas comitabatur difficilia inchoandi, robur et efficacia conquirendi, sagacitas possessa pacificandi, generale ut his singulis carentem letiferum substravit discrimen, ut infimi abjectum, secure regis præclarum penetrans, lumen.

Cæterum miseram deflere non sufficiens conditionem, ab his interim me retorquente stilum, sapienti dum licet innuitur æternum sibi procurare asilum. Ad gloriosi vero Willelmi nomine regis et re retexenda ex insigniis aliqua paucis expediamus omissa. Fecit itaque idem princeps nobilissimus ex proprio dominio abbatias quidem tres, delegata singulis prædiorum sufficientia, exceptis innumeris possessionibus et beneficiis, quas animæ suæ prospiciens diversis sanctorum monasteriis cis citraque mare largiflue contulerat,[2] seu ab aliis conferri concesserat. Duas quidem apud Cadomum construxit[3]; unam monachorum pro se habilem omnino ac locupletem, in qua defunctus ut præfati sumus tumulatur; aliam quoque sanctimonialium satis spectabilem causa et instinctu reginæ

---

[1] This is confirmed by Malmesbury, p. 457.

[2] This is noticed emphatically by William of Malmesbury. It was a general complaint, he says, that scarce any religious house existed in Normandy, whose poverty was not sustained by the plenty of England. Monasteries sprung up on all sides; but people observed, it had been better if the old ones had been preserved or repaired, than new ones constructed by ill-gotten riches.

[3] "Apud Cadomum duo cœnobia construxit; unum monachorum in honore S. Stephani protomartyris, aliud sanctimonialium in honore S. Trinitatis." Ordericus, p. 459. See also the Neustria Pia, p. 624.

suæ Mathildis, in qua et ipsa mirifice sepulta quiescit. In Anglia vero tertiam, de qua nunc sermo actitatur, in loco sibi a Deo, ut supra relatum est, victoriæ concessæ fundavit, in qua et se humari si in Anglia obisset procul dubio decrevit. Ad quam dedicandam quia, proh dolor! non superfuit, multo minoris pretii quam proposuerat eam reliquit. Nam illam dum inchoasset, ex præcipuis Angliæ ecclesiis eam magnitudine ac divitiis facere proposuerat. Quod efficere præpeditur ut præfatum est morte. Unde sapienti cuilibet persuadetur, bonum si quod proposuit id hodie scilicet dum licet, eo quod ignoret utrum sibi crastinus suffragetur dies peragere. Prudentius est enim hodiernum bonis concessum occupare diem quam spe dubia bonum recrastinare propositum. Siquidem et de peractis bonis securius gaudemus, quam de propositis, quæ utrum efficere possimus ignoramus. Nonnullis etenim id accidit, quod bona quando possunt, dum agere differunt, justo in eos Dei judicio peccati pœna prævalente, qua quis quod non expedit agere permittitur, nec voluntas postmodum suppeditet nec facultas. Verumtamen cum bona voluntate nil probetur ditius, præclari regis summopere attollenda sunt munificentiæ studia, quibus tanta ecclesiæ suæ initians manu præstitit largiflua, ut per succedentia inhabitantibus tempora si prospere disponantur, probentur fore sufficientia. Ecclesiæ autem suæ, quamlibet perpetim ejus sit plangenda mors insperata, cui non solum damna damnosa, verum et, quod fari sine mœrore fas non est, hinc accidere irrestaurabilia, Dei tamen suis famulis provisione prospiciente largiflua, ejus munerum largitione ac auctoritate ut commemoravimus fulta, inter multimoda hujus sæculi, prospere interim, discrimina, hactenus divina gratia cum heredum illius tuetur ac provehitur benivolentia. Cæterum nunc accingamur ad subsequentia.

Flebili igitur regii decessus rumore imperium undique concutiente, vir præclarus militiaque strenuus regis filius, acceptis a patre mandatis, ut præfati sumus, Angliæ dominaturus regno ocius supervenit Willelmus. Qui omnium favore ut decebat magnifice exceptus,[1] apud Lundonias ab archipræsule Lanfranco,[2] assistente regni nobilitate, in nativitate Christi, intrante anno incarnationis ejusdem Verbi Dei, M. lxxxviii. regni diadema suscepit. Quod adeptus, paterni mandati non inmemor, patris pallium regale et feretrum, unde supra meminimus, cum ccc^{tis}. philacteriis, sanctorum pignorum excellentia gloriosis, ecclesiæ beati Martini quantocius delegavit, quæ simul apud Bellum viii^{vo} kalendas Novembris suscepta sunt.

Grant of the royal manor of Bromham. Manerium etiam xl^{ta} librarum eidem ecclesiæ in Wiltesira vocabulo Bromham,[3] ex regia corona in possessionem æternam cum membris omnibus eidem manerio delegatis donavit, et illud cum membris suis, ecclesiamque de Bello, cum omnibus ad eam pertinentibus, ab omni exactione et consuetudine terrenæ servitutis, secundum patris sui cartas, regia auctoritate, secundum quod supra commemoravimus, in libertate et quiete manere constituit, et carta sua confirmavit.

Igitur venerabili abbate Gausberto sollicite omnimodis sibi commisso gregi intendente, perfectionisque fastigium subditis indesinenter verbo et exemplis præponente, religionis, caritatis, totiusque bonitatis virtute, hæc de qua agitur beati Martini ecclesia multipliciter excellebat. Cumque jam operis fabricæ peroptata advenisset perfectio, rege quibusdam causis obortis eandem provinciam cum multis optimatibus forte adeunte, ex instinctu ejusdem abbatis, paterni memor edicti, eandem dedicari basilicam decrevit. Cumque statuto die rex, baronum et vulgi innumero circumseptus agmine locum adisset, reverentissimo quoque Deoque dilecto archipræsule Cantuariensi Anselmo superveniente, comitantibusque regem venerabilibus

---

[1] This is confirmed by Malmesbury, pp. 461, 486. The secret of his rapid influence was the ready distribution of his father's treasures. William I. was notorious for avarice.

[2] From Lanfranc, who had been his preceptor, he had received the order of knighthood. The Archbishop's favour was omnipotent in England: "maximum rerum momentum," says Malmesbury, ib.

[3] Held formerly by Harold. The entry concludes: "Valuit xx. lib., modo xxiv. lib." f. 65, b.

episcopis, Walchelino Wentano episcopo, Radulfo Cicestrensi episcopo, Osmundo Saresberiensi episcopo, Johanne Bathensi episcopo, Willelmo Dunelmensi episcopo, Rogero Constantinensi episcopo, Gundulfo Rofensi episcopo, et cleri populique multimodo concursu, eandem ab ipsis in honorem sanctæ et individuæ Trinitatis et beatæ Mariæ perpetuæ Virginis, necnon et beati Martini confessoris Christi, dedicari magnifice fecit [1] ecclesiam, instante die iii. iduum Februariarum, anno Verbi Dei incarnati M. xc° v°, ex quo vero ipse rex Angliæ monarchiam sumpserat anno viii°.

In dotem vero eidem ecclesiæ magnificus [2] contulit princeps quasdam ex suo dominio ecclesias in Sudfolchia, et Norfolchia, et Essexia sitas, in episcopatu videlicet Londoniensi et Norwicensi. In Essexia, quæ est in episcopatu Lundoniensi, dedit ecclesiam de Sanford omnino liberam et quietam cum plenari decima, et terra ad eam pertinente. In Sudfolchia, et Norfolchia, videlicet in episcopatu Norwicensi, dedit ecclesiam de Exelinges, ecclesiam de Trilawe, ecclesiam de Middehala, ecclesiam de Nortuna, ecclesiam de Brantham cum capella de Bercholt et Selfelege et Benetlege et Scotlege, ecclesiam de Mendlesham [3] cum Andreeston, ecclesiam de Brandford

---

[1] The grants made on occasion of the dedication of the church are specified in the charter printed in the Monasticon, i. 318. Of Exelinges, otherwise called Ixnings, a small place in Suffolk, on the borders of Cambridgeshire, I find no notice in Doomsday. In the Valor of Henry VIII. this rectory is valued at 31*l.* The church of Trilhowe held 32½ acres of free land. (Doomsd. f. 286.) In Myddenhale, or Mildenhall, in the same county, the church held 40 acres. Brantham rectory is set down in the Valor at 23*l.* 13*s.* 4*d.*

[2] As much from a freak, apparently, as from any other cause, being detained at Hastings by bad weather. Chron. Sax. ed. Gibson, p. 220. See the Monast. iii., p. 234, n. ed. 1846.

[3] Mendlesham in Suffolk, or Melnessam; "xl. acr. et i. carruc. Tunc valebat xx. lib. quando Godricus recepit, xx. lib.; modo reddit xxv. lib." Doomsd. f. 285. Branford in Suff. with the berewic of Burstal and Ullerighteston; 30 acres of free land, Doomsday, f. 289, a rectory, valued, 26 Hen. VIII. at 23*l.* 13*s.* 4*d.* Aylesham and Stiffkey in Norfolk. Aylesham is rated in the Valor at 20*l.* 6*s.* 8*d.*

Most of the above originally belonged to Archbishop Stigand, and Earl Godwin.

cum Burstale et Æilbrichteston, ecclesiam de Eilesham cum capellis, Stevechaiæ scilicet cum ii. partibus decimæ, et Scipdene cum ii. partibus decimæ, et Brundele similiter, et Banningeham similiter, et cum medietate ecclesiæ de Inguwerthe, et cum feudo quod Brithtricus presbiter tenebat, terram scilicet unius socheman in eodem manerio de Eilesham, ita liberam et quietam possidendam, sicut omnes alias terras suas possidet. Similiter et capellæ ecclesiæ de Brantham suprascriptæ ii. partes decimæ de dominio domini habent.

Has igitur ecclesias cum terris et decimis et possessionibus atque hominibus illis pertinentibus, idem rex, ut prædictum est, liberas et quietas ab omni exactione et consuetudine ecclesiæ de Bello concessit et dedit, præcepitque etiam ut clerici, qui eas investiti tunc tenebant, ecclesiæ Belli statutum annuatim persolverent censum; illis vero obeuntibus, de eisdem ecclesiis abbas et monachi de Bello secundum quod eis utilius foret disponerent. His ita cum testamento regiæ cartæ dispositis, omnium quoque episcoporum qui affuerunt sub anathematis interminatione confirmavit, ut nullius super his molestiam paterentur, auctoritas. Quibus omnibus rite completis, necnon et ab episcoporum prænominatorum communi omnium sententia, pœnitentibus omnibus, ad ejusdem dedicationis diem anniversariam adventantibus, diebus xxx^{ta} relaxatis, post sufficiens universis oblatum caritatis epulum, lætabunde discessum est. Tantopere vero memoratus rex eandem amabat, excolebat, tuebaturque ecclesiam, ejusque dignitates et regales consuetudines conservabat, ut quemadmodum patris ejus tempore nullus ei adeo adversari præsumeret, ipse quoque quotiens casu vicinia peteret, ex dilectionis abundantia sæpius eam revisere, fovere, et consolari solitus fuerat.

A. D. 1095. Death of Abbot Gausbert. July 27.

Tempore itaque venerabilis abbatis Gausberti, hoc modo sub ipso se rebus habentibus, cum jam religionis summæ fundamina, ut vir cœlebs et multimoda adornatus virtute, ad perfectum usque apud eundem locum corroborasset, eodem dedicationis ecclesiæ anno, jam in illius loci administratione quatuor fere fortunate consummatis lustris, idem tandem debilitate ad extrema actus, vi. kalendas Augusti inter discipulorum manus, quos religionis excellentia instituerat, de bonis centupla recepturus, spiritum Datori reddidit. Quo eventu fratres omnes dira calamitate affecti, cum maximo gemitu et mœrore corpus patris venerandi in ecclesia eadem ante crucifixum sepeliere. Hic ædificia officinarum, postquam ædificavit ecclesiam prædictam Belli, vivente adhuc magnifico rege Willelmo, et ex suo thesaurario ut erat necessarium administrante, quotquot necessaria fratribus erant construxit, nihil in eis sullime, ut moris est plurimis, nihil mirabile fabricans, sed humilibus tantum consentiens sequebatur humilia, simulque considerans se non habere in mundo mansionem manentem, inquirebat in cælis futuram. Quam ut miles Christi emeritus, post fidelis certaminis longa curricula, percepturus a Christo, ut prædictum est, migravit a seculo.

Monasterium igitur de Bello primo hoc modo patre orbatum, cum absque abbatis jure existere nequiret, memoratus hac de causa rex Willelmus, magni principis Willelmi filius, a fratribus aditur, abbatis decessus intimatur, electionis propriæ auctoritas recitatur, eidem pastorem ecclesiæ juxta canonum statuta ex eadem congregatione substitui obnixe supplicatur. Cumque pro voto regia suppeditasset responsio, induciarum interim dilatione eatenus obnubilata, regiæ auctoritatis terrore ecclesiæque reverentia, zeli conspiratio regis pluribus intentum occupat animum, atque a sponsionis proposito penitus avellit. Unde aliquanto evoluto tempore, rex assentantibus favens, ecclesiæ Christi Cantuariæ priorem Henricum nomine, virum quidem religione, benignitate, mansuetudine, omnique moralitatis virtute ac litteratura summum, eidem monasterio ex reverentissimi Anselmi archiepiscopi consilio abbatem delegavit. Quo eventu vi plus justo rationi prævalente, inmodicæ calamitatis eidem loco orta sunt fomenta.

A. D. 1096.
Henry Prior of Canterbury appointed Abbot, June 11.

Anno itaque Verbi Dei humanati M. xc. vi. in abbatem domino Henrico electo, et in ecclesiam Belli iii⁰ idus Junii ut decebat excepto,[1] cum sibi omnia abbatis jure vindicans quamplurimos Cantuariensium monachorum, quorum voluntati et consilio se suumque penitus dediderat, studium, accisset secumque detinuisset, quamvis ipse natura bonus foret, tamen eum in aliquo partium simultatibus haud obviantem impossibile erat non deviare. Unde et episcopus Cicestrensis Radulfus opportunitatem nactus, eum per quosdam suorum ex industria studens, in ecclesia Belli benedicere renuebat, et hac mora multum temporis differens fatigabat. Abbate vero cum suis fortunæ incerto segnius renitente, demum suorum quibus favebat instinctu, sed et archipræsulis Anselmi consilio, cum contra ecclesiæ suæ jura, benedictionem Cicestriam inconsulte petens, renitentibus ecclesiæ sibi commissæ filiis, assecutus fuisset, intestina continuo pullulavit dissensio; necnon et aliis quibusdam occasionum succedentibus querelis, non omnino prudenter nec prospere ut decebat domus Dei dispensabatur utilitas. Ille vero tanto insignitus honore, multa pro tempore dissimulans, sibi commissam cum summo labore inter fluctuum multimodos naucellam strenue gubernabat scopulos, atque ut vir coelebs et modestia clarus Dei servitium cantuum ornatu dulcisono, ecclesiamque consuetudinibus ornamentorumque nonnullis apparatibus decentissime honestavit.

His ita se habentibus et ecclesiæ penitus statu in subtilitatem exposito, præfatum contigit regem Willelmum in Normannia suis negotiis strenue insistentem, a quodam abbate monasterii, quod Flagi dicitur, ubi beatus Jeremarus virtutibus insignis quiescere fertur, inter reliquos suæ dapsilitatis appetitores adiri; qui a regia munificentia pretiosam ecclesiæ suæ planetam, quem usitatius casula vocatur, vel si in promptu forte non haberetur, pretium

---

[1] See Wharton's Ang. Sac. i. 134, 796. He studied under Archbishop Lanfranc.

largiri quo compararetur, petens instabat. Cui cum a rege terminus quousque Angliam repedaret imponeretur, regemque postmodum Angliam reversum per monachum suum quendam inde crebrius requisisset, tandem in expeditione Walliæ ejus pertæsus importunitate, rex eundem monachum, quorundam impulsus consilio, cum litteris præceptoriis regia bulla signatis, ad abbatem ecclesiæ beati Martini de Bello, unde nunc nostra desudat Minerva, destinavit, atque ab eo decem argenti libras Anglicæ monetæ absque cunctatione ad hoc opus exigi mandavit. Audito igitur hoc abbas Henricus mandato, legationi nequaquam adquiescens, clam duos fratrum, qui regi et summam loci penuriam, et pravum abolendum usum, ne in posterum hac de causa inolesceret, studiose suggererent, transmisit. Quibus rex nullatenus flexus, demum interminando, integram prædictæ pensionem pecuniæ monacho transmarino persolvi præcepit. Porro monacho jugiter infesto pro prædicta instante pecunia, non sine gravi abbas mœrore, inopia coactus, de sacrosanctis sanctarum reliquiarum philacteriis, unde supra meminimus, tantum argenti collegit unde molestissimo exactori satisfecit. Quo adepto, lætus quæsivit, invenit, et congruam ad hoc opus purpuram emit, ecclesiæque suæ gaudenter non unde sed quid adquisisset computans advexit. Planeta itaque jam exinde facta, nulloque judiciorum Dei metu superstite dum quasi bene gesta videntur omnia, repente quadam die hora jam tertia, intonante de cælis Domino, aeris tranquillitas tenebrarum caligini et quasi mortis subacta umbræ, in horridum choruscationis et tonitrui turbinem versa concitatur. Interim vero hora diei tertia inchoata, dum fratres versum " Sagittæ potentis acutæ " modulando recitarent, subito die noctis imitante horrorem, cum cæli quoque fragoribus concussa terra tremens evehi sub plantis videretur, fulguris qui timebatur cælo decidit ictus, fratribusque omnibus intermissis quæ cœperant ad orationem prostratis, mox ejusdem loci monachi duo vitali flatu privantur. Hinc attonitis omnibus cum causa tam diræ animadversionis negligeretur, justus judex non distulit, Dominus dilecti sui Martini sanctorumque quorum in ejus basilica continentur pignora, expoliationem quanti pendat propalare. Nam sequenti quoque anno iterum incumbente rediviva intemperie, cum hæc, de qua agitur planeta, lineo studiose involuta panno inter duas ejusdem præcipuas ecclesiæ casulas collocata jaceret, protinus cælitus vibratus fulguris hanc penetrat ictus, ac lineo panno casulisque quæ supra subterque jacebant illæsis, in illius plicatura vis fulminis ignea immodica effecit foramina, hincque tanti causam mali fore intelligi dedit. Unde divina ita sanctis proponitur virtus admiranda, dum Babilonicæ fornacis more, qua justorum tantum comburuntur vincula, in hac solummodo ignis prævaluit planeta, quia de sanctorum injuste spoliis denotavit adquisitam. Nec molestum cuiquam videatur nos paulo aliter quam a quodam, qui de hac ante nos planeta mirifice scripsit, narrationem texuisse, quia hæc ita contigisse nos ab his qui hæc præsentes conspexerant, et ab ipso nominatim, qui hujus exactor pecuniæ fuerat, monacho Ricardo nomine, qui forte cum ipsius Flagiensis ecclesiæ abbate Odone adveniens, coram domino abbate Warnerio et pleno Bellicæ ecclesiæ capitulo, venia pro se suoque petita ecclesia, ipso attestante abbate, sub divini nominis invocatione, ut audientes didicimus, veraci sermone relata descripsimus.

A. D. 1100. Death of Rufus, Aug. 2d. Iterum stilo ad ordinem reflexo, cum regis Willelmi magni Willelmi filii circumquaque virtutis fama et terror crebresceret, contigit eundem regem in silvam, quam ipse stabiliens Novam vocitari voluit, venatum forte devenisse. Quo dum suam studiose exercens delectaretur industriam, occulto Dei quo ignoratur judicio casu, a quodam milite, regni sui anno xiii. sagitta sauciatus, iiii° nonas Augusti vita defungitur, divinæ anno incarnationis M. c. instante. Rex igitur Willelmo regno cum vita hoc modo decessu carente, patria protinus turbata concitatur, optimatumque nonnullis partium dissensioni animum accommodantibus, superveniens ex Dei dispositione regis defuncti frater

Henricus, ejus corpus Wintoniam honorifice deferri et sepeliri fecit, atque ipse paucis post evolutis diebus ex divinæ prædestinationis dono totius Anglicæ sceptrum optinens monarchiæ, solemni die martirii beati Oswaldi regis instante, coram nonnullis regni primoribus regio insignitus diademate, apud Westmonasterium, nonas Augusti coronatur. Quod adeptus culmen, ut vir sollertissimæ sagacitatis profectui intendens omnium, pacificare omnimodis regnum satagebat, eique non repugnans fortuna pro voto favebat. Hic itaque ut magni Willelmi natura heres et animo, ut suæ signum coronæ summo Belli ecclesiam defendens, ac suarum auctoritatibus cartarum muniens, extollebat studio.

Abbas igitur Henricus post abbatiæ sumptum regimen, bis trium annorum septemque dierum completo curriculo, anno incarnati Verbi quod erat in principio M. cii° ægritudine ad extrema perductus, xiiii° kalendas Julii migravit a seculo, atque ab ejusdem ecclesiæ fratribus de Bello ut ipse suggesserat coram sede præsidentis, in ejusdem loci tumulatur capitulo. Quo regiæ illato aulæ, confestim clericus quidam illuc ad procurandum dirigitur, ac deinde ad abbatiæ custodiam regis capellanus alius Vivianus nomine delegatur. Ubi perparvum cum deguisset tempus, demum rex cuidam monacho sancti Carileffi Gausfrido nomine, viro quamvis litterarum inerudito, omni sagacitate et prudentia seculariqe providentia summo, idem monasterium ad regendum contulit. Qui xi. kalendas Augusti illuc honorificentissime adveniens, ut domum vidit undique destitutam, quasi prima jaciens fundamina, interius exteriusque cœpit qua callebat propalare prudentiam. Sub ipso siquidem in brevi procurationum instaurantur promptuaria, ecclesiæ jura fratrumque respirat honorificentia, prædiorum reformatur opulentia.[1]

Cumque præcipuum ecclesiæ manerium Wi adisset, quod quidam abbatis defuncti serviens procuraverat Ro-

A.D. 1102. Death of Abbot Henry, June 18.

July 22d.

Gausfridus appointed Custos.

---

[1] Procuratio, a pension or diet. See Dugdale's Warwickshire on the origin and meaning of this word, p. 7, b.

bertus cognomento de Ciltuna, invenissetque illud undique distractum, cœpit causas ab ipso præposito rationemque requirere villicationis. Qui cum domino suo jam defuncto se inde satisfecisse referret, nec sic iste adquiescens testes exigeret, tandem convictum in ejusdem manerii curiam compulit. Cumque vi nobilium provinciæ, quos sibi asciverat, æquitati parere penitus detrectasset, eum suosque præsentes, ex regis nomine die denominato, præcipiendo apud Belli curiam adesse idem ecclesiæ procurator summonuit. Quibus nec post multam conflictationem quicquam certi respondentibus in his disceditur. Die vero denominato cum prædicti placitatores Fulbertus scilicet de Cilleham, Rotbertus Fillel, Haimo filius Vitalis, et Brother presbiter aliique barones quamplurimi cum prædicto Rotberto, vi ac terrore regii nominis, Bataliensem adissent curiam, et jam hora tardior noctem minitaret, placitum dominus Gausfridus persuasione etsi ægre in primum Dominici adventus diem recrastinavit. Habebat enim quoddam in se memoriale, quatinus agendis exterioribus ad memoriam posterorum non solum seniores fratrum sed et juniores interesse procuraret, et tardiori id hora tunc fieri ordinis custodia prohibebat. Itaque post opulentam hospitalitatem curia statuta, circumassidentibus sibi fratribus, summonitos Gausfridus affatur: " Quoniam mi seniores carissimi præsenti vos præmoniti intulistis curiæ, utrum rectitudinis hinc exequendæ et recipiendæ causa adveneritis sciscitor." Illi vero cum non ibi sed in suo comitatu omnem rectitudinem se exequi debere insisterent, post plurimam dominus Gausfridus controversiam intulit: " Si ergo ut asseritis non nisi in vestro comitatu justitiæ subdimini causis, nunquid non regiæ asciti curiæ conquesta definiri vetaretis?" " Nequaquam," inquiunt. "Ergo præsenti," inquit, "curiæ, quæ regis extat, hac ratione contraire nequibitis." Qui cum vi ratiocinatione freti renitentes demum erumpere conarentur, protinus basilicæ valvas jussit obserari, obtestans singulos regiæ majestati exponendos, si non regiæ exequerentur jura curiæ.

Cumque viri animositatem regiæque districtionis recogitassent æquitatem, tandem pavidi cessere tiranni, et se illic rectitudinem facere et recipere velle profitentur. Tunc domino Gausfrido[1] manerii de Wi annullationem, præpositumque impotentem villicationis reddere rationem exponente, tandem post plurium verborum rotationem, reus coram communi judicio sistitur Rotbertus. Qui reatum confitens cum veniam flagitaret, decem argenti libris decemque frumenti adjudicatus modiis, cum gratia misericorditer absolvitur. Hoc peracto, et domino Gausfrido si quid erga ipsum querimoniæ præsentes haberent sciscitante, cum calumpniæ nil a quoquam referretur, curia soluta est. Manerium autem illud cæteraque ad ecclesiam pertinentia studiose restauranda commissæ ecclesiæ sibique commisit fidelibus, ipseque utilitati servorum Dei curiose undique superintendens, domus fabricæ et munitioni, murorumque circa ambitum fundationi animum contulit.

Sub isdem diebus warec contigit in Dengemareis membro de Wi, navem videlicet regiis ornamentis et operibus onustam fluctibus jactatam cum illic appulisset confringi.[2] Quam cum infra statutum terminum pro more reparare nequissent, regii accessere exactores, navem cum opibus ut regiam pecuniam vi optinere conantes. Domino vero Gausfrido obnitente cum suis, tandem coram regiis auribus hac ventilata querimonia, rex morem servari patrium volens, ecclesiamque suam offendere cavens, jussit quatinus nec de sua quidem pecunia propria, cujusquam ecclesia pateretur injuriam, sed quod appulsum fuerat totum ecclesiæ maneret. Unde dominus Gausfridus omnia (prout utile decrevit) disponens, regales vestes ecclesiæ servientibus distribuit, et cætera ad usus ecclesiæ dispensavit.

Gloriosi igitur regis Henrici virtutis ac magnificentiæ

---

[1] Dominus Gausfridus, MS.
[2] See the "Libertates de Bello, allocatæ in itinere Cantiæ," &c. Monast. iii. p. 249. Ed. 1846.

The Abbot of Marmonstier claims jurisdiction over Battle.

fama longe lateque percrebrescente, inter quamplures ipsius curiæ appetitores tunc temporis rege in Paschale solennitate apud Wintoniam coronato, de transmarinis partibus venerabilis Majoris Monasterii abbas Willelmus honorifice advenit, hanc maxime ob causam ut quoquo pacto hanc de qua agitur ecclesiam de Bello sibi subjugando ancillaret. Is itaque a regia gratanter magnificentia exceptus, post dies tandem solennes adventus sui causam regi per internuntios sagaciter suggerere curavit. Rege itaque inmodice ejus votis pro sui reverentia et ob id quam maxime quod de tam remotis partibus ultro suam expetisset curiam, favere conante, hinc tamen absque consilio nil definiri deliberavit. Affuit igitur et tunc inter reliquos regni primores in curia, uti regiæ aulæ secretis non exclusus, memoratus vir dominus Gausfridus, Bellensis ecclesiæ procurator. Qui dum hæc forte rescisset, causæ non segniter per se perque suæ fautores prudentiæ intendens, hinc regis penitus animum provide perstitit avertere. Cum ergo hac de re abbatis ejusdem legationem rex excepisset, dicentis a patre ipsius rege Willelmo Belli monasterium in subjectionis dominium Majori Monasterio ab initio fundationis illius collatum, confirmationis munimenta hinc ab ipso provide regii exigebant consiliarii. Ad hæc cum abbas, tanti viri donum verbotenus collatum absque arbitro posse sufficere, nec super hoc quodlibet confirmationis edictum quemquam hactenus quæsisse, quia nec necessarium fore putabant, astrueret; responsum est, non fore ratum posse donationem tantæ rei ubi scilicet et liberalis auctoritas dignitatum necnon et regiæ coronæ extabat signum, si non aut cartarum aut certe testium viva voce probata roboraretur. Hac igitur ratione tandem cassata exactoris sollicitudine, hinc spes effectus excluditur. Verum regia non passa est magnificentia tanti nominis personam suam incassum adisse curiam. Nam primo ei obtulit unum quem vellet monachorum suorum, ab omni Majoris Monasterii exutum subjectione, tunc præfatæ ecclesiæ abbatem præficere, seclusa in posterum omni subjectionis calumpnia; quod cum renuisset in monimentum libertatis ipsius ecclesiæ de Bello, quatinus hinc in perpetuum omnis Majoris Monasterii obmutesceret querimonia, sicut a dominica regis capella, ipsi ecclesiæ Majoris scilicet Monasterii regia contulit magnificentia, in Devenesira, quoddam manerium quod Torvertuna dicitur,[1] et ecclesiam in Wiltesira de manerio de Chosham, sicque hujusce causatio eatenus finem sortita conticuit. His quoque pro voto definitis, dominus Gausfridus cum regiæ auctoritatis confirmatione domum regressus hæc fratribus gratulabunde exposuit, hincque ut cœperat impiger domus Dei commodis animo insistebat.

Igitur cum multimodo virtutum studio invigilans domum desolatam dominus Gausfridus restaurasset, necdum tertio postquam advenerat evoluto anno, heu! hinc inmature tollitur, atque naturæ cedens juri, xvii. kalendas Junii præsenti vitæ finem fecit. Cujus corpus cum maximo mœrore in capitulo juxta abbatem Henricum ad lævam a fratribus humatum quiescit. Itaque tam sagaci ecclesia de Bello viduata procuratore, in quo paternitatis verus viguerat affectus, ad ejusdem ecclesiæ curam ex regis assensu Torneiensis abbas, unde supra meminimus, dominus advenit Gunterus, atque per suos domus procuratione disposita, ad propriam rediit abbatiam, remanente quodam Radulfo modo ipsius nepote apud Bellicum monasterium tempore aliquanto. Quo postmodum quibusdam simultatibus cum omni prædicti abbatis potestate secluso, demum rege propriis præoccupato negotiis, totius Bellicæ cura domus monachorum dispositioni subacta, multa per aliquantum temporis pervehebatur industria.

Death of Gausfridus, May 16.

Anno vero divinæ humanationis M. c. vii. rex Henricus, congregato universali concilio, cum multis orbatis ecclesiis pastores secundum canones delegasset, inter reliquas propriæ capellæ suæ de Bello non immemor, quendam suorum consilio asciscens Cadomensem monachum reli-

A.D. 1107. Abbot Ralph.

---

[1] See the charter of Hen. II. in the Monasticon, vi. 1097.

gione et prudentia sagacissimum Radulfum nomine, qui cum Lanfranco archipræsule Angliam adierat, et tunc ascitus sub venerabili pontifice Gundulfo Rofensis ecclesiæ prioratum strenue administrabat, ipsum prædictæ præfecit abbatem ecclesiæ. Qui in die sancti Petri ad vincula electus, et in die festo sancti Laurentii apud Bellum cum decenti receptus honore, cœpit continuo et religioni qua fervebat, et prudenter interius exteriusque ecclesiæ utilitati animo invigilare. Itaque ipso viro venerabili superintendente, in tantam honoris magnificentiam eadem excreverat ecclesia, ut ipsius dispositione per fideles fratrum manus utiliter domus cura procurata, interius exteriusque caritatis exhibitione universis existente absque dilatione gratuita, nulli Angliæ ecclesiarum religione, bonitate, mansuetudine, caritate, humanitatisque gratia esse probaretur secunda. Hoc domesticus fidei quisque clamabat, hoc vulgi ora variantia perstrepebant, huic invidia (si qua forte pullulabat) gemens succumbebat. Bonorum namque omnium superabundante copia, tanta hospitalitati impendebantur studia, ut hospites quique, vel extranei, non tam ad hospitandum quam ad diutius pro velle manendum ut propria adirent domicilia. Nec tunc hæc quælibet arcebat inopia, disponente eo cui singulare est, omni habenti cor in Deo largifluum adiciendo ut superabundet, sufficiens præstare emolumentum.

Eodem itaque tempore, domini nostri regis Henrici industria, qui abbatis vice exterius paterno eandem ecclesiam de Bello fovebat et gubernabat amore, ac abbatis Radulfi sollicitudine ut prælibavimus religioni et doctrinæ interius insistentis, eodem loco in multa quiete et pace opumque copia indies proficiente, cœpit inter alia sagacitatis studia, abbas cum fratribus terras perquirendo emere, et amissas, vel injuste extractas, vel ablatas in ejusdem ecclesiæ maneriis singulis, placitis et expensis ad augmentum possessionum ipsius ecclesiæ addendo retrahere. Inter quas a quodam Ingelranno, homine Withelardi de Bailol, emerunt tres wistas terræ, quas ipse apud Bernehorne[1] tenebat, pro lvii. solidis. Quod prædictus Withelardus concedens et confirmans, et decimam quoque totius pecuniæ de terra sua de Boccholte, quam idem Ingelrannus eidem loco dedit, et insuper eisdem sancti Martini monachis terram, quæ usque hodie dicitur Mariscus sancti Martini, ex suo dedit et concessit.

Quidam etiam vicinorum, Geroldus de Normanvilla nuncupatus, eidem sancti Martini de Bello ecclesiæ terram de Glesham,[2] acceptis a monachis viginti marcis argenti, concessit. *and at Glesham.*

Eodem etiam tempore quidam Weningus[3] de vicinis dedit eidem ecclesiæ quandam in proximo ecclesiam de Westefelde[4] dictam, cum una wista terræ, et judicio aquæ ad eam pertinente, cum omnibus consuetudinibus suis, liberam in perpetuum possidendam. Hoc quoque dominus ipsius, Willelmus scilicet filius Wiberti,[3] cum suis concessit, deditque et ipse eidem ecclesiæ de Bello decimam omnium pecuniarum de terra sua de Bocstepe, absque omni calumnia. Et in obitu suo terram x^{cem} solidorum de ipsa terra de Bocestepe ecclesiæ contulit. *Grant of the church of Westfield, &c.*

Tunc temporis etiam emerunt monachi pro undecim marcis argenti terram vicinam leugæ suæ, quæ Dudilande *Purchase of Dudilande.*

---

[1] In the Valor of Hen. VIII. the farm of the manor of Barnehorne is valued at 27*l.* 12*s.* 10½*d.*

One Gilbert de Bailol held three knights' fees in the rape of Hastings under Count Eu. Lib. Nig. p. 66.

[2] At the formation of Doomsday, Glesham (sometimes written Glesy or Glasye) was held by three tenants under Count Eu; each of whom could dispose of his land, which they had held also in the time of King Edward. It was rated at 1½ hide (se defendit).

The arable land (terra) extended to two carrucates; there were three carrucates in demesne, one vill and two cottars. Besides these, it contained eight acres of meadow land, and a wood for ten pigs. In the time of King Edward it was valued at 40*s.*, afterwards at 20*s.*; in the time of the Survey it had risen again to 30*s.* Doomsd. f. 20.

Gerold de Normanville is not mentioned in the Survey; undoubtedly he had become possessed, and disposed of the whole manor of Glesham. The value of land must have risen enormously since the time of the Conquest.

[3] The names of Weninc and Wibert occur frequently in the survey of this county, as tenants under Count Eu. See fol. 18.

[4] In the roll of the Augmentation Office the Rectory of Westfield, Berkshire, is returned at 6*l.* 6*s.* 8*d.* Qu. if the same?

et Bregeselle vocitatur, a milite quodam Anselmo cognomento de Fraelvilla, remota omni in posterum heredum suorum calumnia. Ipse etiam Anselmus eidem loco contulit pro animæ suæ et suorum salute terram quandam ad salinas faciendas, et unam acram prati, decimamque totam villæ suæ Glesi vocatæ, omnia hæc concedente Rogero filio ejus, accepto pro hac concessione uno cane quem requisivit.

Grant of Prunhelle, near Winchelsea.

Sub isdem quoque diebus, quia pernecessarium videbatur erga baronum illius provinciæ, quendam Willelmum scilicet de Sancto Leodegario,[1] egerunt ejusdem loci monachi cum abbate Radulfo, quod ipse eis hereditario jure concessit terram suam Prunhelle dictam, quæ ultra Winceleseie, prope manerium ejusdem ecclesiæ Dengemareis vocatum sita erat, eo tamen pacto, quod ipsi medietatem redditus, scilicet xxiii. solidos ad festum sancti Johannis Baptistæ, et medietatem ad festum sancti Andreæ Apostoli illi persolverent. Pro hac pactione dedit illi abbas Radulfus equum unum de duabus marcis, et perdonavit ei viii. solidos et vi. denarios quos ei debebat, ut in perpetuum libere terram eandem ecclesia absque calumnia possideret. Postea quidam heredum ejusdem, Clarenbaldus nomine, xii. denarios de eodem redditu ecclesiæ in elemosinam condonavit. Postmodum quoque pro anima illius Clarenbaldi residui duo solidi similiter condonati sunt, ut x. inde solidi ad festum sancti Johannis, et x. itidem ad festum sancti Andreæ tantum, apud Belli curiam, ipsi qui hereditario jure successisset, omni remota calumnia persolverentur.[2]

Grant of two salt-pits, and land for a third, at Rye;

Osbernus etiam filius Isiliæ quidam ex vicinis eidem ecclesiæ de Bello duas salinas et terram ad tertiam salinam faciendam apud Riam pro anima sua et pro animabus parentum suorum tam vivorum quam mortuorum concessit.

and of a parcel of land in Bodyham.

Emma uxor Osberni de Bodeham terram sex solidorum in ipso manerio de Bodeham, et unum in Normannia

---

[1] Thomas of the same name, as also Roger de Bodiham, held here four knights' fees under Earl Eu. Lib. Nig. 66.

[2] See the charter in the Monasticon, confirming these grants, iii. 246. Ed. 1846.

molendinum juxta Criuil situm, Sansei nomine, Rotberto comite Augi domino suo concedente et confirmante, coram multis testibus supradictæ ecclesiæ dedit.

Illo itaque tempore, cum rex excellentiæ singularis Henricus pro peccaminum suorum absolutione, proque anima patris sui et matris et uxoris, omniumque heredum suorum salute, monasterium construere disposuisset, locum ad hoc requirens habilem, apud Radinges secundum velle suum hoc fieri posse invenit. Quia vero ejusdem territorii ecclesia cum suis omnibus a magnifico rege Willelmo sancti Martini ecclesiæ de Bello ut supra meminimus collata fuerat, rex per omnia eidem devotus monasterio, pro ipsius ecclesiæ commercio, quoddam manerium quod Fundintune dicebatur Bellicæ contulit ecclesiæ, totumque Radinges in proprium redigens dominium, amplam satis et spectabilem, in beatæ Matris misericordiæ honorem, magnificentissime fundavit basilicam. Abbas vero et fratres ecclesiæ de Bello locum a rege collatum cum non satis utilem sibi prospexissent, regem hac de causa conquerentes adeunt, qui quoddam eis aliud manerium Apeldreham[1] vocatum, ad unum miliarium prope Cicestrensem urbem situm, hac de causa donavit. Quod cartæ suæ confirmans testimonio, liberum omnino et quietum ab omni terrenæ consuetudinis servitio, ut cætera ejusdem ecclesiæ de suo dominio in servorum Dei jura delegavit.[2] Præterea quia idem magnificus rex Henricus multo, ut prælibavimus, eandem ecclesiam de Bello percolebat affectu, sub isdem ipse diebus gratis illuc ex proprio contulit dono quandam ecclesiam in honorem sancti Petri apostoli fundatam apud Walliam, in civitate quæ Chærmerdi dicitur, cum omnibus ad eam pertinentibus, liberam et quietam in perpetuum possidendam. Aliam etiam ecclesiam antiquissimis temporibus in honore sancti Theodori

The King exchanges his manor at Apeldreham for lands held by the Abbey in Reading;

grants also St. Peter's, Carmarthen, and St. Theodore's.

---

[1] Appelderham or Appultram, (as written in the Valor Hen. VIII.) valued in the same at 29*l.* 8*s.*; in the Taxation of Pope Nicholas at 29*l.* 17*s.* 10¾*d.* This, being nearer Chichester, was perhaps better suited to the purposes of the Abbey.

[2] See this charter in confirmation of this exchange, Mon. iii. 247.

martiris ibidem fundatam prædictæ ecclesiæ de Bello donavit. Terram quoque non procul sepositam quæ Pentewi vocatur, quia necessarium fore videbatur eo quod optimo habundaret frumento eidem adauxit, multaque instantia ecclesiam de Bello cum suis pertinentibus percoluit.

<small>Abbot Ralph obtains exemption from episcopal jurisdiction for the Chapel of St. Mary's, Battle.</small>

Quia vero ut longe supra meminimus[1] ejusdem villæ de Bello parrochianis in ecclesia beati Martini omnia quæ ad Christianitatem pertinebant primo antiquitus agebantur, et non multo post tempore eo quod monachis hinc inquietudinis causæ, quas absque ordinis violatione pati nequibant, oriebantur, communi assensu extra murorum ambitum capellam in beatæ Dei genitricis Mariæ honorem, in qua parrochianis presbiter juxta modum conditionis ab abbate vel fratribus dispositum deserviret, extruxerant. Quanquam vero idem monasterium sancti Martini, omni dignitatum vel libertatum ut præfati sumus privilegio insigniretur, multis tamen modis episcopales maxime ministri occasionum quærentes fomitem, dissimulando vel causando, oleum, vel crisma, aliaque ad Christianitatem pertinentia, dilatione subtrahentes, hisque et talibus fratres sæpius tædio vexantes, locum ancillari moliebantur. Sed hæc considerans abbas Radulfus, provideque quid expediret cum suis tractans, apud venerabilem Cicestriæ præsulem Radulfum, qui eundem locum multo semper affectu fovit et extulit, hujus rei querimoniam absolvi utile judicavit. Facta igitur hujus causæ concione, abbate cum monachis aliquibus Cicestriam adeunte, coram pleno ejusdem ecclesiæ capitulo hac causa ventilata, ab episcopo confirmatum est communi assensu, ut sicut ecclesia sancti Martini de Bello, et capella quoque sanctæ Mariæ de eadem villa, libera et quieta sit in perpetuum, de omnibus consuetudinibus et forisfacturis episcopalibus, et de denariis olei et synodi. Presbiter vero illius capellæ synodum ad episcopalia tantum præcepta audienda adeat, nec ibidem pro aliqua culpa judicium subeat. Ad clericorum vero

[1] See p. 27.

capitulum, nullatenus sine abbatis præcepto vel licentia eat. Quod si forte presbiter in gravem ceciderit culpam, ipsa propter hoc capella non cessabit, sed alius vice illius secundum abbatis provisionem sumministrabit, eritque confessio reatus et pœnitentia presbiteri delinquentis in manu episcopi, et forisfactura sancti Martini. Synodum quoque adire abbas nec summoneatur, ut supra confirmatum meminimus, nec cogatur.

His omnibus a toto Cicestrensi capitulo ita concessis et carta cum episcopali auctoritate confirmatis, in hujus rei testimonium datus est ab abbate et monachis monasterii de Bello eidem Cicestrensi ecclesiæ liber quidam epistolarum beati Ieronimi, coram multis hinc indeque testibus. Nec tamen hoc tantum venerabili suffecit episcopo Radulfo, sed magis affectum (quia eidem gratuita gratia confederabatur ecclesiæ de Bello) plenius dilatare proponens, cum forte ultima qua illuc advenerat vice hiemali festo sancti interesset Martini, coram clericis suis nominatim Henrico archidiacono, Carlone cantore, Rotberto de Andevilla, Radulfo calvo, et vicinis multis, innumerisque qui confluxerant promiscui sexus et ordinis hominibus, inter sacrosancta missarum sollennia, dignitates et libertates ejusdem ecclesiæ publica voce concionatus testificari et episcopali auctoritate studuit confirmare; hoc omnibus manifestans, se nec suorum quemquam successorum debere nec posse ibidem imperandi vel dominandi aut cujuspiam subjectionis calumniandi causam habere, excepto si qua eis impendantur benigne sola tantum caritativa exibitione. Nec se quicquam ibidem aliter posse aut velle ex debito requirere, hoc solo contentus quod gratuita impenderetur caritate. Hoc quidem ecclesiæ Belli episcopale testimonium ne in posterum aboleretur, calamo exarasse utile visum est.

Quia vero, ut prælibatum est, quædam ex pretiosissimis sanctarum reliquiarum, philacteriis intercidentibus, causarum infortuniis argento auroque expoliata extiterant, reliquiæque sanctorum quamplurimæ ex ipsis, vel unde unde

<small>Makes a new reliquary of precious metal.</small>

adquisitæ, congrue ut deceret non recondebantur, de quorundam philacteriorum catenis aureis vel argenteis ne quando, ut ante hoc factum est, forte distraherentur, terras emere abbas cum monachis decrevit. Quo facto, ne sanctorum pignora debito carerent domicilio, feretrum quoddam auro argentoque et pretiosis gemmis opere mirifico fabrifactum decenter idem abbas et monachi fieri fecerunt. Quo perfecto, adveniens illuc prædictus venerabilis Radulfus Cicestrensis episcopus feretrum benedixit, collocatis in eodem honorifice sanctis sanctorum reliquiis, easque ibidem annuatim requirentibus septem dies de pœnitentia indulsit.

The boundaries of the leuga ascertained and determined exactly.

Tunc temporis plerique vicinorum leugam circa ecclesiam de suis terris tenere quædam conquesti, sæpius abbatem et monachos calumniando commovebant. Unde factum est, ut regiis hac querimonia illata auribus, communi consilio leugam funiculo metiri oportuisset. Quo peracto, ecclesiæ quidem omnia quæ antea possederat, et quædam etiam ex pluribus partibus leugæ funiculo dimensionis inclusa cessere, sicque sopita hac querimonia, ita eadem usque hodie libere possidet et quiete.[1]

The praises of Abbot Ralph, and the works which he did.

Cum igitur omnimodis sub venerabili abbate Radulfo eadem ecclesia interius exteriusque succresceret, et prosperaretur utilitatibus, nulli ut prælibavimus religione, caritatisque exibitione gratuita, præter cæteras virtutum dotes, habebatur secunda. Verum idem abbas venerabilis domus Dei delectatus decore ecclesiam ipsam plumbo decenter operire, quod residuum erat murorum in girum construere, curiæ spatium dilatare, novis eandem fabricis augustare, domusque statum consuetudinibus præcipuis, variisque ornamentis quæ ad honorem Dei haberi erat necesse, omnino per se suosque studuit multipliciter exornare. Præterea his quæ foris sunt adeo invigilans, quam sollicitus animarum procuraverit salutem, lingua vel calamo succumbente, paucis saltem commemorare onerosum

---

[1] See Newcome's History of St. Alban's, p. 208.

non sit. Ad singula enim recitanda, nullus sufficeret sermo. Jugiter itaque subditorum prælatus inibi servivit moribus, nulli imperavit ut dominus. Infirma aliorum sustinuit, ad fortia provocavit. Fecit ipse quod docuit, vita doctrinam prævenit. Divinum ad officium festinandum docebat, artus seniles baculo sustentans juvenes ipse præcedebat. Primus choro aderat, postremus aberat. Fuit ergo vitæ norma, fuit Martha et Maria. Fuit serpens et columba, fuit Noe inter undas. Non sponte corvum amisit, sponte columbam admisit. Rexit munda et immunda, rector prudens ad diversa. Cham novit perferre, Sem et Japhet benedictione donare. Factus est vir agricola, terras habitas instanter coli faciens, non habitas habitis prudenter adjungens, quantitatem adusque pretii librarum per annum plus minus viginti eas multiplicans. Factus est et spiritualis agricola vomere doctrinæ multorum quos scripsit librorum corda terrena excolens, ad boni operis frugem humili quidem stilo, sed sensu moralitatis fœcundo ea vocans. Daniel quoque ciborum parcitate, Job corporis passione, Bartholomeus genuum flectione, flectens ea sæpissime orando, quæ vix flectere poterat incedendo. Diebus singulis psalterium ex ordine totum decantans, vix triduo ante mortem a tali genuum flexione vel psalmorum consuetudine cessans. Non nimia tussis, non vomitus sanguinis, non ætas senilis, non pelle tenus attenuatio carnis virum frangere, non a proposito tantæ religionis unquam valuerunt inflectere. Ecce autem post *His death, Aug. 29th.* multos agones, post multas corporis passiones, post annos vitæ suæ octoginta iiii^{or}, monachatus autem lx^{ta}, et dies xxx^{ta} vi., decem vero annos et septem, diesque viginti ex quo Bellensis effloruit abbas; ecce, inquam, iiii. kalendas Septembris, hora diei vespertina, cum jam ad diurni mercedem denarii Patrefamilias jubente vocaretur, pater iste pius, dulcis, et humilis, dum lectulo decubans vili cibum perparum gustasset, dum fratrum quibusdam devote benedixisset, dum aliis ut ad se venire deberent mandasset, sanguinis repente vomitus plus solito nimius, et velut in frusta pulmonis longa tussi diruti coactus, eum cum solita tussi vehementer invasit, vexavit, involvit, exanimavit, fratribus concurrentibus, dolentibus, gementibus, deflentibus, spiritum egredientem in manus Creatoris ad quem redibat devote commendantibus. Quem monachi in ecclesia ipsa de Bello, in crucis parte aquilonali, ante memoriam apostolorum[1] honeste tradiderunt sepulturæ. Rege itaque Henrico tunc temporis in transmarinis partibus occupato, cum jam dicti patris Radulfi obitus auribus esset illatus Rogerii Saresberiensis episcopi, qui tunc per Angliam regia jura administrabat,[2] destinavit illuc cum quodam serviente regis, Johanne Belet cognominato, clericum quendam nomine Willelmum de Heli, a quibus abbatia tota et ad eam pertinentia abbreviata sunt,[3] sicque curæ cujusdam ipsius ecclesiæ monachi, nomine Æilwardi, tota exterius abbatia ad tempus commissa est. Demum vero obortis simultatibus, quibus vix aut nunquam hujusmodi carere possunt mutationes, totius ecclesiæ cura prædicto servienti regis Johanni Belet delegatur, qui a festo beati Nicholai præsul usque ad Dominicam quæ Album Pascha dicitur, usque quo scilicet abbas ecclesiæ eidem electus est, non sui gratia incommodi abbatiæ totius curam gessit.

Anno itaque incarnationis Deificæ M. c. xxv. generale domini regis Henrici per fines totius Angliæ ad Purificationem sanctæ Dei genitricis Mariæ divulgatur edictum, ut quæcunque pastoribus viduatæ fuissent ecclesiæ, sibimet prospicientes regis in transmarinis partibus præsentiam ad suscipiendos prælatos per idoneos adirent legatos.[4] Tunc et hujus de qua agitur ecclesiæ de Bello prior, vir magnificus Hildewardus nomine, cum tribus ejusdem monasterii monachis, mare transiens regem adiit, concioneque facta rex consilio usus archiepiscopi Cantuariæ Willelmi, necnon et episcopi Cicestrensis Seifredi, qui tunc ad

---

[1] Memoria; an altar, or chapel.
[2] "Justiciarius totius Angliæ." Cf. Spelman's Gloss. p. 337.
[3] A summary made.
[4] The King went over to Normandy directly after Whitsuntide, A.D. 1123, and did not return till A.D. 1126.

episcopatum Cicestriæ electus fuerat,[1] ecclesiæ de Bello monachum Cantuariensem quendam Warnerium nomine, virum modestia, sapientia, ac litteratura summum, abbatem delegavit. Quo in ebdomada post medium xl. stabilimento confirmato, prædicto priore maturato reditu cum suis repatriante, Sabbato ante Dominicam Palmarum, illis domum regressis, mox totius abbatiæ cura in jus prædicti, ad ejusdem regimen electi, locum qui præerant dantibus, redacta est. Paschali ergo imminente tempore cum domino archipræsule Willelmo prædictus Warnerius Angliam advenit, tertioque post Paschæ solempnitatem Dominico die, priusquam sui regiminis adisset ecclesiam, benedictione petita, sexta dehinc feria, quæ dies tunc erat octavo kalendas Maii, in ecclesia sibi commissa de Bello *April 24.* festive ut decebat susceptus est. Adeptus ergo culmen regiminis cœpit continuo abbas Warnerius, prudentiæ quo callebat studio, domum a regiis ministris multimodis dissipatam paulatim restaurare, adquietare, et in pristinum statum promovere. Quia vero illius anni sterilitate magna omnem terram occupaverat egestas, mira probitatis industria importuna opportunis coæquans, honorifice ut summi Patrisfamilias fidele mancipium, commissam disponens domum, inopiam opulentia in brevi superavit.

Quia vero, ut supra meminimus, rex præfatus Henricus sua munificentia eidem loco in Wallia quandam ecclesiam de Carmerdin cum pertinentibus contulerat, ubi jam fratres ad Deo serviendum adunati fuerant, episcopus ejusdem provinciæ Bernardus[2] loci illectus amœnitate, miro cupidinis ardore quoquomodo eandem ecclesiam in jus proprium moliebatur redigere. Cum igitur hinc frequentius et regiæ quoque, tam a se quam et a suis obæratis, pulsarentur aures, tandem in abbatis Warnerii electione hujus causæ absoluta quæstione, a rege episcopo idem locus

The King exchanges Langenherste for St. Peter's, Carmarthen.

---

[1] This year. See Flor. Wigorn. in a. 1125; who refers also to the great famine and its consequent mortality.

[2] Bernard, Bishop of St. David's, elected in 1115.

donatur, ecclesiæque de Bello quædam terra lxx. solidorum, regii scilicet manerii vocabulo Mienes membrum, quod vocatur Langenhersse, in possessionem æternam libere tenenda, et ab omnibus consuetudinibus quieta excambiatur. Quo cum regiæ majestatis auctoritate confirmato, et utrinque concesso, mox ad Angliæ reditum, redeuntibus domum fratribus, ecclesiam prædictam episcopus obtinuit, necnon et abbas prædictam possessionem in ecclesiæ suæ jura redegit.

<small>Refuses the summons to appear at the Synod of Chichester;</small>
Episcopo autem Seifrido, ut jam meminimus, apud Cicestriam episcopatus gradu sublimato, cum ipsi et abbati prædicto mutua videretur inesse concordia, suorum tamen importunitate abbatem episcopus synodum suam, in ipsa utrorumque recenti promotione, adire summonuit. Ad quod, dum sano usus consilio, a pleno suæ ecclesiæ capitulo, quod sibi agendum foret, abbas providus requisisset, fratres morem hactenus servatum inferentes, ex regia hoc auctoritate ostenderunt, quod pro nulla summonitione nec exactione hoc fieri oporteret, sed si sibi per liberum arbitrium illuc vel alias ire placuisset, libere quem vellet <small>but goes voluntarily.</small> absque calumpnia adire valeret. Quo abbas responso certificatus, episcopum ultroneus adiit; causam dignitatum ecclesiæ, cui præerat, exposuit; nec se summonitione coactum advenisse, sed ne mutua inter eos caritas sua jura hactenus observata violaret; flagitare se ut ecclesiam suam et se in pace secundum morem pristinum esse sineret, ne deterius quippiam hujusmodi forte simultatibus oriretur. Quibus pontifex pacificatus, omnem calumpniæ nodum dissolvit, ecclesiamque et eundem abbatem oppido diligens, consilio et auxilio studiose prælationis suæ tempore fovit.

<small>Decorates the church.</small>
Restaurationis igitur ecclesiæ indies proficiente statu sub prædicto abbate, cœpit idem, summa prudentia et sagacitate usus, ad fratrum numerum multiplicandum accommodare studium, domusque Dei salubri delectatus decore, et ecclesiæ partem plumbo operuit, et multis ac præclaris ornamentis, non solum in vasis altari aptis, argento vel auro pretiosis, sed et in cappis et albis, palliisque præci-

puis sui memoriam et devotionem perpetuare sategit. Curam etiam villicationis sibi commissæ interius exteriusque vigili strenuitate agens, et religioni ad sui filiorumque salutem, ut virum eruditissimum decebat, operam dare, et ecclesiæ jura vel dignitates dirationando servare, possessionesque restaurans honorificentissime se suaque omnia studebat disponere.

Igitur cum omnimodis accurate omnia tractans honoris delectaretur accumulatione, solebat ad patroni communis beati Martini festum hiemale, pro tantæ solempnitatis excellentia, episcopum Cicestrensem sæpius summonendo mandare. Quadam ergo vice hoc modo submonitus, caritatis gratia atque adveniens, post peractam ut decebat solempniter festivitatem, contigit episcopi ministros, jam patrio forte calentes mero, ecclesiæ cellerarios et servientes, ambitionis quodam evectos coturno objurgare, et quasi per dominium ultra domus sufficiens stabilimentum, quæ placita forent, auctoritate sua intemptando extorquere. Sed ecclesiæ provide renitentibus ministris, ad aures tandem pervenit pontificis. Quem multa commotum indignatione venerabilis demum abbas adiit, ratione virum placare temptavit. Qui furori addens contumaciam, abbatis patientia nullatenus mitigari potuit. Cumque et sibimet dominium exercere comminans, in ipsa ecclesia ut in sua velle se diceret, abbas restitit; postque multas objurgationes verbum oblivioni non tradendum subintulit, quod scilicet ipsi episcopo nec cuiquam suorum ne alimenta quidem tunc ex consuetudine darentur. Qui cum ad hæc exsanguis pæne vi hæc extorquere comminaretur, abbate e contra viriliter se tam libere, quemadmodum ipse episcopatum suum, eandem abbatiam regalem gubernare affirmante, denuo cum utrorumque disceditur obstinatione. Cumque ad dicti probationem episcopus cum suis in crastinum perendinasset, abbate inflexibiliter sententiam exitu ad multorum in posterum utilitatem confirmante, ministrorum ecclesiæ obsequio destitutus, incibatus horam ibidem transegit episcopus, demumque si libuit sibi et suis

Quarrel between the Abbot and the Bishop of Chichester.

necessaria procurans a foris comparavit. Verum subsequentem furoris et indignationis ac abolendæ comminationis noctem cum abbas et sui quiete et pacifice peregissent, mox maturatum diei diluculum impacificatos cum indignatione concepta ad propria transmisit. Per plurimum ergo temporis cum inter episcopum et abbatem nullatenus ira deferbuisset, non hinc aliud emulationis genus quam monimentorum posteris insignia administravit. Denique rationi episcopo tandem submittente animum, pristinam discordiam multimodo utrique dilectionis carismate postmodum accumulaverunt.

A.D. 1135. Henry I. dies, Dec. 2d.

In Normannia igitur memorato rege Henrico existente,[1] tandem anno regni sui xxxvi°, generali prævalente conditione, iiii° nonas Decembris ultimum huic mundo reliquit vale. Cujus corpus, a loco qui dicitur Liuns quo obierat, in Angliam translatum, in monasterio ab eodem in beatæ Dei genitricis Mariæ honorem mirifice apud Radingas fundato, cum magno honore tumulatum est.

Eodem vero anno qui ab incarnatione Domini nostri Jhesu Christi erat M. c. xxxv. non longe post mortem magnifici regis Henrici, successit in regnum Angliæ nepos illius Stephanus comes Boloniæ; annitentibusque nonnullis regni primoribus, apud Westmonasterium xi.

Dec. 22.

kalendas Januarii ab archipontifice Cantuariæ Willelmo sacra unctione linitus, regio diademate coronatur. Quo in regno confirmato, cum non absque pestiferis tumultibus, unde nunc temporis commemorare non est, dissidentibus inter se proceribus, patriæ jura disponerentur, inter reliquos, quibusdam obortis occasionibus, venerabilis abbas Warnerius regiam simultatem non satis idonea incurrens

Abbot Warner resigns, and retires to S. Pancras, Lewes.

offensa, loco cedere quam indignatiori, aliisque quibusdam obortis querelis, succumbere utilius judicavit. Denique non multo post apud Westmonasterium ante Natale Domini, quorundam instinctu, et consilio maxime Alberici sanctæ Romanæ ecclesiæ legati, qui tunc in Anglia erat,

---

[1] He had crossed over to Normandy, A.D. 1132.

sese ultroneus anno xiiii° ex quo abbatiæ gubernacula sumpserat ab omni cura prælationis demisit, sicque suimet duntaxat curam habens ad sancti Pancratii religione satis spectabile monasterium, in Leuuensi situm castro, secessit, ibique ad usque obitus sui diem religiose permansit.

Anno vero M. c. xxx°ix°. humanationis Deificæ inchoante, continuo post Natale Domini, memoratus rex Stephanus apud Cantuariam, reginæ suæ et prædicti Alberici legati necnon et quorundam baronum regni sui usus consilio, abbatiam de Bello cuidam monacho de Lunlegio transmarino Waltero nomine, fratri cujusdam baronis regni præpotentis Ricardi cognomento de Luci, commendavit. Hic ergo prudentia multa ac sapientia, necnon et eloquentiæ ornamento, litteralique ac seculari argutia pollens, cum abbate sancti Albani cognato suo Gausfrido nomine aliquandiu in Anglia manserat, fratrisque sui industria regiam cognitionem et procerum favorem obtinuerat. Die igitur vi° iduum Januarii electus, demum cum honore debito, comitante episcopo Cicestrensi Seifrido, apud ecclesiam Belli ii. idus Januarii est susceptus.

A.D. 1139. Walter de Lucy appointed Abbot.

Jan. 8.

Jan. 12.

Prælationis ergo consecutus apicem, cœpit prudenter ecclesiæ profectibus intus et extra invigilare. Et quamvis tunc temporis dissidentibus inter se proceribus regni, tota undique patriæ libertas et opulentia, conturbantibus ac distrahentibus malevolis, qui regia abutebantur simplici mansuetudine, scævo exemplo pro libitu cederet; ipse tamen et ecclesiæ thesauros terrasque ac libertates, regalesque consuetudines eidem delegatas, inter tantos turbinum fluctus inviolabiles servari viriliter insistebat. Nec ei summa defuit pietas, dum regem omnino ipsi et sibi commissæ ecclesiæ devotum et protectorem esse obtinuisset.

Sub iisdem itaque diebus tempestate prævalente, contigit navem quandam, variis sumptibus refertam, de Rumenel, terra archiepiscopi Cantuariæ, supra terram ecclesiæ de Bello in Dengemareis, membro de Wi, confractam, hominibus vix evadentibus, jactari. Sciendum autem est hoc pro lege ab antiquitate per maris littora observatum, ut, navi fluctibus contrita, si evadentes infra statutum terminum et tempus eam minime reparassent, navis et quæcumque appulsa forent absque calumpnia in dominium terræ illius, et in werec cederent. Sed supramemoratus rex Henricus hanc abhorrens consuetudinem, tempore suo, per imperii sui spatia, edictum proposuit, quatinus si vel unus e navi confracta vivus evasisset, hæc omnia obtineret. Verum quo novus rex cedit, et nova lex. Nam defuncto eo, regni primores, edicto recenti pessundato, morem antiquitus observatum sibimet usurparunt. Unde factum est, ut homines de Dengemareis secundum maritimas consuetudines, et regales dignitates ecclesiæ Belli, prædictum werec vi obtinerent. Quo agnito, archiepiscopus curiam adiens, coram rege, de abbate de Bello, quod in hac re vi et hostilitate usus fuisset, querimoniam fecit. Nec mora, rex abbatem mandans coram se venire fecit. Quibus a conventu nobilium apud regiam ventilatis curiam, cum studio et arte Willelmi de Ypra, qui Cantiæ comitatum tunc possidebat, rex quoque archiepiscopo favens, abbatem ut pacis transgressorem argueret, quod scilicet contra regis Henrici sancita fecisset, post plurimam utrinque controversiam, tandem sic curia sedatur. Nam abbas, ratione usus præmeditata, regem Henricum pro libitu antiqua patriæ jura mutare in diebus suis posse testificatus est, sed non nisi communi baronum regni consensu in posterum rata fore. Unde si id, unde calumniabatur, suæ dignitatis compatriotæ, barones scilicet qui aderant cum regalis curiæ assensu concessissent, et ipse libens cederet. Cumque præsentes regni primores hæc uno ore contradicerent, in communi tandem decretum est, ut eadem soluta curia, abbas regia dignitate hinc suam nactus curiam, apud Dengemareis die denominato hominibus archiepiscopi advenientibus, omnem rectitudinem teneret. Sed in hoc conventu verbum memoriale quo magis regius emollitus est animus providum dixisse abbatem contigit. Nam cum argueretur, ad regem conversus intulit: "Nunquam," inquiens, "te diutius, O rex, coronam Angliæ ferre Deo sit placitum, si tantillam ecclesiæ nostræ libertatem, a rege Willelmo et ab aliis antecessoribus tuis regibus datam et observatam destruxeris." Verum abbate diem constitutum observante, ante diem sequentem ex parte archiepiscopi nullus advenit. Unde transgressionis judicio obmutescentes, cum frustrati discessissent, iterum ad regias aures hujus rei querimonia ab archiepiscopo delata est. Abbas iterum mandatus advenit, causisque expositis a communi consensu adjudicatum est, abbatem suam causam dirationasse, nec ab archiepiscopo hinc aliquam calumpniam ulterius pati debere. Atque in his soluta curia, singulis in sua regressis, reverendus abbas hæc omnia unde agitur pro libitu disponens, aliquibus sumptibus qui appulsi fuerant archipræsulem et suos pacificavit, præcipua tamen sibimet et suæ ecclesiæ de Bello retinuit, sicque hujus rei querimonia quievit.

Eo tempore venerabili viro Seifrido episcopo succedente in cathedram Cicestrensem viro magnifico Hilario,[1] qui Romanæ curiæ notitiam ac favorem plurimum obtinuerat, cœpit memoratum Belli monasterium in dignitatibus suis, quorundam emulatione, plurima pati molimina. De quibus, quia non incongruum videtur, latius per singula disputandum est. Erit enim præsentibus jocundum, futuris utile, summumque dignitatum ejusdem ecclesiæ sancti Martini de Bello memoriale, atque ad perpetuitatis monimentum contra insurgentium machinas invidorum scutum inexpugnabile. Nam per plurimum temporis providi abbatis Walterii patientia protractum, cum semper insurgentium ars multimoda simili cassaretur arte, tandem

---

[1] Nominated to the see of Chichester in 1146, but not consecrated until 1148. A passage from the Continuator of Symeon of Durham establishes the observation in the text of this prelate's favour with the court of Rome: "Hilarius in ministerio Henrici episcopi Wintoniensis plurimum gloriæ pretium emeruit. Postea ad ministerium apostolici translatus, in reddendis et prosequendis causis advocatus disertissimus, et jurisconsultus peritus in curia fuit Romana." p. 276.

cum tanto honore constat determinatum, ut utiliter hujusmodi dilatio facta probetur. Siquidem per hanc dilationem et ecclesiæ dignitas, et cartarum ejusdem ab antecessoribus collata auctoritas, non solum regiæ curiæ, sed et nobilium ignobiliumque per totius regni spatia latius solito divulgata per populos pro miraculo prædicatur, hincque et regiæ auctoritatis terror, et ecclesiæ libertas corroboratur. Nunc ergo ab exordio prætaxatæ controversiæ modum expediamus.

History of the dispute between Hilary, Bishop of Chichester, and Abbot Walter.

Operæ enim pretium est ad posterorum memoriam litteris commendare, qualiter inter venerandæ memoriæ eundem Hilarium Cicestriæ episcopum et prædictum virum Walterum abbatem ecclesiæ sancti Martini de Bello, controversia de dignitatibus et libertatibus ecclesiarum suarum diu inter illos habita, ad pacis et dilectionis concordiam perducta sit. Quod legentes veraci digestum non dubitent calamo, scientes etiam multa propter diversam sermonum materiam prætermissa, ne tædium inferrent lectoribus.

A. D. 1148.

Anno ab incarnatione Domini M. c. xlviii° regnante in Anglia Stephano rege piissimo ex clarissimo regis Willelmi magni stemmate orto, anno scilicet xiii° regni ipsius, reverendus vir quidam Hilarius nomine, moribus honestis, artiumque liberalium præfulgens nitore, ecclesiæ sanctæ Trinitatis Cicestriæ antistes præficitur. Qui cum jura et dignitates ecclesiæ suæ undique perscrutari cœpisset, a quibusdam ei intimatum est, ecclesiam sancti Martini quæ cognominatur de Bello, eo quod ibidem Deus regi Willelmo conquisitori Angliæ de inimicis suis victoriam contulit, ejus ditioni subjacere debitam fuisse. Venerandæ ergo memoriæ vir cum hæc accepisset, Walterum ejusdem loci abbatem super hoc multociens convenit. Abbate vero resistente, nec eidem assentiente, dissensio inter eos permaxima orta est. Modus autem dissensionis inter illos hujusmodi erat.

Episcopus Cicestriæ abbatem de Bello ad synodum suam apud Cicestriam ire, et omnia episcopalia secundum canones persolvere cogebat. Hospitari etiam in eadem abbatia, et in maneriis ejusdem, auctoritate episcopali et quasi ex consuetudine affectabat.[1] Abbatem vero et abbatiam hospitando, quæque pro libitu disponendo, suo juri subdere anhelabat. Hinc etiam hac utebatur auctoritate, dicendo abbatem de Bello electum, in ecclesia Cicestrensi cum professione canonica benedictionem suam ecclesiastico more consequi debere, indeque illum sibi et suæ ecclesiæ omnino subjectum fore. Abbas vero e contrario, non superbiæ sed patientiæ et humilitatis utens exemplis, nunc viva voce, nunc missis Cicestriam nuntiis, libertatem et dignitatem suæ ecclesiæ opponebat, dicens regem Willelmum, quem divina providentia advexit in Angliam ut jus sibi debitum adquireret, in procinctu belli, eodem in loco cum favore omnium secum comitantium votum fecisse, locum scilicet illum Domino Christo dare tam liberum quam sibi posset adquirere; clementiaque favente divina victoriam adeptum votumque solventem, ecclesiam ibidem in honorem Dei et beati Martini construxisse, pro salute omnium et maxime omnium ibi interfectorum, ita liberam et quietam ab omni exactione terrenæ servitutis et ab omni subjectione et oppressione atque dominatione episcoporum sicut est ecclesia Christi Cantuariæ. Hoc etiam consilio et testimonio Lanfranci archiepiscopi Cantuariæ et Stigandi Cicestriæ episcopi aliorumque multorum scriptis suis confirmasse, Stigandum necnon Cicestriæ episcopum, præsente Gausberto primo ejusdem loci abbate, et monachis suis, in quantum sui juris erat,

---

[1] A short passage from Dugdale will shew the grounds of the bishop's claim: "The original ground of this payment of procurations (which in the ancient legal books, he tells us, was equivalent to diet) arose by reason of the damage that the bishop and his successors were like to sustain after such appropriation made (of parish churches to abbies and religious houses). Because the parson has to give entertainment to the bishop when he came to visit; forasmuch as the bishop might visit *ecclesiastim*, that is, every particular church, if he pleased; so that there was good cause that he should, upon the appropriation, pro indemnitate sua et successorum suorum, reserve something to be paid, in regard they must travail at their own charge."—Warwick., p. 7.

hoc eodem modo litteris suis corroborasse, et ex tunc ad notitiam omnium transisse ecclesiam sancti Martini de Bello ab omni subjectione episcopi Cicestrensis omnino liberam fuisse. Hac igitur ratione tanti viri calumpniis abbas obvians, flagitabat obnixe, quatinus libertatem, quam ecclesia prædicta tantorum virorum auctoritate hactenus videbatur possedisse, inviolabili illibatoque jure tenere licitum foret. Præsul vero his minime adquiescens, crebras abbati simultates ingerebat, interminando quod nisi synodum peteret, interdictum post unius anni curriculum in synodo sollempni auctoritate canonica vinculo illum anathematis constringeret. Favebat autem illi tunc Romanæ pastor ecclesiæ Eugenius,[1] necnon et venerabilis Teodbaldus Cantuariæ archiepiscopus, et multi alii, quorum fretus auctoritate, abbatem et ecclesiam de Bello sibi et suæ ecclesiæ penitus subjugare sperabat. Verum spe consilioque deceptus inani, rem effectui mancipare non potuit, quia spes in dubio posita plurimos nonnunquam fefellit.

The Abbot placed under an interdict by the Bishop.

Quodam igitur prædicti Stephani piissimi principis tempore, synodum apud Cicestriam adire abbas summonitus, nec veniens, interdictus est ab episcopo, eo tamen tenore, quod si infra xl. dierum spatium satisfacturus non veniret, ab officio suo suspensus cessaret. Quod abbas audiens curiam apud sanctum Albanum adiit præpropere, atque hæc regiæ intulit aulæ. Rex itaque, accersito quodam clericorum suorum Rotberto de Cornuvilla nomine, misit ad episcopum, mandans et præcipiens quatinus ecclesiam sancti Martini de Bello sicut dominicam regis capellam, et regiam coronam, ab omni exactione et oppressione liberam et quietam Christo Domino pacifice sineret deservire.

Dec. 7.

Terminum etiam ei præfixit, quatinus die octavarum sancti Andreæ, ipse et abbas Lundoniam venirent, ut ibi dissensioni eorumdem coram se, episcopis, et baronibus suis præsentibus finem imponeret. Die constituta uterque

---

[1] Eugenius III.

affuit. Multis igitur causis ibidem discussis, abbas regi præsentiam suam exhibuit, paratus, si quis eidem quicquam obicere vellet, justa rationis æquitate pro libertate ecclesiæ suæ resistere. Episcopus vero nonnullis ibidem detentus negotiis, coram rege die eadem venire distulit. Lectis igitur coram rege cartis et munitionibus de hac eadem re, a rege Willelmo magno subscriptis, rex altiori usus consilio præcepit ecclesiam sancti Martini de Bello ab omni subjectione et exactione Cicestrensis episcopi, secundum regis Willelmi et aliorum regum prædecessorum suorum cartas, liberam omnino existere. In crastinum licentia a rege abbas accepta domum rediit, rege eidem pronuntiante se ecclesiæ de Bello sicut dominicæ suæ capellæ et coronæ regiæ in omnibus justa defensione protectorem fore.

Haud longo postmodum tempore, anno scilicet incarnationis Dominicæ M. c. liiii°. viii. kalendas Novembris, eodem piissimo rege Stephano ex hac luce subtracto, et in ecclesia quam ipse in honorem sancti Salvatoris mundi a fundamentis construxerat apud Fævresham tumulato, episcopus tempus ut sibi videbatur opportunum nactus, quo suam ad libitum prosequeretur causam, prædictum abbatem Cicestriam ire summonitum nec venientem in synodo solempni excommunicavit. Quod quidam de Ierosolimitanis fratribus de Templo scilicet ibidem existens cum accepisset, Lundoniam festinanter tetendit, ubi tunc temporis abbas prædictus, præcepto venerabilis Cantuariæ archiepiscopi Teodbaldi, cum quodam fratre suo ex nobilibus Angliæ Ricardo de Luci nomine, adventum Henrici Normannorum ducis regis futuri expectans morabatur, atque hoc ejusdem Ricardi auribus pandit. Quo audito, Ricardus cum prædicto abbate fratre suo locutus, hæc ut erant archiepiscopo referre non distulit. Communicato itaque consilio misit idem venerabilis pater quendam ex clericis suis Salomonem nomine ad episcopum, mandans ei quod abbate secum detento domini sui futuri Henrici ducis Lundonias expectabat adventum. Unde mandando volebat, quatinus sententiam quam super abbatem posuerat, relaxaret, donec in unum convenirent. Antistes vero Cicestriæ domini sui legati annuens voluntati sententiam relaxavit.

A.D. 1154. Henry II. crowned, Dec. 19.

Adveniente itaque domino nostro Henrico duce, atque apud Westmonasterium anno incarnationis Dominicæ eodem, xiiii° kalendas Januarii in regem elevato, et a venerabili Teodbaldo Cantuariensi archiepiscopo et totius Angliæ primate necnon et apostolicæ sedis legato ibidem coronato, totius Angliæ primoribus ad eum confluentibus, juste consilio eorum omnia disponebat. Ecclesiis etiam possessiones et dignitates ab antecessoribus suis concessas, sua auctoritate confirmavit.

The Abbot gains from the new King a confirmation of the Abbey charters;

Et in sequenti Quadragesima congregavit generale concilium apud Lundoniam, et renovavit pacem et leges et consuetudines per Angliam ab antiquis temporibus constitutas. Ibi quoque nonnulli ex episcopis et abbatibus cartas et privilegia ecclesiarum suarum præsentis regis scripto et sigillo confirmaverunt. Inter quos prædictus abbas de Bello regis Willelmi et aliorum regum cartis et scriptis per ordinem ostensis, ut in scripto et sigillo ejusdem principis confirmarentur obtinuit.[1] Quod episcopus Cicestrensis cum accepisset, citato gradu archiepiscopum adiit, eique abbatem de Bello cartas contra dignitates Cantuariensis ecclesiæ et suæ etiam ecclesiæ Cicestriæ scilicet possedisse, et ut in præsentis regis sigillo confirmarentur obtinuisse intimavit. Obsecrare igitur ut hoc communi prohiberent sententia, ne alii per Angliam abbates quasi quoddam privilegium hoc contra episcopos suos sibi vindicarent, si prædictus abbas contra illos prævaluisse videretur.

but this is afterwards annulled by the mediation of Archbishop Theobald.

His archiepiscopus auditis, nimiumque credulus effectus, sponsione affirmavit certissima se nunquam his suum præbere assensum, quo aliquo hæc pro voto abbatis fine terminari potuissent. Factum est autem, in crastinum rege et archiepiscopo in unum convenientibus, archiepiscopus super his sermonem intulit,

---

[1] This was one of the means used by this prince to raise money, and to weaken such as had opposed him in the previous reign.

dicens regem pati non debere Cantuariensem ecclesiam, matrem videlicet totius Angliæ, et per quam idem rex diademate insignitus fuisset, necnon et Cicestrensem ecclesiam ejusdem videlicet suffraganeam, libertates et dignitates ab antiquis temporibus possessas pro ecclesia de Bello non tantæ auctoritatis et dignitatis annullari. Acceperat namque abbatem illius loci cartas contra dignitates et libertates ecclesiarum prædictarum possedisse. Flagitare itaque ut hæc regali omnino annullaret auctoritate, aut carta abbatis regio careret sigillo, donec suo correcta consilio ecclesia Cantuariæ necnon et Cicestriæ jus suum non amisisse gauderent. Rex igitur tanti viri, utpote sui patris spiritualis, et a quo diademate regali haud longe ante fuerat insignitus, annuens voluntati, cancellario accito regio prohibuit cartam abbatis de Bello regali sigillo confirmari. Quid multa? Per vulgi ora dispersa abbatis auribus hæc propere fama intulit. Redeunte itaque luce abbas curiam adiit, sed rege venatum eunte nil die eadem proficiens, ad hospitium suum reversus est. Sequenti luce summo mane abbas iterum Westmonasterium petiit, ibique coram altare quo rex missam erat auditurus opperiens,[1] multis mente modis volvebat, quid super hac re facturus esset. Adveniente rege ut missam audiret, post missæ introitum abbas regem conveniens, " Domine," inquit, " vestra præceperat excellentia cartam ecclesiæ nostræ sigillo confirmari regio, sed qua de causa repulsam passa sit ignoro. Jubeat igitur clementia vestra ut verbum regium fixo stet gradu, nec pro cujusquam invidia pessumdari videatur." Accito itaque cancellario præcepit rex ut carta abbatis sigilli sui confirmaretur impressione. Necdum verba compleverat, et ecce episcopus festinato gradu, illud ut erat mente suspicatus accurrens, regem tali affatur colloquio: " Domine mi, meminisse decet clementiam vestram unde nudiustertius venerabilis Cantuariæ archiepiscopus et ego querimoniam coram vobis deposuimus, de abbate scilicet de Bello qui contra dignitates nos-

[1] The King's daily practice, according to Peter of Blois.

trarum ecclesiarum cartas quærit, ut quæ hactenus jure
canonico videntur possedisse, ejus calliditate prævalente
lugeant se amisisse. Prohibeat itaque regia dignitas vestra
ut hoc nullatenus aliqua confirmetur auctoritate, ne alii
hujus exemplo contra episcopos suos insurgere videantur."
Rex vero præcepit cartam abbatis regio confirmari sigillo,
et deinde episcopum et abbatem simulque cancellarium
coram archiepiscopo convenire, lectaque carta abbatis, illis
audientibus, si qua corrigenda essent, eorum consilio
corrigerentur, sicque in pace cum carta sua abbas domum
rediret. Quod si sententia discordante discessissent, carta
abbatis in capella regis a cancellario custodiretur, donec
sententia regis quid inde fieret discerneret. Percantato
itaque missæ canone usque ad " Pax Domini," episcopus
ut moris est pace a sacerdote accepta regi detulit, et deinde
abbati multis plurimum mirantibus porrexit. Episcopo
igitur et abbate simulque cancellario multisque aliis coram
archiepiscopo apud Lametham convenientibus, lectaque
carta magni Willelmi regis, exemplo cujus omnes aliæ
cartæ regum sequentium confirmatæ sunt, ubi ventum est
ad quoddam verbum quod in eadem continetur carta, quod
ecclesia scilicet de Bello libera sit omnino ab omni subjectione episcoporum, sicut ecclesia Christi Cantuariæ, clamor
undique attollitur, quibusdam asserentibus hoc contra
canonum instituta extitisse, aliis dicentibus hoc contra
dignitates Cantuariensis ecclesiæ fuisse, nonnullis nimium
clamantibus hoc verbum peremptorium esse, multis etiam
hoc aliter objurgando interpretantibus, hinc inde confusa
perstrepebat sententia. Carta perlecta, cum neminem
prædecessorum suorum episcoporum præfatus Cicestriæ
episcopus Hilarius in subscriptis ejusdem cartæ inveniret
testibus, præcellentissimam hujus verbi dignitatem sacrorum canonum in perpetuum auctoritate damnandam, et
præsentium simul judicum confirmatione censuit delendam.
Hujus sententiam concors etiam archiepiscopi conclamatio
prosecuta est. Abbate vero quamvis rationabiliter resistente, non tamen illorum quievit commotio. Cancellarius

autem audiens illos inter se discrepantes, retulit cartam abbatis inde discedens in capellam regis, eamque ibi servandam juxta regis præceptum tradidit: abbas vero amicorum suorum usus consilio, ad propria reversus est, nil de Dei desperans auxilio. Episcopus lætus et hilaris effectus est, sperabat enim abbatem ecclesiamque de Bello cartæ suæ omnino confirmatione privari. Verum ut scriptura testatur, "Homo proponit, Deus autem disponit;" non passus est Christus ecclesiam suam antiquis suis et justis carere privilegiis, sed sua præveniente misericordia tempore ei opportuno in melius restituit.

Eodem itaque anno in tempore Paschali quidam ex Angliæ nobilibus Hugo de Mortuo-mare cognomine, vir pollens viribus, sed multo maxime ingenio validus, prædives opibus, militari negotio strenuus, regem utpote adolescentem ejusque industriam indignationi habens, castris suis munitis ejusdem imperiis se suaque summitti refutabat. Ea vero postquam regi enuntiata sunt, congregata militum multitudine non modica, ipsum Hugonem in quodam castro suo Bregge [1] nomine obsedit, valloque et castris undique circumdedit, omnemque illi egrediendi spem omine mutato interclusit. Abbas autem tempus ut sibi et amicis suis visum est opportunum nactus, regem ibi adiit, et, ut in tali decet negotio, muneribus suis honoravit, atque super carta sua eidem sermonem intulit. Acceptoque a rege responso super hoc optimo, ad quasdam terras suas juxta regionem illam sitas ad tempus perendinaturus secessit. Haud multo postmodum tempore rex ipsum Hugonem ad deditionem coegit, mandans per Angliam universam archiepiscopos, episcopos, et abbatum plurimos, comites et barones universos, quarto die præcedente festum sancti Benedicti æstivi temporis ibidem convenire. Quibus congregatis, pax inter regem et Hugonem facta

By occasion of the rebellion of Hugh, Earl of Mortimer, the Abbot finds means to please the King.

---

[1] I. e. Bridgenorth, or Cleobury, according to Triv. Ann. 1155. He refused to surrender his lands, which he was accused of having usurped;—a convenient instrument in the hands of the King for humbling those barons who were offensive to him. See Hemingford, p. 491; and for a more complete account, Will. Neubrigens. ii. 4.

est. Tertia die post pacem factam, affuit et abbas. Consilio igitur fratris sui Ricardi de Luci, et aliorum amicorum suorum, abbas regem in crastinum adiit, atque super carta sua illum interpellatus est. Rex cum quibusdam secreti sui consciis consilio communicato, Deo favente, et beato Martino Christi confessore qui nunquam in se sperantes deserit auxiliante, coadjuvantibus etiam terreni consilii patronis, comite scilicet Cornubiæ Raginaldo,[1] et Ricardo de Humez regis tribuno, qui cum Ricardo de Luci et abbate Waltero amicitiæ fœdere conjuncti erant, reddidit rex cartam prædictam abbati, et per illum ecclesiæ de Bello, quæ est signum coronæ regiæ Angliæ, eam misit, lætantibus hominibus abbatis et ecclesiæ de Bello amicis, inmensoque gaudio tripudiantibus, inimicis vero eorum undique perfusis mœrore et confusis. Valedicens igitur regi abbas et gratias agens, a curia cum carta sua recessit, et juxta statuta dierum itinera ad Bellum reversus est. Ibique carta coram fratribus ejusdem ecclesiæ perlecta, exposuit eis omnia quæ sibi contigerant, gaudentibus omnibus et Deum maximo cordis affectu super hoc glorificantibus.

In sequenti nativitatis Domini festo tenuit idem excellentissimus rex concilium suum apud Westmonasterium,[2] et dispositis omnibus suis, propter quædam negotia sua transnavigavit in Normanniam.

In illo eodemque anno, die decollationis sancti Johannis Baptistæ, pro quibusdam causis et negotiis ecclesiæ de Bello transfretavit abbas mare, ivitque ad regem. Inveniensque illum apud Salmurum, locutusque cum eo, consilio reginæ Angliæ et Ricardi de Luci fratris sui, qui cum rege ibi aderant, omnibus pro voto rite perfectis, reversus est in Angliam. Hoc nonnulli ex ecclesiasticis personis Angliæ male acceperunt, putantes ipsum abbatem insidiose, quo eos exosos faceret, opera eorum fallacia regi annuntiasse. Verum hoc postmodum patuit omnibus esse

---

[1] Natural son of Henry I.

[2] "Circa festum S. Michaelis;" Trivet. p. 31.

falsissimum. Hac de causa episcopus etiam Cicestriæ reputans se ipsius abbatis intimatione erga regem non bene acceptum fore, necnon et pro aliis suis negotiis, circa festum sancti Martini hiemale transivit ad regem et cum eo moratus est, donec rex reverteretur in Angliam. *Nov. 11.*

In prima ebdomada Quadragesimæ sequentis venerunt duo decani episcopi Cicestriæ, Ansgerus scilicet Lewensis et Thomas Hastingensis, Bellum, adducentes secum quinque presbiteros, locutique cum abbate obtulerunt ei litteras domini papæ Adriani, instantes ut responsum ejus super his festinato gradu archidiacono Cicestriæ Henrico referrent. Abbas autem in secretiori loco litteris inspectis et perlectis, accito priore ejusdem loci et fratribus nonnullis, consilioque communicato in omnibus secundum tenorem litterarum, se respondit obediturum, salvo honore ipsius domini papæ, et fidelitate simul et honore domini regis Angliæ, et personæ suæ, et ordinis sui, salvo etiam jure ecclesiæ suæ. Hoc accepto alia eidem intulerunt, dicentes Johannem Cicestrensis ecclesiæ decanum, et Henricum archidiaconum, et Rogerum thesaurarium ejusdem ecclesiæ, ex parte domini papæ, mandando summonuisse, quatinus Cicestriam Dominica quæ est "Letare Jerusalem" conveniret, ibi auditurus præcepta ipsius domini papæ, sicque discesserunt. Abbas vero ut semper de Dei, et beatæ Mariæ virginis, necnon et beati Martini confessoris Christi confisus auxilio, cum archiepiscopo Cantuariæ et quibusdam secreti sui consciis consilio communicato, die statuta Cicestriam venit. Intransque capitulum ubi omnes congregati fuerant, assurgentibus sibi omnibus et in sede honorifice collocantibus, residentibus quoque circa se universis atque reticentibus, sic demum abbas ora resolvit. *A.D. 1156. Upon receiving a papal brief, the Abbot attends the chapter at Chichester.*

"Nuper, domini et fratres, quidam ex vestris ad nos venientes litteras domini papæ nobis prætulerunt, summonentes etiam ex ipsius domini papæ auctoritate quatinus huc hac die præsenti conveniremus, ejusdem venerabilis domini audituri præcepta. Assumus ob reverentiam *His speech at entering.*

et honorem tantæ excellentiæ patris, in omnibus, salvo ejusdem patris honore, et fidelitate simul et honore domini nostri regis Angliæ, et personæ nostræ, atque ordinis nostri, salvo etiam jure ecclesiæ nostræ, parati ejusdem parere præceptis." His ejusdem ecclesiæ decanus auditis prohibuit ne aliquis ei nisi prius consilio communicato responsum redderet. Convocansque majoris auctoritatis fratres secreto, eorumque usus consilio, rediit, et his abbatem verbis affatur: "Nimirum, venerande domine abbas, ut se res habet, præcepto domini papæ summonitus huc advenistis. Nunc igitur restat, quatinus nobis litteras domini papæ vobis directas ostendatis, ut per illas quæ nobis præcepta sunt ordine competenti vestræ dilectioni pandamus. Eritque, ratione dictante, his quæ vobis earum auctoritate objecta fuerint demisso vultu obedire, aut supercilio erecto contraire." Abbas vero litteras secum neque detulisse, neque quemquam se super hoc convenisse perhibebat. Tunc quidam ex clericis decano contra-scriptum litterarum obtulit, jussusque in auditu omnium perlegit.

The Dean's reply.

The Pope's letter.

"Adrianus episcopus, servus servorum Dei, dilecto filio Gauterio abbati de Bello, salutem et apostolicam benedictionem. Recte a suis subditis illi obedientia denegabitur, qui suo prælato debitam recusat obedientiam exhibere. Pervenit ad nos, quod venerabili fratri nostro, Y. Cicestrensi episcopo, cui professionem fecisti, debitam obedientiam subtrahas, et ipsius contradicas obedire mandatis. Quod quam perniciosum sit, et omni rationi contrarium, si primi hominis pœnam ad memoriam reduceres, posses de facili invenire. Ideoque per præsentia tibi scripta mandamus, quatinus ei tanquam episcopo tuo et patri, atque commissæ sibi ecclesiæ, studeas fideliter obedire. Alioquin, scire te volumus quod sententiam quam in te idem frater noster propter hoc canonice promulgaverit, nos auctore Deo ratam habebimus. Data Romæ, apud Sanctum Petrum, kalendis Martii."

The Dean continues.

Epistola perlecta, "Audistis," inquit decanus, "domine

abbas, quo ordine dominus papa vos hortatur ut prælatis vestris obedientiam exibeatis, et quam maxime huic ecclesiæ Cicestriæ, et tuo episcopo Hilario. Notare namque decet prudentiam vestram, qua de causa dominus papa tuo episcopo interposuit. A fundamentis itaque ecclesia de Bello constructa, primus eidem abbas electus, jussa canonum secutus est, atque in hac sancta ecclesia cum professione benedictionem suam canonice consecutus est. Deinde omnes ejus substituti quorum nomina haud in memoriam habemus, cum quibus vos etiam Waltere quem hic residere et moderamina illius ecclesiæ tenere perspicimus, idem fecisse nulli dubium est. Quia vero in aliquibus prudentia vestra a via obedientiæ huic ecclesiæ professæ declinavit, postulat hæc sancta ecclesia, et nos qui hujus sanctæ ecclesiæ filii sumus, quatinus vos ut filius matrem vestram hanc scilicet ecclesiam de vobis certificetis, ut in omnibus, sicut canonicum est, eidem canonicam deinceps obedientiam omni ambiguitate detersa exibeatis. Revera etenim, reverende pater, ut optime novit caritas vestra, canones sacri personam hujusmodi ambiguam aut testibus legalibus, vel sacramentis ecclesiasticis, seu etiam scedula ejusdem corroborata sigillo, sanxerunt astringi. Nempe dominus noster episcopus Hilarius, suscepto hujus sanctæ matris vestræ ecclesiæ regimine, juxta canonum instituta, vos cum quadam parrochiæ suæ persona alia, semel, iterumque et tertio, synodum adire apud Cicestriam summonitos nec venientes, interdixit. Verum persona alia supplici voce veniam petens obtinuit, vobis modo in sententia permanente post unius anni curriculum in synodo sancta vinculum anathematis impositum est, quo vos etiam usque in hodiernum astrictum tenemus. Quamobrem hæc sancta ecclesia vobis ut filio condolens, postulat ut his nunc relictis, nobis fratribus vestris scilicet audientibus, quæ sibi jure debetis profiteri non differatis. Et quia, ut superius protulimus, uno ex tribus vinculo persona ambigua more ecclesiastico est astringenda, ob honorem et dignitatem ecclesiæ et personæ vestræ providimus excellentissimum esse et congruum, quatinus scedulam parvissimam vestræ professionis modum continentem sub quadam renovatione ecclesiæ huic et nobis perscribatis, et sigilli vestri impressione sub quorundam testimonio confirmetis, quo omni deinceps ambiguitate detersa, ecclesia præsens ut filium vos diligendo foveat, et in omnibus consilium et auxilium præbeat. Sic itaque pace communicata, gremio sanctæ ecclesiæ restitutus, hilari cordis affectu redeatis ad propria. Nos vero in his quibus vestra fraternitas erga venerabilem dominum nostrum episcopum Hilarium deliquisse cognoscitur, mediatores interpositi indignationem illius erga vos et iram pace conjuncta Dei annuente gratia sedabimus. Provideat igitur dilectio vestra, quatinus tam magnæ auctoritatis atque nobilitatis persona perfectarum scientiarum utatur consilio, nobisque modesto super his atque accepto sermone respondeat. Neque in dubio sit, quin eloquiis dulcissimis a vobis propalatis humilitas nostra benigne faveat, ampullosis vero et sesquipedalibus viriliter contradicat, quamvis ingenuam vestri generis magnanimitatem non superbiæ tipo extolli, sed patientiæ atque rationis virtute sciamus devinci." His itaque hujuscemodi sermone a decano habitis, omnibus hoc justum fore atque his se favere acclamantibus, tandem silentio imposito, abbas hoc modo et hac ratione responsionem objectis subintulit.

The Abbot rejoins. "Orationis vestræ, patres dilectissimi, oppositam propositionem dulci sermone prolatam in secreto cordis mei perpendens cubili, magnificæ libertatis famosique nominis ecclesiæ de Bello occurrit excellentia, animumque per diversa nutantem nimium perturbat, horum improvidentia. Namque vobis ut patribus et fratribus dulcissimis affatu digno et dulcifluo respondere paravi, et omnimodis vestræ satisfacere caritati. Verum inopinatis stupefactus sermonibus de alio cogor transire ad aliud, verens tamen ne modum excedere cogat respondendi necessitas. Neque ut quidam gladium melle litum proferam, sed verissimis innixus assertionibus, vobis satisfaciam. Sæpenumero enim fama divulgante quam maxima celsitudo libertatis et dignitatis Bellensis ecclesiæ a magnifico rege Willelmo constructæ extiterit, optime novit caritas vestra. Quod si de primo ejusdem loci abbate Gausberto nomine agere voluerit dilectio vestra, haud incognitum habemus eundem in eadem ecclesia de Bello auctoritate et dignitate regia, simulque Lanfranci Cantuariensis archiepiscopi assensu, a Stigando hujus ecclesiæ tunc antistite, benedictionem suam absque professione consecutum. Henricus ejus substitutus, et alii successores ejus prædecessores mei, si quid contra libertatem et dignitatem ejusdem ecclesiæ, ac justum foret, egisse probantur, nihil mea interest. Ego vero minimus omnium nil contra jura et dignitates ecclesiæ nostræ, sed salvo jure ejusdem ecclesiæ et dignitate omnia peregisse me recolo. Si vero in aliquibus contra jus et dignitatem ecclesiæ ejusdem aut ignorantia aut animo festinato deliqui, licet mihi male acta in melius æquitatis ratione dictante reformare. Prudentis est enim, ut quidam ait, in adversis lapsum corrigere, in prosperis moderationem tenere. Unde et ego in negotiis ecclesiæ nostræ moderationem et discretionis modum[1] ubique tenens, in melius si qua a me vel a prædecessoribus meis contra eandem ecclesiam acta sunt reformare satagam. Verum si quid contra ecclesiam hanc convictus a quoquam deliquisse extiterim, omnimodis, salvo ut supradiximus honore domini papæ, et honore atque fidelitate domini nostri regis Angliæ, et personæ nostræ et ordinis nostri, salvo etiam jure ecclesiæ nostræ, quo debeam et quo ordine satisfaciam.

"Vinculo anathematis me constrictum a venerabili episcopo vestro asseritis. Hoc itaque nec per episcopum vestrum, neque per aliquem alium mihi hucusque insinuatum esse probatur. Quod si hoc veritati innititur, miror prudentiam tantæ discretionis viri, miror etiam in hoc sententiam ejusdem tam præcipitem, cum nil contra prædictarum statuta ecclesiarum egisse me a quoquam probari possibile sit. Quod si quis contra hoc ausu temerario niti voluerit,

[1] *Nodum*, MS.

procedat in publicum, dicat, audiat, sicque res omni dubio remoto, limitem veritatis attingat."

Nullo igitur ex assistentibus rationem contra reddente, sed omnibus simul reclamantibus, abbas orationem suam prosequitur. "Scedulam quam vobis perscribendam exigitis neque domini papæ litteris hoc nobis designatum constat, nec ratio nobis aliqua ut perscribatur occurrit. Quia vero ratione dictante paceque dilectionis vestræ omnia concludi vellem, rogo quatinus induciæ nobis dentur, quo dominum nostrum regem in transmarinis constitutum partibus,[1] cujus capella dominica et signum coronæ regiæ ecclesia nostra esse dinoscitur, adire possimus, ejus præceptum super hoc audituri, simulque consilio ipsius episcopi Hilarii cui dominus papa non vobis ut debitam exhibeamus obedientiam præcepit, uti liceat, ut omnia sano consilio compleantur. Neque enim ea quæ vobis et ecclesiæ huic a nobis persolvi debentur pessumdari cupio, nec nostram ex libera ancillam effici præopto. Dominus etiam rex ne super his absque ejusdem permissione quicquam ausu temerario aggredi temptaremus prohibere curavit."

Omnibus igitur inducias dare abnuentibus, quibusdam vero asserentibus dominum regem quatinus ecclesia de Bello Cicestrensi ecclesiæ jus debitum persolveret illis audientibus præcepisse, et iccirco inducias dare minime debere, res diutius protracta fine potiri nequivit. Abbas vero in hoc ut sibi inducias darent quo regem super illud conveniret perstitit, simulque commemorabat se de his absque consilio et licentia fratrum suorum monachorum de Bello quicquam minime acturum fore. Dicebat enim, "se mortalem esse et moriturum, ecclesiam vero de Bello se defuncto permansuram, ideoque absque ejusdem consilio et licentia se nil acturum, inducias dari fore necessarium."

Illis autem multis modis contradicentibus, multisque sententiis hoc etiam dijudicantibus, abbate in sententia induciarum dandarum persistente, decanus silentio imposito

[1] Engaged at Chinon against his brother Geoffrey, about this time. See Trivet, p. 33.

abbatem ita convenit. "Domine," inquit abbas, "con- *The Dean refuses the request;* gregatio hæc scedulam a vobis propter ambiguitatem superius vobis indictam perscribi et in ecclesia hac in memoriam conservandam exigit, quo omni deinceps ambiguitate detersa, huic sanctæ ecclesiæ quæ jure a vestra fraternitate et a successoribus vestris debentur impendantur. Nos itaque ecclesia sumus, episcopo decedente permanebimus, et hac de causa hoc a vobis exigimus." Abbate *but the Abbot perseveres.* ergo renitente nec eisdem assentiente, cum diu persisterent nec quicquam proficerent, decanus abbatem fixo in sententia sua persistere gradu, simul etiam in nil proficiendo diem ex maxima expensum parte perspiciens, tandem murmure sedato, his verbis conclusit: "Dominus," in- *The Dean concludes the debate with a resolution to consult the Bishop.* quit, "noster, episcopus noster, pastor noster, pater noster Hilarius, persona litteris et moribus egregia, honesta, religiosa, nobis discipulis suis tanquam filiis hanc formam verborum mare transiens tradidit, hac forma instruxit, præmunivit, præcepit, quatinus vos, reverende pater et abbas, hac aggrederemur, circumveniremus, quo nobis et ecclesiæ huic scedulam quam a vestra paternitate exigimus perscriberetis. Nos vero, ut tanti patris decet filios, præceptis insistentes, hoc a vobis exigimus. Quia igitur vestræ non placet minervæ ut nobis quod exigimus perficiatur, nos hoc in medium relinquimus, et patri nostro omnia litteris nostris et nuntio renuntiabimus, expectantes super hoc ejus rescriptionem."

Hoc dicto, singulis dissono, non absque strepitu, murmure huic mussitantibus, excutiuntur sedibus, sicque soluta concione suis quique agendis operam accommodavere. Abbas coram altare sanctæ Trinitatis ibidem facta oratione et sanctæ crucis munitus signaculo, cum suis ad propria reversus est. Reputans igitur et in se abbas recogitans quod de his nisi regali determinatione[1] finis non

---

[1] This formed the seventh enactment of the Council at Clarendon; that no one who held of the King in capite, nor any of his ministers, should be excommunicated or put under an interdict, without consultation being first had with the King.

Add to this the "Inquisitio de juribus quæ reges Angliæ ha-

The Abbot sends an account of what had happened, to his brother Richard de Luci, with a view to inform the King of it.

haberetur, per nuntium omnia Ricardo de Luci fratri suo exposuit; qui omnia ut acceperat, regi intimare curavit. Rex vero accito episcopo, præcepit quatinus abbatem de Bello ut suum capellanum in pace ab omnibus querelis esse permitteret, donec in Angliam rediret. Factum est autem.

Post Pascha citato gradu rex ad mare properans, navemque ascendens, flante austro secundo, in portu Hamtoniæ appulit, indeque versus Lundoniam iter arripuit. Quod abbas cum accepisset, paratis quæ necessaria erant, eidem apud quoddam castrum fratris sui Ricardi de Luci in Essexia situm, Angra nomine, occurrit. Congratulantibus itaque ad invicem, quod Deo favente prospere rex reversus extiterat, inter multam confabulationem rex eidem præcepit abbati, quatinus die Pentecostes proximi apud sanctum Edmundum[1] ubi tunc corona sua regia insigniri debebat, ita præmunitus et instructus his quæ sibi forent necessaria veniret, ut quod sibi et ecclesiæ suæ justum foret, contra episcopum Cicestriæ Hilarium cui etiam ibidem super his tunc terminum præfixerat, ratione dictante, dirationare prævaluisset. Hoc audito abbas ad quoddam manerium suum haud longe a prædicto castro situm secessit, Hou nomine, opperiens ibi diem sibi præscriptum.

A. D. 1157. The King resolves to have the question argued before himself.

Anno igitur ab incarnatione Dominica M. c. lvii°, anno scilicet iii° regni Henrici prædicti regis junioris, Henrici magni ex filia nepotis, mense ii° ex quo de transmarinis partibus, ubi anno præcedente transierat, idem rex repatriavit, et quo exercitum duxit in Waliam, die Pente-

buerunt in Normannia adversus clericos." In this document it is stated, on the oath of Reginald Earl of Bologne, and other jurates, that as well in Normandy, as elsewhere, no archbishop or bishop ought to excommunicate a baron or King's serjeant, or chaplain of his house, without first advising with the King or his seneschal. Dat. from Rouen, 1205. Martene's Amplis. Collectio, i. p. 1059.

[1] This circumstance is unnoticed by any other chronicler, as far as I have been able to discover. Bury was distinguished for its loyalty. See Yates, 142.

costes quem tunc die festi sancti Dunstani anni revolutio in orbem celebrandum reduxerat, idem memorandus princeps apud sanctum Edmundum diademate insignitus regali, multis ibidem convenientibus, archiepiscopo scilicet Cantuariæ, episcopis, abbatibus, comitibus, baronibus, et populi multitudine, diem ut decebat festive transegit. Inter hos igitur venerabiles etiam, ut prædictum est, Hilarius Cicestrensis episcopus et Walterus abbas de Bello propter controversiam prædictam libertatum et dignitatum ecclesiarum suarum diu inter illos habitam sedandam, ab eodem magnifico principe, dato eis ibidem die peremptorio, convocati sunt. Quia vero rex aliis ibidem occupatus negotiis illorum causam tunc determinare nequivit, terminum eis apud Colecestriam præfixit, quia illuc a sancto Edmundo recedens venturus erat. Die Jovis proximo, omnes ibidem et etiam numero plures adveniunt. In crastinum, die scilicet Veneris, abbas cum Ricardo de Luci fratre suo regem adiit, jussusque a rege in capitulum monachorum ibidem Deo servientium secessit, expectans ejus adventum. Rex vero missa audita capitulum intravit, præcipiens ut nullus nisi quem ipse vocaret ex nomine ingrederetur. Accivit itaque Thomam cancellarium,[1] comitem Legacestriæ[2] Rotbertum, Ricardum de Humez tribunum, Ricardum de Luci, Warinum filium Geroldi, Nicholaum de Sigillo. Affuit cum eis quidam in arte medicinæ peritus Radulfus nomine. Affuit et Henricus de Essexia[3] regis tribunus, jam ante a rege ad abbatem in capitulum missus. Supervenit etiam frater ejusdem regis junior Willemus nomine, et cum aliis juxta illum resedit. *The court.*

His itaque ibi cum domino rege residentibus, abbate etiam cum tribus monachis suis considente, Ricardus de Luci ita exorsus est: " Domine mi rex, vestra summonu- *Richard de Luci opens the case:*

---

[1] Thomas à Becket.

[2] Robert le Bossu, second Earl of that name; his son was afterwards taken prisoner by this Richard de Luci in the rebellion of 1173.

[3] This same year Henry de Essex let fall the King's standard in his war against the Welsh; and, in 1163, being accused of cowardice by his near kinsman, Robert de Montfort, and failing in the duel, he became a monk at Reading.

isse dignata est excellentia, quatinus abbas de Bello frater meus huc veniret, ut querela inter illum et Cicestrensem episcopum de dignitatibus et libertatibus ecclesiarum suarum diu habita, coram vobis fine potiretur. Adest abbas cum cartis et privilegiis suis." Tunc jussit rex abbati cartas ecclesiæ suæ palam proferre. Legit itaque Thomas cancellarius cartam regis Willelmi magni coram illis. Qua perlecta, rex in manus eandem accipiens, atque undique circumspiciens, magno extollere dignatus est favore, benedicens animæ illius regis incliti, qui affectu tam magnifico ecclesiam illam a se constructam dilexit, et eam tam magnis libertatibus et dignitatibus præmunivit. Iterum legit cancellarius aliam ejusdem regis Willelmi cartam super negotio abbatis proprio. Quam similiter rex in manus accipiens atque circumspiciens, jussit eam cum aliis diligenter reponi, et magna diligentia custodiri. Contestabatur etiam quod si quandoque Deo inspirante abbatiam fundaret, nullius nisi Bellensis ecclesiæ libertates et dignitates suæ præscribi ecclesiæ. Aliorum etiam regum, Willelmi scilicet regis junioris, et Henrici regis cartis, et carta simul suo confirmata sigillo inspectis, jussit simili modo reponi, et diligenti custodia servari. Tunc cancellarius abbatem intuens, "Domine," inquit, "abbas, episcopus Cicestrensis ratione, ut multis videtur, contra vos utitur præmaxima, obiciens vos in ecclesia Cicestriæ professionem fecisse. Quocirca vestræ dilectioni providendum est." Abbas vero se nil contra dignitatem et libertatem ecclesiæ suæ egisse testatus est. Rex autem cancellarium respiciens, "Professio," ait, "non est contra dignitates ecclesiarum. Non enim qui professionem faciunt, nisi quod debent promittunt." Ricardus de Luci hæc audiens, iterum sic cœpit. "Domine, celsitudo vestra libertates audivit et dignitates a nobili rege Willelmo ecclesiæ suæ quam cognominavit de Bello, eo quod ibi Deus victoriam sibi de inimicis suis contulit, traditas, quas etiam ecclesia eadem, quæ est capella vestra, et signum regiæ coronæ vestræ hucusque inviolabili jure servavit.

Magna itaque dignitate ecclesia illa a vobis et a nobis omnibus Normannis dico extollenda est, quia ibi ille nobilissimus rex Willelmus Dei gratia parentumque nostrorum adquisivit auxilio, unde vos domine rex coronam regni Anglici hoc tempore jure hereditario possidetis, nosque omnes opulentia maxima ditati sumus. Rogamus igitur clementiam vestram, quatinus prædictam ecclesiam cum dignitatibus et libertatibus suis, vestræ auctoritatis dextera protegat, et eam omnino cum suis omnibus sicut semper in antecessorum vestrorum fuisse temporibus dinoscitur libera esse præcipiat. Quod si vestræ hoc non placet auctoritati, voce peto suppliciquatinus abbatem, fratrem meum scilicet, a loco illo amoveatis, ne illius tempore, quæ ecclesia prædicta antecessorum suorum tempore inviolabili jure visa est possedisse, lugeat se amisisse." His comite Rotberto Legacestriæ, atque etiam ut rex eandem ecclesiam sicut suam coronam et parentum eorumdem adquisitionem servaret, cum aliis conclamante, rex affirmabat se nullo modo his animum suum præbere, quo prædicta ecclesia libertates et dignitates suas suis temporibus videretur perdidisse, se cum episcopo locuturum, et omnia in pace dispositurum. Sic igitur surgens, ad alia negotia sua tetendit perficienda.

Die itaque Martis post octavas Pentecostes rex mane capitulum monachorum intravit, comitantibus secum archiepiscopis Teodbaldo Cantuariensi, Rogero Eboracensi;[1] episcopis etiam Ricardo Lundonensi,[2] Rotberto Exoniensi,[3] Rotberto Lincolniensi;[4] abbatibus, Silvestro ecclesiæ sancti Augustini Cantuariæ, Gausfrido Holmensi; Thoma cancellario regis; comitibus etiam Rodberto Legacestriæ, Patricio Saresberiæ;[5] baronibus etiam nonnullis, Henrico

The sitting resumed.

---

[1] Roger of Bishopsbridge, Archdeacon of Canterbury, consecrated in 1154.

[2] Richard de Belmis, Archdeacon of Middlesex, consecrated 1152.

[3] Robert Warlewast, succeeded 1150.

[4] Robert de Querceto, consecrated 1147.

[5] Patrick D'Evereux, first Earl of that title; created Earl of Salisbury by the Empress Maud.

de Essexia, Reginaldo de Warenna, Ricardo de Luci, Warino filio Geroldi, aliisque nonnullis, populique insuper multitudine non modica. Assunt etiam et episcopus Cicestrensis Hilarius, abbasque Bellensis Walterus. Ventilato igitur negotio ibidem quod inter venerabilem Theodbaldum Cantuariensem archiepiscopum et Silvestrum[1] ecclesiæ sancti Augustini quæ sita est extra muros civitatis Cantuariæ abbatem erat, de professione scilicet ejusdem abbatis ecclesiæ Christi Cantuariæ facienda, reticentibus omnibus, Ricardus de Luci surgens et in medio stans, omnibus intenta aure audientibus, regem his verbis alloquitur.

Speech of Richard de Luci.

"A magnifica excellentiæ vestræ gloria, domine mi rex, virtuti cujus fortuna conjuncta est, venerabili fratri meo Waltero, rectori ecclesiæ vestræ de Bello, in hujus loci consistorio, contra reverendæ auctoritatis episcopum Cicestriæ Hilarium, pro dignitatum et libertatum ecclesiarum suarum controversia sedanda diu inter illos habita, hodierna lux adveniendi constituta est. Jussis itaque vestris obtemperans, in præsentia adest vestra, in omnibus salvo honore vestro, et jure ecclesiæ vestræ sibi commissæ si quis eidem quicquam obicere voluerit paratus satisfacere. Verum illa ecclesia vestra de Bello a nobilissimo rege Willelmo ob victoriam a Deo in eodem loco in inimicis suis sibi præstitam a fundamentis ædificata, magnis est dignitatibus atque libertatibus præmunita, quas usque hodie intemerato jure tenuisse comprobatur. Magnificis igitur a vobis domine rex et a nobis omnibus Normannis scilicet ecclesia illa extollenda est præconiis, quia ibidem inclitus rex ille Willelmus nutu Dei, consilioque et auxilio parentum nostrorum, inimicos suos regnum Angliæ et coronam injuste ab eodem auferre conantes devicit, sibique et successoribus suis regnum coronamque Angliæ adquisivit; ex

---

[1] Silvester, Prior of S. Augustine's, Canterbury, elected abbot in 1152, and died 1161. Somner's Canterbury, ii. 164. The cause in dispute between him and the Archbishop is stated at greater length in Thorne, 1811. The Abbot succeeded.

cujus consanguinitatis propinquitate jure hereditario vos in ejusdem regni solio omnis regni populus nunc regnare congaudet, nosque ejusdem collati beneficii dono, et ex parentum nostrorum successione, possessionum et divitiarum copiam possidemus. Quocirca domine, regum excellentissime, omnis hæc Normannorum nobilium votis supplicat intimis coadunatio, quatinus locum illum ut vestri et nostri signum triumphi in propria dignitate et libertate contra omnes sibi adversantes, et quam maxime adversus Anglorum insidias,[1] vestra regalis protegat severitas, ut nullus eidem nocendi pateat introitus.

"Si quidem vestræ placitum hoc non fuerit voluntati, jubeat fratrem meum, loci illius abbatem, illis parcere locis, atque amici alterius futuri cedere loco. Satius enim est illum, amisso pastoralis curæ officio, privatum monachum et pauperem vitam libere transcurrisse, quam celsa sede residentem, et quorundam calliditate jugo indebito servitutis oppressum, libertates et dignitates prædictæ ecclesiæ hactenus a prædecessoribus suis intemerate prædecessorum vestrorum auctoritate conservatas, ut signi regiæ coronæ vestræ et adquisitionis suæ, omnis Normannorum nobilitas ejusdem temporibus lugeat se amisisse." His dictis, eo residente abbas surrexit, atque his verbis locutus est: "Domine mi, sicut Ricardus frater meus hic patenti ratione ostendit, huc jussu vestro adveni. Si quis quicquam contra nos vel contra dignitates et libertates ecclesiæ de Bello opponere voluerit, vestro consilio cujus ecclesia prædicta dominica capella est, et signum coronæ vestræ regiæ, objectis respondebimus. Verumtamen dignum est ut cartæ ecclesiæ illius a nobili rege Willelmo in fundamento ipsius ecclesiæ conscriptæ, et a successoribus suis et a vobis etiam confir-

The Abbot.

---

[1] This is a very remarkable expression; and the more so, when we consider that Thomas à Becket was one of the court. Any means of attaching odium to the Bishops, as identified with the cause of the English, was sure to gain the King's ear, and incline him to the cause of the Abbot. It must also be remembered, that to crippl the power of the hierarchy by aggrandizing the monks, was part of this King's policy.

matæ, in præsentia vestra et omnium hic vobiscum consistentium primitus si jubetis audiantur." Tunc idem abbas tradidit cartam regis Willelmi magni domino regi, jussusque ab eodem quidam ex clericis in auditu omnium perlegit. Qua perlecta, Thomas regis cancellarius episcopum Cicestrensem respiciens dixit: "Domine episcope, audivit caritas vestra quæ hic coram domino rege omnibus audientibus acta sunt. Nunc igitur, si quid contra hæc vestræ placuerit prudentiæ respondere, licitum est. Ad vos enim, ut nobis videtur, respicit parabola hæc." Tunc episcopus surgens ita exorsus est.

<small>The Bishop of Chichester argues his claim.</small>

"Non studio sane, ut multorum moris esse dinoscitur, per orbem vagandi, sed amore et honore vestri, domine mi rex, hujuscemodi inscius oppositionis, in his regni vestri partibus cum aliis præsentibus conveni. Quocirca si vobis, et abbati, aliisque hic vobis coram positis, dulci complaceret affectu, salvo jure ecclesiæ nostræ Cicestrensis, et ecclesiæ de Bello, pacis compositio inter me et prædictum abbatem vobis mediantibus fieri foret possibile. Etenim huc tali ordine adveni. Quod si hoc vestro non insedisse animo cognoverim, ingruente necessitate, pro me, et pro ecclesia Cicestrensi mihi commissa, ut hujusmodi inpræmunitus oppositionis et ignarus satisfaciam."

Renuentibus quibusdam pacis fieri compositionem, dicentibus etiam rem illam diu inter illos habitam fine digno debere concludi, nec inposterum prolongari, episcopus voce elevata reticentibus omnibus dixit: "Quia pax compositionis inter nos vobis inpedientibus fieri non potest, ego quæ ecclesiæ meæ Cicestrensis juris sunt et rem inter nos hactenus habitam, patenti ratione domino regi omnibusque hic consistentibus pandam." Hac igitur usus ratione, hoc modo incepit:

"Jhesus Christus, domine mi rex," et repetens Christus Jhesus Dominus noster, tertioque reiterans, "audite," inquit, "omnes et intelligite. Jhesus Christus Dominus noster binas mansiones potestatesque binas in hujus seculi dispositione constituit; unam scilicet spiritualem, alteram materialem.¹ Spiritualis illa est, de qua Dominus noster Jhesus Christus in primo pastore nostro, Petro scilicet apostolo, omnibus discipulis suis eorumque successoribus pronuntiavit dicens, 'Tu es Petrus, et super hanc petram ædificabo ecclesiam meam.' Unde, ut caritas vestra novit, ab ejusdem temporis novitate in ecclesia Dei mos inolevit, quatinus pastores ecclesiæ sanctæ, ejusdem beati apostolorum principis Petri vicarii existentes, ecclesiæ Dei sanctæ digna gubernatione præsiderent. Hinc nobis ecclesiæ Dei præsidentibus in illis beatis apostolis a Domino Jhesu Christo dictum est, 'Qui vos audit, me audit.' Hinc etenim ecclesia Romana ejusdem apostolorum principis apostolatu insignita, tantam tamque magnificam per totius mundi latitudinem optinuit principatus dignitatem, ut nullus episcopus, nulla persona ecclesiastica absque ejus judicio vel permissione a sede ecclesiastica deponi possit."

Ad hæc rex protensis manibus, "Verissimum est," ait, "episcopum non posse deponi, sed ita, manibus pulsus protensis, poterit expelli." Arridentibus universis, episcopus iterum sic cœpit: "Sicut jam dixi iterum jam dico, hoc modo statum ecclesiæ ab antiquis temporibus constitutum fuisse. Neque ulli personæ laicali, immo etiam nec regi cuiquam, ecclesiis quibusque, dignitates vel libertates ecclesiasticas dare licet, vel ab iisdem attributas easdem, nisi ejusdem patris permissione vel confirmatione ratas fore non posse jure Romano ecclesiastica probat auctoritas."

Tunc rex ira commotus,² " . . . . contra dignitatum *The King interrupts him angrily.*

---

¹ Here we trace the language and sentiments of one who had been a canonist at Rome.

² Several words, both here and below, have been most carefully erased from the MS. So utterly senseless are these erasures, that I cannot help thinking they have proceeded from some puritanical hand. Probably, in the former place, the King had used some gross Norman oath, for the sense of the passage is complete (see Girald. de Instruct. p. 169); and, in the second, there was some compliment addressed to the Bishop by the Chancellor. Either would be equally offensive to puritanical taste. In confirmation of this I may observe, that the word *Papa* is generally carefully blotted out.

regalium auctoritates mihi a Deo concessas, calliditate arguta niti præcogitas. Unde tibi fide et sacramento mihi astricto præcipio, quatinus de verbis præsumptoriis coronæ et dignitati regiæ contrariis æquitati rectitudinis subjaceas; præsentes vero archiepiscopos scilicet et episcopos ut de te justitiam mihi rectitudinis impendant, salvo jure regiæ coronæ mihi a summa majestate concessæ, obsecro. Agis enim ut patet contra dignitates regales, atque libertates ab antiquitatis jure mihi concessas a majestate regali demere elaboras." Murmure itaque in populo contra episcopum concitato, vix sedari potuit.

Thomas the Chancellor. Tunc cancellarius: "Haud dignum est a cordis vestri excidisse memoria, præsul venerande, cujus excellentiam . . . . . [pecca]tis enim in dominum nostrum regem, cui fidei sacramentum vos fecisse nulli dubium est. Unde prudentiæ *The Bishop continues.* vestræ providendum est." Episcopus videns se ab omnibus majestate regia offensa circumventum, tandem murmure sedato, orationem suam hoc modo prosequitur: "Domine mi, si quid ex ore meo vestræ regali intempestivum majestati constat fore prolatum, Deum cœli vestramque regalem testor dignitatem, nil me contra vos vel contra vestræ dignitatis excellentiam versuta calliditate protulisse. Ego enim vestram omnimodis præoptavi paternitatem, extuli excellentiam, magnificavi dignitatem, vos ut dominum præcordiali affectu semper dilexi carissimum. Nihil igitur in me mali vestra rogo regalis celsitudo suspicetur, neque hoc suggerenti cuiquam facile credat. Nil enim a vestra potestate minui cupio, quam semper et dilexi, et pro viribus meis magnificavi. Ad honorem igitur et decus *The King's reply.* vestræ celsitudinis omnia protuli." Ad hæc rex: "Procul hic honor," inquit, "atque decus hoc a nobis et a nostris amoveantur, hæcque prophanationis propulsentur abolitione, quibus ea quæ antecessorum meorum regum auctoritate et hereditario jure, Dei cooperante gratia, mihi concessa sunt, blandis atque fallacibus, ut omnibus patet, *The Bishop.* annullari cupis sermonibus." Tunc episcopus: "Omnia, domine mi, quæ hic vobis audientibus a me studiose prolata sunt, pace vestra omniumque hic ut proposueram consistentium me ratus sum perorasse. Quia vero a me incœpta non placent, omissis his rem propositam paucis expediam.

"A piissimo rege Stephano ecclesiæ Cicestriæ antistes datus, Cantuariam profectus sum, a venerabili Teodbaldo ejusdem loci archiepiscopo, ut canonicum est, sacrandus. Ibi affuit et abbas de Bello, sciens hoc justum esse et canonicum, ad sacrationem scilicet sui episcopi, in cujus diocesi manere dinoscitur, convenire. Fecit igitur quod debuit. Reversus vero ad sedem meam Cicestriæ, ibidem abbas idem convenit, et cum aliis festive inductus, in sede propria ab eodem, sicut ubique consuetudinis habetur, sum collocatus. Idem etiam in illo eodemque anno summonitus Cicestriam petiit, festiveque inductus,[1] in synodo cum aliis præcepta consuetudinesque synodi consedit auditurus. Haud longo postmodum tempore, ut canonicum est, parrochiam meam circumiens Bellum deveni, atque ab eodem abbate et omnibus fratribus loci ejusdem honorifice inductus, sicut loci illius proprius et specialis episcopus, processionaliter receptus sum. Inde cum eodem capitulum intrans, verbum Dei loci illius fratribus sicut filiis seminavi, et ut patrem decet filios in fide catholica confirmavi. Hinc ad hospitium deductus, honorifice ut decebat sicut suo episcopo quæ necessaria erant impendit, atque inde recedentem muneribus me suis decenter ditavit." His Henricus de Essexia regis tribunus respondit: *Interrupted by Henry Earl of Essex.* "Bene voluntateque benigna ab illo acta, a vobis sinistra remuneratione sunt accepta. Malum enim pro bonis vobis collatis nunc illi rependere vultis. Atque utinam tali quisquam remuneratione acceptus vobis inposterum haud præbeat hospitium." Episcopus autem: "Extunc," *The Bishop continues:* inquit, "domine mi carissime nescio quo idem usus consilio, a synodo se subtraxit, summonitusque ipse venire renuens, priorem ecclesiæ suæ cum quibusdam fratribus suis ad synodum destinavit. Pro amore illius nihil in hoc

[1] *Indutus*, MS. here, and below.

mali æstimans semel iterumque atque tertio hæc patiens, grato animo accepi. Hæc itaque omnia inter nos ut audistis pacifice acta sunt, donec episcopo Lundoniensi mortuo, nescio quo aut invidiæ vel superbiæ spiritu idem inflatus, rectis oculis me intueri non poterat. Sperabat enim me sibi fortuitu ut credo in illo nocuisse negotio, quod omnino probare non poterit." Ad hæc Henricus de Essexia: "Si de episcopatu Lundoniæ agere dilectio vestra voluerit, profecto omnibus notum est, abbatem istum illius honoris ambitione quicquam contra Deum vel sacrum ordinem illum simoniace aliquo tempore agere noluisse. Quod si, ut nonnulli, pecunia mediante in sede illa collocari affectaret, omnes pro certo repulsam passi intronizari præ omnibus meruisset." His Ricardus de Luci subjunxit: "Absit hoc ab eo, ut intercessore tali tam sacrum tamque magnificum ordinem adipiscatur. Nullum enim mortalium nobis novimus in hoc opere fore verendum."

but is interrupted by the Earl of Essex,

and Richard de Luci.

The Bishop. Submurmurantibus nonnullis, episcopus spiritum resumens orationem incœptam prosequitur. "Res igitur, domine mi, ex tunc inter nos in dubio posita est, nec quisquam nostrum ab opere incœpto declinare voluit. Tunc quidam ad me venientes intimaverunt, abbatem hac de causa synodum petere noluisse, quod cartis et privilegiis suæ utens ecclesiæ earum extollebatur auctoritate, dicendo se canonicam Cicestrensi ecclesiæ minime exhibere obedientiam debere. Quod postquam accepi, nolens ecclesiam meam antiquis suis et justis meis temporibus minui dignitatibus, abbatem cum quadam parrochiæ meæ persona alia synodum apud Cicestriam petere tempore constituto summonitum nec venientem interdixi, eo tamen tenore quod si infra quadraginta dierum spatium satisfacturus non veniret, ab officio suo suspensus cessaret. Verum persona alia supplici voce veniam petens obtinuit, abbate in sententia permanente. Quod abbas ut audivit regem Stephanum adiit, atque illi super hoc questum intulit. Rex vero quendam ex clericis suis Rotbertum de Cornuuilla nomine ad me misit, mandans quod die octavarum sancti Andreæ[1] Lundonias coram eo venirem, et quod abbas etiam ibidem convenire deberet, atque ibi consilio archiepiscopi Cantuariæ et baronum suorum pacis fœdus inter nos poneret. Die constituta coram rege affui. Ibi itaque nec abbas, neque quisquam pro eo, ut tunc omnibus patuit, contra me advenit. Ita igitur ad propria reversus sum, abbate in sententia permanente. Post illius anni curriculum, in synodo sollemni, secundum canonum statuta, illum excommunicavi. Abbas vero, hoc accepto, archiepiscopo retulit. Archiepiscopus autem, ipsius abbatis precibus, litteris suis mihi mandavit, quatinus sententiam relaxarem, donec in unum conveniremus; ipse enim inter nos omnia bene disponeret. Pro honore domini archiepiscopi, sententiam ad tempus relaxavi." Tunc Henricus de Essexia: "Rege Stephano defuncto, si hoc veritati innititur, vos id fecisse constans est, quo vivente nunquam ausu temerario vos probatur hoc præsumsisse. Non enim expediret vobis. Quid nunc dominus noster facturus sit, suo juri et potestati committitur." *Again interrupted by the Earl of Essex.*

Ita episcopus subintulit: "Tunc res inter nos habita est, nec aliquo tempore abbas ad satisfactionem venisse comprobatur. Postquam Dominus noster Jhesus Christus, domine rex, vos in regni hujus solio collocavit, quod mihi præ omnibus gratissimum fore constat, abbas nec mihi ut suo episcopo quæ debebat exhibuit, nec meæ ecclesiæ, Cicestriæ scilicet, immo etiam me ubique vitando spernebat atque verbis turpissimis ubique pro posse suo diffamabat. Accidit autem quod idem cartas ecclesiæ suæ in sigilli vestri renovatione confirmari disponeret. Pervenit itaque ad aures meas in ejusdem cartis contra ecclesiæ meæ Cicestriæ dignitates et etiam contra Cantuariæ ecclesiæ, matris videlicet totius Angliæ, aliqua contineri. Quod archiepiscopo, sicut illi cui omnes nos professionem fecisse nulli dubium est, et cui etiam et ecclesiæ Cantua- *But the Bishop continues.*

---

[1] Nov. 23.

riensi, per omnia debemus obedientiam, intimare curavi. Archiepiscopus vero vos inde convenit. Ego etiam pro me et pro ecclesia mea Cicestriæ querimoniam coram vobis deposui. Præcepit ergo igitur clementia vestra quatinus coram archiepiscopo ego et abbas cum cancellario vestro domino Thoma conveniremus, ibique lecta abbatis carta, consilio archiepiscopi ea quæ corrigenda erant, ea scilicet quæ contra dignitates prædictarum ecclesiarum Cantuariæ scilicet et Cicestriæ existebant, correcta, unusquisque, quæ sui juris esse videntur, adquisisse gauderet. Convenimus ibi. Lecta igitur coram assistentibus carta abbatis, ea quæ contra dignitates Cantuariensis ecclesiæ et Cicestrensis erant, justa consideratione peremptoria esse præcepta sunt. Abbas ira commotus multis me ibidem et maximis aggressus est injuriis. Nec solum duntaxat tunc, sed anno etiam præsenti Cicestriam veniens capitulum nostrum cum nimia nimis arrogantia intravit, atque multis et innumerabilibus modis in præsentia conventus mei minando atque spernendo me dijudicavit. Hac itaque ratione et hoc modo, domine mi carissime, rerum series inter nos hactenus habita est. Peto igitur excellentiam vestram, quatinus antiquam et justam canonum institutionem inter nos ratam per omnia esse, atque hæc more ecclesiastico determinare præcipiat."

The King's answer. Tunc rex: " Mirum et mirandum nimium hic audivimus, cartas scilicet prædecessorum meorum regum justa dignitate coronæ Angliæ et magnorum virorum testimonio confirmatas, a vobis, domine episcope, peremptorias esse judicatas. Absit hoc, absit a regni mei excellentia, ut quod ratione dictante consilioque archiepiscoporum et episcoporum atque baronum meorum a me fuerit decretum, a vobis et a vestri similibus damnandum esse judicetur." Tunc abbas:

The Abbot. " Ab antiquis temporibus, regnante Willelmo rege nobilissimo, omnia hæc, ut a senioribus ecclesiæ nostræ accepimus, coram eodem domino nostro rege, Lanfranco Cantuariensi archiepiscopo, et aliis quampluribus episcopis præsentibus, Stigando etiam tunc Cicestriæ episcopo in præsentia ejusdem regis consistente, qui Gausbertum ecclesiæ de Bello abbatem primum super his infestabat, summonendo illum ut synodum apud Cicestriam peteret,[1] et alia omnia episcopalia persolveret, determinata sunt. Unde et cartam ipsius domini regis super hoc negotio propriam, Lanfranci Cantuariensis archiepiscopi et aliorum nonnullorum episcoporum, sed et etiam ipsius Stigandi Cicestrensis episcopi testimonio confirmatam, præsentem habemus." Hæc dicens, tradidit cartam regi, atque eam unus ex clericis, ejus nutu, omnibus audientibus perlegit. Hæc itaque inter alia in illa continebantur carta, quod ecclesia scilicet de Bello libera sit omnino a subjectione Cicestrensis episcopi; neque ad synodum abbas summoneatur, nisi ipse pro aliqua re sponte ire voluerit. His perlectis, episcopus se cartam illam nunquam vidisse vel audisse affirmabat, neque abbatem sibi aliquo pacto eam pandere voluisse. Abbate nonnulla contra obiciente, rex eidem ut taceret præcepit. "Non enim," inquit, " hoc amodo vestræ dirationandum incumbit prudentiæ, sed me uti proprium atque regale tueri decet negotium. Quapropter vestra interim sileat fraternitas, nobis hoc evidenti ratione atque regali protectione uti proprium determinantibus. Ad nos itaque hujusmodi spectat negotii diffinitio." Multis igitur super his hinc indeque habitis, tandem silentio inposito Ricardus de Luci surgens regem voce supplici exoravit, quatinus abbati de Bello fratri suo super his respondendi consilium cum amicis suis secretius habere liceret. Rege his annuente, advocans Rogerum Eboracensem archiepiscopum,[2] Thomam cancellarium regis, Johannem thesaurarium Eboracensis ecclesiæ, Rotbertum[3] comitem Legacestriæ, Patricium comitem Saresberiæ, Henricum de Essexia, Raginaldum de Warennia, Warinum filium Geroldi, et aliorum nonnullorum baronum et militum mul-

---

[1] See above, p. 26.
[2] Roger, commonly called of Battle Bridge. His part on this occasion is the more strange, as he is reported by most of the chroniclers to have been as great an enemy to the monks as he was to the Archbishop of Canterbury and his successor.
[3] Blanc-mains.

titudinem non modicam, cum fratre suo abbate, omnibus his sibi cohærentibus, in unam capituli partem secessit, atque super his eorum sententiam perquirere cœpit. Rex missam interim auditurus ecclesiam adiit, iterumque post missam ibidem rediens in sede sua resedit. Ricardus de Luci cum abbate et omnibus sibi junctis consilio communicato rediit, impositoque responsionis sermone Thomæ cancellario regis, omnibus audientibus, facunda oratione hoc modo idem responsum reddidit heros.

Thomas the Chancellor delivers their judgment.

"Diu pater reverende Hilari quæstionis a vestra prudentia habitæ seriem retexentes, certa æquitatis ratione, certis etiam procerum præsentium suffragiis, nonnulla referre decrevimus. Inprimis igitur venerabilis abbas Gauterus grates vestræ prudentiæ quammaximas refert, quod pro beneficiis vobis ab eodem collatis, illum in tanta tamque, ut hic nunc constat, curia magnifica, præsentibus etiam tantis tamque viris nobilibus, magnifica laude extollitis. Quod si illis temporibus in tanta tamque curia excellenti sibi hoc, tam maximæ laudis extollentia inputandum speraret, profecto ut fatetur beneficium amplificaret. Verum inde quam maximo dolore conficitur, quod pro beneficio ab eo benigna animi devotione vobis collato, ut omnibus hic præsentibus patens est, vice versa veneficia illi omni mentis annisu rependere satagitis. Nunc igitur contra sibi objecta hoc modo responsum refert.

" Si Cantuariam petens in sacratione vestra præsens extitisse, et post apud Cicestriam vobis obvius in sede vestra sollempniter vos collocasse, necnon et in synodo vestra resedisse cum ceteris comprobatur, dignitate et libertate ecclesiæ suæ de Bello, teste etiam carta sua hic perlecta, utrumlibet sibi aut fecisse licet horum vel minime egisse. Neque enim vinculo aliquo a vobis, ut hæc rigore ecclesiastico persolvere debeat, constrictus est, quippe cum vestræ non subjaceat ditioni, immo teste carta sua prædicta liber est ab omni subjectione vestra. Archiepiscopum etiam dominum nostrum Cantuariensem scilicet contestatur, hoc se ipso præcipiente perfecisse." Ad hæc archiepiscopus: " Verum est, illum me præcipiente hæc effectui mancipasse." " Quod parrochiam vestram," cancellarius inquit, " ut consuetudinis habetur circumiens Bellum petistis, atque a fratribus loci illius abbate præsente processionaliter susceptus extitistis, indeque capitulum eorum intrans verbum Dei illis seminastis, omnibus ultra citraque mare existentibus ecclesiis, consuetudinarium esse dinoscitur, episcopo Hiberniensi vel etiam Hispalensi, vel cuilibet alii, hunc dignitatis et caritatis honorem, absque ulla consuetudinis exactione, gratis inpendere licitum fore.

" De episcopatu vero Lundoniæ hoc vestræ abbas intimare procurat prudentiæ, quod nec vultu, neque actu, nec etiam nutu aliquo vobis quicquam pro illo eodemque episcopatu Lundoniæ, scilicet significationis contrariæ, ingessit. Quippe cum in illius dispositione negotii nil contra se a vobis mali suspicatus fuerit. Sed ut quodam in loco dictum est, conscius ipse sibi omnia putat contraria sibi, pro re quidem a vobis gesta remordente fortuitu conscientia, illum simplici vultu gradientem nunquam recto vos lumine sperabatis intueri potuisse.

" Quod illum synodum apud Cicestriam petere summonitum nec venientem interdictum a vobis insinuastis, et ob hanc causam regem Stephanum per Rotbertum de Cornuuilla clericum suum vobis coram illo hæc determinanda diem præfixisse, vosque ibidem nullo ex parte abbatis vobis obvio convenisse, sicque inde recessisse, abbas e contrario refert, se scilicet coram rege Stephano die statuta præsentibus episcopis Wintoniensi scilicet et Heliensi necnon et abbate Westmonasterii, et etiam baronibus nonnullis in capella ejusdem regis juxta turrem Lundoniæ sita convenisse, atque ibi a venerabili Wintoniæ episcopo cartis et scriptis suæ ecclesiæ perlectis, rege sibi suggerente, se capellæ suæ, abbatiæ scilicet de Bello, ubique protectorem fore, vosque super hoc convenire, atque omnia inter vos pacificare, ad propria ipso præcipiente reversus est.

"Ad synodum vero summonitione aliqua nisi spontanea ire voluerit, teste carta sua hic perlecta et more antiquitatis in ecclesia sua hactenus conservato, compelli non poterit. Unde ut verum fatear, ire ad synodum vel non ire, ejusdem juris et spontaneæ voluntatis esse comprobatur. Quippe cum vestræ, ut omnibus patet, non subjaceat ditioni, sed liber omnino ab universa vestra existat subjectione.

"Illum a vobis excommunicatum perhibetis. Hoc illi omnibusque suis mirandum videtur, quia tempore regis Stephani nil hujusmodi super illum præsumptione temeraria vos constat egisse. Quid ergo hujus nunc domini nostri regis tempore a vobis actum sit incognitum habet, præsertim cum primo regni sui anno, ipso domino nostro rege in ecclesia sancti Petri Westmonasterii, vobis utrisque cum aliis multis præsentibus, missam audiente, ubi ventum est ad 'Pax Domini,' vos, ut moris habetur, pace a sacerdote accepta domino regi attulistis, atque abbati vobis statu propinquiori juncto postmodum ejusdem pacis osculum non ut excommunicato, sed ut filio ecclesiæ et Christiano tribuistis." Ad hæc episcopus: "Si in hoc aut animo inscienti vel nonnullis ut multociens provenit cogitationibus occupatum temerarie constat me deliquisse mea culpa, peccatum meum domino meo archiepiscopo confessus, pœnitentia mihi ab eodem injuncta delictum illud diluam."

The Bishop's apology.

"In cartis ecclesiæ suæ de Bello," cancellarius inquit, "quæ capella regis propria omnibus esse patens est, contra Cantuariensis ecclesiæ vel etiam vestræ Cicestrensis dignitates, nil novi insitum, omnibus quam maxime præclarissimum est. Ab inclito enim rege Willelmo eadem ecclesia constructa maximis et præclaris dignitatibus Lanfranco Cantuariensi archiepiscopo, aliisque epicopis, abbatibus, baronibus nonnullis, juxta coronæ Angliæ dignitatem, cum rege suo confirmantibus ecclesia prædicta confirmata est, quas etiam usque hodie inviolabili jure tenuisse comprobatur. Quas etiam, præcepto

The Chancellor continues.

domini regis, coram domino nostro archiepiscopo Cantuariensi, non vobis pessima ingerendo, sed ratione vigenti easdem a vobis peremptorias¹ judicatas defendendo ut regales nobis audientibus retinere cupiebat.

"In capitulo vestro Cicestrensi eundem hoc anno absentibus vobis superbe intrasse, et vos multis modis ibidem dijudicasse opponitis. Quod evidenti ratione non superbe ut asseritis, sed coactus et pacifice se hoc egisse demonstrat. Duo namque decani vestri, Lewensis scilicet et Hastingensis, cum v. sacerdotibus in testimonium in Quadragesimæ initio Bellum venientes, litteras domini papæ Adriani a vobis, ut rei veritas est, perquisitas abbati prætulerunt, summonentes eum etiam ex parte ipsius papæ, ut Dominica quæ dicitur 'Lætare Jerusalem'² Cicestriam veniret, ibi auditurus ejusdem domini papæ præcepta. Quia vero domino nostro rege in transmarinis partibus tunc constituto illum super hoc adire nequibat, cum domino nostro Cantuariensi archiepiscopo et quibusdam amicis suis consilio communicato, Cicestriam die statuta petiit, atque in capitulum, domini papæ auditurus præcepta, præsentibus illis duobus decanis et supradictis quinque sacerdotibus intravit. Ibi etiam illi duo decani, quæ abbati apud Bellum prætulerant, et quæ illis abbas retulerat, viva testificati sunt voce. Ibi clerici vestri contra auctoritatem regiæ dignitatis quædam ab eo exigebant. Abbas vero, ut inducias sibi quo dominum nostrum regem adire, atque ejus super hoc consilium et voluntatem audire posset darent petiit, sed ipsis renuentibus easdem inpetrare nequivit. Verumetiam insuper hoc a vobis illis inpositum, neque aliud quam illis præceptum extiterat agere potuisse testati sunt. Hoc modo abbas inde recedens, omnia domino regi ut erant per nuntium suum significavit. Dominus vero noster rex vobis utrisque dico super his diem præsentem constituit." Tunc rex vultu mutato episcopum respiciens *The King.* dixit, "Nunquidnam litteras has ut hic recitatum est

¹ *Frivolous:* this use of the word is derived from the later Latin writers.   ² I. e. Mid-lent Sunday.

perquisistis? Super fidem et sacramentum quod mihi debetis, ut veraci hoc mihi proferatis sermone præcipio."

The Bishop. Episcopus vero: " Super fidem et sacramentum quod vobis feci ut domino, has litteras nec per me, neque per alium quemlibet me sciente, excellentia vestra noverit esse perquisitas. Verum abbas quendam ex clericis suis Romam nuper mittens, me ibidem in curia Romana multum nimiumque diffamavit. Ego autem in illa curia omnibus notus sum, et cujus honestatis vel moralitatis sim omnibus ibidem commanentibus haud incognitum est. Per illum enim ibidem me infamari inpossibile est. Fortuitu ergo *The King.* per illum litteras illas sibi perquisivit." Tunc rex: " Mirum et nimium stupendum videretur, abbatem videlicet contra se et suam ecclesiam hæc, si ita res habet, perqui- *The Chancellor.* rere voluisse." His cancellarius subjecit: " Si alio modo quam a vobis, ut hic relatum est, has litteras perquisitas probare voluerit dilectio vestra, abbas en præsens est, litteras in manu tenens. Legantur litteræ, videatur quorsum illarum vergat intentio, sicque rei veritas comprobabitur."

Archiepiscopus autem audiens episcopum litteras ab eodem perquisitas coram omnibus denegasse, sciens omnia ut erant, et quod litteræ ab eodem episcopo perquisitæ fuissent, signo crucis præ nimia admiratione se sig- *The Chancellor.* navit. Tunc cancellarius: " Non solum duntaxat de his litteris dominus noster rex veritatem scire proposuit, verumetiam si alias quaslibet litteras vos, aut alium quemlibet per vos, in præsens vel in posterum abbati aut ecclesiæ de Bello nocivas noveritis possedisse, ut in medium proferatis præcepit." Episcopus vero neque litteras illas præsentes, nec alias quaslibet ipse vel alius quislibet per ipsum, abbati vel ecclesiæ de Bello tunc aut in posterum nocivas jurejurando affirmabat, mirantibus omnibus, habuisse.

The Archbishop. His tali modo coram domino rege habitis, archiepiscopus Cantuariæ regi dixit: " Præcipiat excellentia vestra nos super his quid faciendum sit consilio retractare, atque ordine judiciario consuetudinis ecclesiasticæ determinare."

"Non ita," inquit rex, "hæc per vos determinari præcipiam, verum ego vobis comitantibus, consilio super his habito, fine recto concludam." Hæc dicens surrexit, et in cimiterium monachorum, omnibus secum præter episcopum et abbatem comitantibus, secessit. Consilio igitur communicato, misit rex pro episcopo. Qui veniens atque cum aliis residens, multis super his cum eodem habitis, tandemque termino finali conclusis, rege præcipiente, Henricus de Essexia abbatem cum monachis suis adduxit. Quo cum aliis residente, rege innuente, episcopus omnibus audientibus sic locutus est: "Ego Cicestrensis præsul ecclesiæ, o rex excellentissime, ecclesiam de Bello sicut vestram dominicam et propriam capellam, in qua, et super quam, nil juris habere juste possum vel debeo, ab omnibus rebus vel calumpniis a me illi hactenus oppositis, quietam et omnino clamo liberam. Abbatem etiam absolvens sicut illum cui vinculum anathematis injuste inposui, quia nec potui juste nec debui, a quo etiam, dignitate sua et suæ ecclesiæ præcellente, nil nisi interveniente caritatis gratia exigi potuisse vel debuisse me protestor, atque a die hodierno in perpetuum ab omnibus episcopalibus exactionibus et consuetudinibus simili modo proclamo liberum." Ad hæc rex: "Non coactus sed voluntarie hoc te fecisse et protulisse constans est." Episcopus: "Verum est, me hoc voluntarie justa ratione cogente fecisse necnon et protulisse." Tunc archiepiscopus: "Justa, domine rex, his determinatione conclusis, omnes vestram una deprecamur clementiam, quatinus si qua contra vestræ celsitudinis indebita dignitatem, inprudenti videtur episcopus protulisse sermone, nobis flagitantibus pacis osculo prælibato vestra indulgere illi dignetur clementia." "Non solum," rex inquit, "semel tantummodo pacis osculum, sed omnia illi si qua sunt indulgens, centies vestris precibus atque ipsius dilectione flexus tribuam." Assurgensque atque amplexus episcopum deosculatus est. Archiepiscopus: "Nunc igitur episcopus et abbas ut amici se deosculando pacis fœdus inter se vestra confirmatione retinentes, in posterum in pace permaneant." Tunc episcopus et abbas regis præcepto se deosculantes, archiepiscopo signo crucis super illos faciente, pacis et dilectionis fœdere juncti, concordes effecti sunt. Archiepiscopus: " Adhuc quiddam restat, quod in hac scilicet pacis et dilectionis concordia venerabilis frater abbatis Ricardus de Luci episcopo jungatur." Qui ilico, rege præcipiente, utpote vir modestiæ atque prudentiæ virtute insignis, episcopo pacis osculum, oblitis occasionibus omnibus, prælibavit. His itaque rite perfectis, omnibus de pacis dilectione inter illos hoc modo confirmata congaudentibus, rex ad alia negotia sua inde recedens tetendit perficienda. Abbas vero ad propria rege concedente reversus est, Dominum Jhesum Christum, et beatissimam Mariam matrem ejusdem, necnon et beatum Christi confessorem Martinum, qui nunquam deserit sperantes in se, cum suis collaudans, et gaudio magno pro voto suo exultans adepto.

Hoc igitur fine et termino finali res ista diu in dubio posita, in præsentia domini nostri regis Henrici secundi, præsente etiam Theobaldo Cantuariensi archiepiscopo, Rogero Eboracensi archiepiscopo, Ricardo Lundoniensi episcopo, Rotberto Lincolniensi episcopo, Rotberto Exoniensi episcopo, Silvestro abbate sancti Augustini Cantuariæ, Gausfrido abbate Holmensi, Thoma cancellario regis, Rotberto comite Legacestriæ, Patricio comite Saresberiæ, Henrico de Essexia, regis tribuno, Ricardo de Luci, Raginaldo de Warenna, Guarino filio Geroldi, præsente quoque ipso Cicestrensi episcopo Hilario, et eodem abbate prænominato Waltero, et aliis tam clericis quam laicis multis, v kalendas Junii apud Colecestriam determinata est.

Ad exprimendam viri venerabilis abbatis Walteri, quam pro commissæ sibi ecclesiæ libertate tuenda exercuit instantem sollicitudinem, sufficiat hactenus ista dixisse. In quibus quot corporis vexationes, quot animi anxietates priusquam hoc fine concluderentur, quot etiam expensarum dispendia sustinuerit, nemo est qui facile possit explicare. Licet igitur plurimum fatigatus, licet plurima corporis sui parte invalidus, non tamen propriæ imbecillitati, non expensis parcere voluit, quin commissæ sibi ecclesiæ utilitati et promotioni omnimodis invigilaret. Voti itaque sui, in libertatis suæ ac dignitatis conservata integritate, compos effectus, nihilque sibi jam in hac parte veritus, aggreditur male dispersa revocare, et hostilitatis tempore alienata, juri ecclesiastico mancipare. Ex quibus quoniam exemplificandi gratia quædam posteris mandare decrevimus, ut res amplius possit elucescere, necesse est retroacta tempora breviter replicare.

Dum adhuc Anglorum gubernacula teneret inclitus rex Henricus, nobilissimi regis Willelmi Anglicæ monarchiæ conquisitoris, et ecclesiæ sancti Martini de Bello fundatoris filius, felicis memoriæ abbas Radulfus qui tunc temporis eidem ecclesiæ præerat, a quodam Ingelranno cognomento Beccheneridere, homine Withelardi de Baillol, ipso Withelardo consentiente ut suprascriptum est,[1] tres wistas terræ in Bernehorne dato pretio comparavit. Addidit autem gratis de proprio idem Withelardus quandam partem terræ in marisco præfatis tribus wistis contiguam, et tam ab homine suo Ingelranno scilicet comparatam, quam et donum proprium eidem ecclesiæ de Bello concessit. Et ut eadem terra omnino libera ab omni servitute, et ab omnium hominum calumpnia in perpetuum eidem ecclesiæ remaneret, a jamdicto magnifico rege Henrico, et a comite Augi Henrico domino ejusdem Withelardi confirmata est. Cum vero multo jam labore multisque expensis, in domibus, in agriculturis instaurata esset eadem terra, molendino etiam optimo in marisco facto, jamque plurimum commodi expectaretur, præcipue cum esset ecclesiæ contigua, quasi quinque millibus distans, abbate Radulfo huic vitæ finem faciente, et Warnerio succedente, dominus fundi eundem abbatem Warnerium convenit, frequenter ab eo plurima exigens tanquam pro beneficii recompensatione. Sed cum abbatem jam tæderet ejus exactionum,

[1] See p. 53.

reputans ne forte mala exinde traheretur consequentia, jamque ea quæ idem fundi dominus frequenter exigebat, fructus a jamdicta terra proveniens viderentur excedere, abbas manum omnino retraxit, nec se de cætero hujusmodi vexationibus et exactionibus velle subjacere constanter asseruit.

<small>Manor sold by the tenant to Siward of Hastings.</small>

Cernens idem exactor se quæsita pro velle assequi non posse, totam præfatam possessionem, quasi in jus suum redigens, ecclesiæ de Bello subduxit, eamque cuidam Hastingensium Siwardo nomine Sigari filio, accepta ab eo pecunia, in vadimonium tradidit. Hac itaque violentia spoliata est ecclesia non tantum terra ipsa, sed et expensis, et omnibus quæ tunc temporis in ipsa reperta sunt. Quod cum satis ægre abbas et ejus procuratores accepissent, et hinc magnas ac multimodas querimonias movissent, domino rege Henrico in transmarinis partibus ab hac vita subtracto, nullam juris sui restitutionem habere potuerunt. Succedente rege Stephano, cujus temporibus justitia minus prævalente, qui plus poterat plus faciebat, sicque interdum cedebat unicuique pro jure, quod quoquo modo diripuisset, ecclesia sancti Martini de Bello non modo prædictum tenementum de Bernehorne, sed et alia perplurima sui juris violenter sublata recuperare nequivit, licet frequenter inde moveretur calumpnia.

<small>After fruitless efforts under previous reigns, Abbot Walter obtains a decision in his favour from Henry II.</small>

Succedente post decessum regis Stephani inclito rege Henrico, prioris Henrici nepote, qui avita tempora renovaret, cum jam Warnerius abbas cessisset, eique vir venerabilis abbas Walterus successisset, idem abbas Walterus quo regi familiaris fieret obtinuit, sicque coram eo super jamdicto tenemento de Bernehorne, querimoniam movit. Rex igitur ad abbatis instantiam litteris suis Johanni tunc comiti Augi præcipiendo mandavit, ut abbati supradicto tenemento plenum rectum teneret, aut si non faceret, vicecomes Sussexiæ hoc faceret, ne rex inde amplius clamorem audiret. Gilebertus vero de Baillol, qui tunc temporis dominus fundi videbatur,[1] super hoc multis modis

---

[1] He held three knights' fees of John Earl of Eu. Lib. Nig. i. 66.

conventus, et per comitem, vicecomitem, abbatem et suos requisitus, per plurimum tempus actum subterfugit, et ne conflictum iniret multipliciter dissimulavit. Unde licet plurimum temporis casso labore consumeretur, noluit tamen abbas cœptis desistere, sed dominum regem tum per se, tum per suos sæpe conveniens, ut causa ipsa in curiam regiam transferretur tandem obtinuit. Sed domino rege nunc in Normanniam transfretante, nunc in Angliam redeunte, negotiisque propriis insistente, cum causa eadem coram justiciis qui vice regis in ejus curia præsidebant diutius ventilaretur, licet rex nunc mandatis nunc præceptis abbati plenitudinem justitiæ frequentissime indiceret exhiberi, nunquam tamen res digno potuit fine concludi. Domino rege tandem apud Clarendonam moram faciente, post multa adversæ partis subterfugia, post dissimulationes plurimas, post abbatis et suorum fatigationes multimodas, utrique parti regia indicitur auctoritate, ut die determinato, regio tribunali apud locum præfatum, sine omni subterfugio et dissimulatione debeant pariter assistere. *At Clarendon the King appoints a day of hearing for both parties.* Cum igitur excusationi jam locus non esset, assunt utrinque, domino rege pro tribunali residente. Astant *The Abbot's plea.* in medio unus ex monachis abbatis Osmundus nomine, et Petrus de Chriel miles, qui ab initio totius causæ incipientes, qualiter jamdicta terra de Bernehorne, ex parte fuerit ecclesiæ sancti Martini de Bello data, ex parte comparata, qualiter postmodum ablata, quousque etiam jam per plurimum tempus post litis ingressum transactum processum sit in causa, coram rege et ejus assessoribus ex ordine exposuerunt, conqueri etiam adjicientes super plurima et dispendiosa negotii dilatione, et abbatis ac suorum frequenti et inani fatigatione. Cum igitur jam nihil esset in quo recordationi prosecutionis causæ possit merito contradici, curia regia in omnibus testimonium perhibente, ex regis permissione leguntur in omnium audientia cyrographa emptionis et donationis, sed et cartæ confirmationum. Quibus cum quid responderet pars adversa minus haberet, Gilebertus de Baillol ne nihil objicere videretur, se

Objection to the charter exhibited by the Abbot, overruled by Richard de Luci.

prædecessorum suorum cyrographa audisse, sed nulla sigillorum testimonia in eis se appensa causatur videre. Quem intuens vir magnificus ac prudens Ricardus de Luci ipsius abbatis frater, tunc domini regis justicia prima, quærit utrum ipse sigillum habeat. Quo asserente se sigillum habere, subridens vir illustris, " Moris," inquit, " antiquitus non erat quemlibet militulum sigillum habere, quod regibus et præcipuis tantum competit personis, nec antiquorum temporibus homines ut nunc causidicos vel incredulos malitia reddebat." Cumque confirmationi Henrici regis senioris calumpniam niteretur inferre idem Gilebertus, asserens abbatem et monachos domino regi non pro æquitate sed pro voluntate posse persuadere, dominus rex propriis manibus cartam et sigillum avi sui regis Henrici apprehendens, et ad eundem Gilebertum conversus, " Per oculos," inquit, " Dei, si cartam hanc falsam comprobare posses, lucrum mille librarum mihi in Anglia conferres." Illo ad hæc, aut parum aut nihil respondente, rex subintulit verbum memoriale: " Si," inquit, " monachi per similem cartam et confirmationem hujusmodi jus in præsenti loco scilicet Clarendona, quem plurimum diligo, se habere possent ostendere, nihil esset in quo eis juste possem contradicere, quo minus eis omnino dimitteretur." Conversus igitur rex ad abbatem et suos, " Ite," inquit, " et consilio habito, invicem conferte, si forte sit aliquid cui amplius quam huic cartæ velitis inniti. Non tamen vos puto ad præsens aliam quæsituros probationem." Abeuntes itaque abbas et sui super hoc consilium inituri, cartam suam ad omnem probationem esse sufficientem cognoscentes ex verbis regis ultimis, quibus dixit, " Non vos puto ad præsens aliam quæsituros probationem," in præsentiam regis et assidentium habito jam consilio redeunt, se non alios inniti aut aliam quæsituros, extra cartam, probationem asserunt, nil se magis vel minus extra cartam exigere, super hoc autem se judicium regiæ curiæ expectare. Non

The Abbot stands upon the authenticity of the charter.

---

[1] See the discussion on this subject in a similar case mentioned by Mat. Paris, in Vit. Abbat. S. Albani, p. 80.

habente adversa parte quid responderet, quippe cum car- *Sentence in his favour;*
tam falsitatis nec auderet nec posset arguere, quia non
posset probare, unanimi consensu totius curiæ regiæ adjudicatum est, abbati et ecclesiæ sancti Martini de Bello
omnia debere restitui, quæ cartæ suæ exigebat testimonio.
Cernens igitur Gilebertus de Baillol se tenemento de
Bernehorne esse destitutum, in omnium obsecrat audientia,
catalla militis sui qui idem tenementum de eo tenuerat
sibi inde tollenda relinqui. Dominus rex ad hanc peti-
tionem respondens, "Non poteras," inquit, "manifes-
tius confiteri, quam hoc petendo, te nullum jus in terra
illa habere." Monuitque rex, ut catalla eis dimitte-
rentur. Ad regis igitur imperium fiunt litteræ regio
sigillo signatæ, ad quatuor milites qui tunc ex ejus præcepto vicecomitatum Suthsexiæ regebant celerius directæ,
ut absque dilatione terram quam abbas de Bello in curia
sua coram eo dirationaverat, scilicet tres wistas terræ in
Bernehorne, cum toto marisco, et decimam quandam de
Bocholte, ecclesiæ sancti Martini de Bello restituerent,
tam integre et tam plenarie, tam libere et quiete tenendam,
sicut temporibus regis Henrici avi sui teste carta sua te-
nuerant, designata prius terra ipsa, et terminis ejus per-
agratis per duodecim viros fideles de vicinio ipsius tenementi qui metas ejus scirent, et obligati sacramento veritatem dicerent. Quo suscepto mandato, Ricardus de *and posses-sion given*
Chaaines qui unus erat ex iiii^{or}. militibus vicecomitatum *him.*
Suthsexiæ tunc temporis regentibus, sociorum suorum
sibi vice commissa, jamdictum tenementum adiit, sump-
toque tam ab hominibus ejusdem tenementi quam et ab
his qui in ejus confinio habitabant sacramento, metisque
designatis, abbatem et ecclesiam sancti Martini de Bello
inde investivit.

Recuperata hoc modo, licet cum labore et difficultate, *Dispute with Robert de*
sæpefata terra, jamque ut putabatur sopitis omnibus, cum *Iclesham respecting*
remota omni calumpnia, nullius esse videretur mali in pos- *a parcel of the same*
terum suspicio, Robertus quidam de Yclesham cum *land.*
matre sua Matilde quoddam pratum infra ambitum tene-

menti illius positum repente invasit. Cujus fœnum cùm vi conaretur auferre, abbas præmunitus, congregatis viris quampluribus vim vi reppulit, et fœnum, parte adversa confusa, sibi reponi fecit. Jamdictus ergo Robertus curiam domini regis adiens, et quia rex non aderat in audientia justiciarum ejus conquerens, homines qui sacramento præstito metas tenementi de Bernehorne, designare debuerant, asseruit plus justo occupasse, et sic cum non traheretur in causam, terram suam sibi sublatam esse. Ad ejus itaque instantem querimoniam abbas cum hominibus qui terram peragraverant ad curiam agitur, super ea quam idem Robertus affirmabat injustitia, satisfacturus. Nec cunctatus abbas mente robustus, licet corpore invalidus, se die determinato in præsentia justiciarum apud Wintoniam exhibuit, hominibus secum adductis qui sæpenominatum tenementum de Bernehorne peragraverant, et ejus metas designaverant. Astante Roberto de Yclesham et super terra sua sibi subdole ut asserebat sublata conquerente, procedunt præfati xii^{cim} viri ei in faciem resistentes, iterato sacramentum præstare parati, se non quidem amplius, quinimmo ne sacramenti præstiti viderentur transgressores, minus justo suo ambitu conclusisse. Unde idem Robertus falsæ conquestionis reus esse convictus, omnium judicio misericordiæ regis addicitur. Quo comperto, clam se subtrahens fugam iniit, nec calcarium suorum oblitus, aut equo parcens, prius a fuga destitit, quam ad propria tremebundus perveniret. Abbas vero cum suis ad sua gratulabundus rediens, quoad vixit jamdictum tenementum pacifice omni sopita calumpnia possedit. De his quidem hactenus dixisse sufficiat, jamque ad cætera sollicitudinis suæ transeamus exercitia.

Robert fined for false plea.

Claim for essarts made on the Abbey by Alan de Neuville.

Præerat ejus temporibus domini regis forestariis quidam Alanus de Nova-villa vocatus, qui ex concessa sibi potestate satis malitiose innumeris et insolitis quæstionibus diversas per Angliam provincias vexabat. Quia enim nec Deum nec homines verebatur, nec ecclesiasticis nec secularibus parcebat dignitatibus. Domino itaque rege in transmarinis agente, inter cætera iniquitatis suæ opera idem Alanus in maneria ecclesiæ sancti Martini de Bello infra terminos forestarum sita insurgens, de uno eorum, scilicet Bromham, xx[ti]. solidos, et de quodam membro ejusdem scilicet Anestia dimidiam marcam, et tantumdem de manerio de Bricthwoldintune, pro exartis[1] vi exegit. Collecta est hæc pecunia per vicecomites provinciarum, et ad scaccarium domini regis delata, ubi a thesaurariis recepta, in ærario domini regis est reposita. Quo cognito, abbas unum ex monachis suis cum cartis dignitatum et libertatum suarum ad scaccarium transmisit ut in audientia justiciarum super hac insolita et indebita exactione conquereretur. Monachus vero eo perveniens, coram Roberto comite Legacestriæ et Ricardo de Luci, qui tunc summam regni justiciam vice regis exequebantur, et coram aliis baronibus scaccarii conquerens super illata injuria rem ex ordine pandit, cartas legendas proponit, restitutionem ablatorum expetit. Auditis ex cartarum testimonio ecclesiæ libertatibus, omnium unanimi judicio pecunia jamdicta jam per plures dies in thesauro regis reposita extrahitur, coram omnibus monacho redditur, franguntur talliæ, omnisque ejusdem pecuniæ memoria de rotulis eraditur. Domum vero rediens idem monachus abbati rei gestæ ordinem insinuat, pecuniam sæpedictam suo arbitrio relinquit. Quam abbas suscipiens ad prænominata maneria transmisit, hominibus a quibus exacta est restituendam. Prædictus vero Alanus quoad vixit ut regi thesaurizaret, quaslibet tam ecclesiasticas quam seculares personas vexare non destitit, et ut placeret regi terreno, Regem non timuit offendere cœlestem. Unde quantum gratiarum a rege, cui sic placere studuit, in fine consecutus sit, rei exitus docuit. Nam cum ad extrema deductus esset, cujusdam monasterii fratres ali-

Character of Alan de Neuville.

---

[1] More usually *essartis*, from *exsero, to grub up;* meaning land recovered from wood and waste; a term of frequent occurrence in the Forest Laws. See Watts' Gloss. to Matt. Paris, *s. v.*; and Whittaker's History of Whalley, p. 131.

quid de ejus substantia, ut credi potest, monasterio suo conferri cupientes, rege adito, tollendi et apud se humandi cadaver illius licentiam quæsierunt. Quibus rex affectum suum circa eum hoc modo insinuans, " Mea," inquit, " erit ejus substantia, vestrum sit ejus cadaver, dæmonum inferni anima ipsius." Ecce dolenda retributio, ecce tam sui quam substantiæ suæ miserabilis facta distributio! Datur hinc quarumlibet potestatum officialibus sibi præcavendi materia, dum hunc de quo sermo est attenderint ex malignitatis suæ operibus, a rege cui placere studuit, nihil gratiarum aut boni affectus consecutum esse, sed et cœlestis Regis offensam incurrisse. His igitur, quæ per digressionem diximus, eo quod ad rem minus spectare videntur, omissis, ad ea quæ de viro venerabili abbate Waltero restant dicenda redeamus. Sed quoniam ecclesia sancti Martini de Bello, sicut et quamplures per Angliam ecclesiæ hostilitatis tempore sub rege Stephano, suo jure multipliciter est spoliata, quod redeunte postmodum pace sub magnifico rege Henrico secundo, per ejusdem abbatis industriam est consecuta, necesse est in singulis rebus breviter summatimque justam inprimis possessionem, injustamque postmodum spoliationem frequenter ad præterita tempora recurrendo insinuare, ut in restitutionis executione possit res plenius elucescere.

Superiori digestum est narratione,[1] Willelmum regem incliti regis Willelmi Angliæ conquisitoris, et ecclesiæ de Bello fundatoris filium, dedicationi ejusdem ecclesiæ interfuisse, eique in dotem quasdam ecclesias in fundo dominii sui in Northfolkia, Suthfolkia, et Essexia sitas concessisse, ita quidem ut personis decedentibus quæ prius institutæ erant, de cætero tam personatus earum, quam et fructus ex eis provenientes, ecclesiæ de Bello perpetualiter cederent. Quarum personæ cum usque ad hostilitatis quæ erat sub rege Stephano tempora, ex plu-

---

[1] See p. 41.

rima parte superstites fuissent, quidam, quibus territoria in quibus eædem ecclesiæ sitæ videntur, postea quam effectæ sunt dotales a regibus, concessa sunt, jus patronatus in ipsis ecclesiis quærebant. Agentes itaque plus pro voluntate quam pro ratione, quos voluerunt institui fecerunt, ecclesia sancti Martini de Bello penitus destituta. Exempli igitur gratia.

Sub hac hostilitatis tempestate erat quidam Robertus de Crevequeor, vir quidem secundum idem tempus præpotens et magni nominis, qui quoddam regis prædium Middehale[1] scilicet, ex regis Stephani largitione possidebat. Cujus territorii ecclesia una erat ex dotalibus ecclesiis a rege Willelmo secundo in dedicatione ecclesiæ sancti Martini de Bello concessis. Decedente vero ipsius ecclesiæ de Middehale persona, jamdictus Robertus jus patronatus in ea vendicans, de rapina Deo victimas offerens, eam canonicis de Ledes[2] concessit et confirmavit. Quo cognito, vir venerabilis abbas Walterus, nunc præfatum Robertum super injusta invasione, nunc canonicos super violenta intrusione, et restitutione facienda convenit, nec impetravit. Quæritur hinc justitia regalis, inde ecclesiastica, sed habundante iniquitate ad tempus non invenitur. Rege Stephano decedente, et pacifico rege Henrico secundo succedente, hostilitas expellitur, pax jampridem expulsa revocatur. Abbas ergo tempus oportunum nactus, quippe cum justitiam paulatim vigore resumpto reflorere videret, causam suam nunc in curia regali, nunc in ecclesiastica, ventilandam exponit. Canonici vero patrono suo Roberto scilicet jam destituti, nil sibi prosperum in hac parte sperantes, pro viribus tamen restiterunt. Sed cum jam nullum esset diffugium, ad sedem apostolicam utrinque est appellatum. Præsidebat tunc temporis Romanæ ecclesiæ papa Adrianus, ad cujus audientiam causa ventilanda dirigitur. Ventilata igitur jam aliquandiu causa in curia Romana, tandem definito consilio, nuntii qui ob in

Proceedings in claim of the church of Middehale.

Granted to the Canons of Leeds unjustly by Robert Crevequeor.

---

[1] In Suffolk. See p. 41.
[2] Founded by Robert de Crepito Corde (Crevequeor) in 1119.

illuc missi fuerant in Angliam remittuntur, duobusque Angliæ episcopis, Ricardo scilicet Londoniensi, et Jocelino Saresberiensi, causa eadem audienda et terminanda auctoritate apostolica committitur. Licet enim domino papæ de jure ecclesiæ sancti Martini de Bello, quinetiam toti curiæ Romanæ satis constiterit, tum ex clerici cujusdam Alexandri nomine qui vices ejusdem ecclesiæ tunc ibidem exequebatur viva assertione, tum ex domini Cantuariensis archiepiscopi Theobaldi, et quarundam aliarum personarum testimonio, quæ propriis oculis visa, auribus audita, manibus contrectata, scripto notaverant, et sigillis suis munita ad eandem curiam transmiserant, noluit tamen dominus papa diffinitivam promulgare sententiam, quinimmo causam ipsam jam dictis episcopis commisit diffiniendam. Rediens in Angliam præfatus clericus Alexander, mandati apostolici bajulus, episcopis illud præsentavit, et ut pars adversa citaretur obtinuit. Quotiens igitur canonici actum subterfugerint, quotiens dissimulaverint, quotiens mandatum apostolicum plus arte quam veritate deluserint, quotiens re minus efficaciter procedente iterata conquestio nunc ad regias cis mare, nunc ad apostolicas trans mare delata sit aures, non est qui facile possit explicare. Post multiplices tandem fatigationes, præscriptis judicibus, tum apostolica tum regia auctoritate, præcipitur, ut omni occasione remota, partibus convocatis, res audita et decisa justo et debito fine terminetur.

Igitur dies peremptorius præfigitur partibus apud villam quæ dicitur Stanes, ut illic veritate rei diligentius ac plenius inquisita justitiæ plenitudo hinc inde exhibeatur. Die et loco determinato adest vir venerabilis Jocelinus episcopus Saresberiensis, assunt et quidam ex clericis viri venerabilis Ricardi episcopi Londoniensis, tunc ne illic interesset corporis invalitudine detenti, assunt inquam domino Saresberiensi in judicio assessuri, commissasque sibi vices domini sui executuri.

Abbate ad diem et locum non in propria persona, sed per procuratorem sufficientem apparente, pars adversa de minimo immo de nullo jure suo plurimum diffisa, nec per se nec per responsalem comparuit. Judicibus manifestam partis adversæ contumaciam attendentibus, jam nulla poterat intercedere dilatio, quin mox in causa procederent, de jure abbatis et monasterii de Bello certissimi. Data ergo sententia auctoritate apostolica, sequestrata est jam-dicta ecclesia de Middehale, et abbati causa rei servandæ commissa, data quidem conditione, ut si canonici super eadem causa infra annum ducerent litigandum, abbas præfatam ecclesiam resignaret in manus judicum. Canonici autem justa se judicii ratione ab injusta possessione videntes esse amotos, ad tempus quieverunt a lite, domino scilicet rege Henrico et abbate Waltero superstitibus. Susceptis judicum litteris patentibus ad Norwicensem episcopum de inducendo abbate in possessionem ecclesiæ de Middehale causa rei servandæ, abbas mox possessione suscepta, ecclesiam cuidam clerico, Roberto Philosopho nomine, cujus labore et industria res ex plurima parte ad hunc finem perducta est, de ecclesia sancti Martini de Bello sub certa pensione tenendam concessit. Quam idem Robertus quoad vixit pacifice possedit, nec erat de cætero qui eum super eadem in causam traheret.

Sentence given in favour of the Abbey.

His ita licet cum labore et difficultate consummatis, abbas ad cætera injuste alienata pro viribus revocanda animosior redditur et promtior. Igitur ecclesiam de Trilawe quæ una esse dinoscitur ex his quas in dotem ecclesiæ sancti Martini de Bello a rege Willelmo secundo concessas memoravimus, quidam Rogerus presbyter sub certa pensione ecclesiæ de Bello annuatim solvenda retroactis temporibus tenuerat. Qui cum postmodum, fidei et religionis oblitus, a debitæ pensionis cessaret solutione, ipsamque ecclesiam a jure ecclesiæ sancti Martini de Bello niteretur abalienare, ubi res ad abbatis et conventus de Bello qui tunc temporis erant pervenit notitiam, eum super hoc instantius traxerunt in causam. Tandem convictus cum se resistendi impotem, jamque ecclesiastica censura ab ipsius ecclesiæ possessione cognosceret expel-

The Abbot proceeds in substantiating his right to a pension from the parsonage of Trilawe.

lendum, Bellum adiit, super transgressione veniam petiit, se nil tale de cætero attempturum sacramento in capitulo monachorum coram omnibus præstito promisit, se etiam in plena synodo provinciæ suæ asserens omnibus palam facturum, neminem in ecclesia de Trilawe præter abbatem et monachos de Bello jus aliquod habere, ad nullius nisi ad eorum præsentationem quempiam illic institui debere. Hac conditione veniam optinuit, et ex abbatis et conventus gratia in eadem ecclesia ministrans, et debitam pensionem integre persolvens, quoad vixit ut datur intelligi, fidelis permansit.

<small>Usurped by Haymo, lord of the manor.</small> Post cujus decessum, cum jam regnante rege pacifico Henrico secundo, vir venerabilis abbas Walterus ecclesiæ sancti Martini de Bello præesset, miles quidam Haymo Peccatum dictus, fundi dominus, jus patronatus in ipsa ecclesia de Trilawe vendicans, eam cuidam clerico, Willelmo scilicet de Orbec, abbate et conventu de Bello inconsultis concessit. Sed cum jam omnibus constaret omne jus ipsius ecclesiæ ad abbatem et monachos de Bello pertinere, sciens idem miles præfatum clericum ad præsentationem suam extra conscientiam abbatis et monachorum per episcopum non facile instituendum, a domino rege litteras quasdam ad episcopum Norwicensem subdole impetravit, ut antefatum clericum ad ipsius tanquam domini fundi præsentationem institueret. Quod et factum est. Sciens vero clericus se minus canonice institutum, et in futurum præcavens, abbatem de Bello Walterum adiit, multisque precibus et obsequiorum promissionibus agere cœpit, quo per eum in eadem ecclesia confirmaretur, nec tamen optinuit. Abbas itaque non jam æquanimiter sustinens commissam sibi ecclesiam jure suo aliquatenus privari, nunc a regia, nunc ab ecclesiastica curia justitiæ plenitudinem sibi petiit exhiberi, hinc super militis violentia conquerens, inde super clerici intrusione. Aliquanto tempore per dissimulationes et subterfugia partis adversæ frustra consumpto, cernens abbas causæ suæ dispendium generari, litteras ad virum venerabilem Gileber-

tum episcopum Lundoniensem, a sede apostolica per præfatum Robertum Philosophum[1] impetravit, ut si judici super clerici in ecclesiam intrusione constaret, eum omni occasione remota amoveret, ipsamque ecclesiam abbati et monachis de Bello auctoritate apostolica restitueret. Citatus clericus semel et iterum, nec comparens, ad diem tandem peremptorium apud sanctum Paulum Lundoniis, venire compellitur. Conveniunt partes et litem ineunt, episcopo illic præsidente judice. Agit abbas, veritatis, rationis, et cartarum fultus testimonio; renititur clericus pro viribus, ecclesiæ licet minus canonice adquisitæ nolens sponte renuntiare. Demum judicis arbitrio relinquitur diffinitiva sententia. Qui cum assessoribus suis de omnibus conferens, habito cum eis consilio, ratione sic exigente, clericum tanquam intrusum ab ipsa ecclesia de Trilawe auctoritate apostolica omnino amovit, eandemque abbati et ecclesiæ sancti Martini de Bello restituit. Addidit autem abbas hanc eandem ecclesiam de Trilawe præfato Roberto Philosopho concedere, quam idem Robertus dum vixit sub certa pensione ecclesiæ sancti Martini de Bello annuatim solvenda possedit pacifice.

The parties appear in St. Paul's before the Bishop.

Sentence in favour of the Abbot.

Post aliquantum tempus cum huic vitæ finem fecisset idem Robertus Philosophus, abbas ipsam ecclesiam de Trilawe cuidam clerico Thomæ nomine de se et commissa sibi ecclesia de Bello pensionaliter tenendam concessit. Verum præfatus clericus Willelmus de Orbec, prius quam Thomas clericus in corporalem mitteretur possessionem, prædicti Haymonis Peccati fultus patrocinio, memoratam ecclesiam non timuit iterato illicite occupare. Quo cognito, abbas non jam clericum qui auctoritate apostolica jampridem inde omnino amotus fuerat, sed militem scilicet Haymonem Peccatum qui jus patronatus vendicabat, in causam trahendum esse decrevit. Igitur in audientia magnatorum qui in curia regia vices domini regis exeque-

The claim again disturbed.

---

[1] This is a remarkable name. According to Alteserra, the ancient term for a monk was *philosophus*. Orig. Monast. p. 587, ed. Glück.

bantur, super hujusmodi fatigationibus conquerens, ipsum Haymonem accusat ut illatæ violentiæ auctorem. Regia ergo auctoritate dies præfigitur, quo pariter apud Lundonias abbas et idem Haymo conveniant, hic conquestionem suam prosecuturus, ille responsurus. Die et loco determinato adest abbas cum suis, nec adest Haymo, sed excusatorem mittens, se ne illic interesset finxit corporis invalitudine detineri. Hi vero qui curiæ regiæ præerant, super abbatis inani fatigatione, et adversæ partis subterfugio, indigne ferentes, omne jus ecclesiæ de Trilawe in manus domini regis judicaverunt sequestrandum. De cætero alium diem peremptorium apud Northamtonam præfigi decreverunt, ut præfatus Haymo eo veniens, quid juris in ipsa ecclesia sibi vendicaverit publice manifestaret. Abbas vero cum se ad diem et locum denominatum veniendo fatigare aut nollet aut non posset, unum ex monachis suis Osmundum nomine sufficienter in ipso negotio instructum cum testimonio cartarum vices suas executurum illuc direxit. Haymo etiam Peccatum præsentiam suam illic minime exhibens, filium suum Gaufridum Peccatum illuc transmisit, patrem de absentia excusaturum, et de cætero vices ejus illic executurum. Convenientibus hinc inde partibus, monachoque jus ecclesiæ suæ tum viva voce, tum cartarum quæ illic recitabantur testimonio in audientia præsidentium exponente, et de illata injuria conquerente, cum jam ab adversa parte aliquid in contrarium putaretur obiciendum, repente prænominatus Gaufridus, pro patre suo et se, qui heres ejus videbatur, liti et juri quod in sæpedicta ecclesia de Trilawe hactenus vendicaverant omnino renuntiavit, asserens se contra hujusmodi cartarum testimonia nil in posterum præsumpturum, quippe cum rex qui ecclesiæ sancti Martini de Bello jam dictam contulit ecclesiam, posset si voluisset nullo resistente contulisse et fundum. His contra spem auditis, totum jus ecclesiæ de Trilawe monasterio sancti Martini de Bello adjudicatur, sicque omnis controversia quiescens sopitur. Detinebat tamen adhuc ipsam ecclesiam minus canonice eam adeptus ut jam dictum est, Willelmus de Orbec, cujus se tanquam personam gerens, quoslibet ex ea provenientes fructus percipiebat Adversus quem restabat agendum, ut de cætero totius querelæ tolleretur occasio. Sed jam eorum quos antea protectores habere videbatur patrocinio destitutus, tanto erat discrimini vicinior, quanto a ratione remotior. Ex sola itaque institutione sua per episcopum facta partem suam tueri nitebatur, sed frustra, quippe cum constaret omnibus eam minus esse canonicam. Arctatus ergo plurimum, cernens se hinc gratia possidendi, illinc ratione resistendi destitutum, nec ultra inveniens diffugium, toti juri quod in ipsa ecclesia videbatur habere cogitur renuntiare. Veniens igitur in præsentiam domini Norwicensis episcopi, ecclesiam cum omni jure suo in manus ejus resignavit, sicque eo destituto, episcopus præfatum Thomam clericum ad præsentationem abbatis et conventus sancti Martini de Bello instituit. Possedit eam de cætero idem Thomas clericus pacifice sub annua pensione, undique quiescente qualibet adversariorum inquietatione.

William de Orbec resigns the church.

A primis dedicationis monasterii sancti Martini de Bello temporibus, usque ad viri venerabilis Walterii fere novissima tempora, ex ecclesiis dotalibus eidem monasterio in ejus dedicatione a rege Willelmo secundo assignatis, pauci et rari provenere fructus. In earum siquidem assignatione tam regis ejusdem et episcoporum, quam et aliarum personarum quæ simul dedicationi intererant actum est consilio, ut superstitibus earundem ecclesiarum personis quæ ante monasterii dedicationem, et earum eidem factam assignationem institutæ videbantur, de qualibet earundem novem ecclesiarum pensio decem solidorum monasterio de Bello annuatim solveretur, et personis decedentibus, de cætero tam ecclesiarum quam et fructuum ex eis pervenientium, abbati et monachis de Bello dispositio libera relinqueretur. Prudenti etiam actum est discretione, ut abbati singulis annis semel partes illas in quibus ipsæ ecclesiæ sitæ videntur visitationis gratia adeunti, in

Turns his attention towards improving the pensions arising from certain churches;

singularum ecclesiarum possessionibus ab earum personis, duarum noctium hospitia præter jamdictas pensiones[1] officiosissime præpararentur, ne si in omni visitationis ipsius itinere abbas sibi et suis ex propriis omnino provideret, plus fortassis in expensis quam in fructibus ab ecclesiis provenientibus esse videretur. Igitur personis jamdictis diu superstitibus, cum nil ultra decem solidos, abbas et monachi de Bello de singulis ecclesiis per plurimum tempus perciperent, pensiones ipsas eo quod omnes ex denario numero constarent, decimas appellaverunt. Nemo itaque de nomine decimarum æstimet contendendum, tanquam aliquæ portiones decimarum in præfatis ecclesiis, et non magis ipsæ ecclesiæ monasterio de Bello sint assignatæ; cum satis constet ex regis Willelmi secundi qui dedicationi interfuit, et fratris ejus ac successoris regis Henrici confirmationibus, ipsas ecclesias cum decimis et fructibus ex eis provenientibus, monasterio sancti Martini de Bello integre esse concessas.

Given in trust to Robert de Bellafago, Archdeacon of Norwich, for certain payments.

De his igitur novem ecclesiis dotalibus, personis earum adhuc superstitibus, plus abbati et monachis de Bello provenit laboris quam utilitatis. Quia enim in remotis partibus sitæ, non nisi cum difficultate frequenter adiri poterant, abbate et monachis pro negotiorum diversitate alia procurantibus, et ab earum frequenti visitatione cessantibus, debitæ pensionis nunc ægre, nunc nullatenus solvebantur. Quo cognito, bonæ memoriæ abbas Radulfus, conventus sui usus consilio, omnium simul ecclesiarum curam cuidam Ricardo de Bellafago Norwicensi archidiacono commisit, sumpto ab eo sacramento apud Bellum, in capitulo monachorum, in omnium præsentia, quod debitas pensiones annuatim integre solveret, et in conservatione juris eorum se ubique omnino fidelem exhiberet. Sed ut postmodum contigit experiri, et sacramenti neglecta est religio, et multiplex exinde rerum facta est perplexio. Ipso namque Ricardo de Bellafago post aliquantum tempus ad

[1] See note, p. 69.

episcopatum promoto,[1] quidam ipsius filius Alanus de Bellafago, ecclesiam de Brantham, quæ una est ex dotalibus ecclesiis, occupavit. Præsumpsit hoc sola patris sui minus canonica auctoritate, qui sacramenti et religionis oblitus, eandem sibi paulo ante in possessionem redegerat, seque ejus tanquam personam gerebat. Cui temerarie filius ejus succedens, hereditate videbatur possidere sanctuarium Dei. Succedente post modicum, abbati Radulfo jam defuncto, abbate Warnerio, defuncto etiam rege Henrico primo, cum rex Stephanus se regni successorem ingereret, pace temporibus suis a regno exclusa, direptioni patebant omnia. Summæ tunc temporis videbatur esse prudentiæ, cum quis rebus suis jam direptis, siqua forte post direptionem supererant, ne et ipsa diriperentur poterat conservare, quia jam direpta revocare omnino erat impossibile. Percipiebat, hac hostilitatis tempestate, fructus et beneficia ecclesiæ de Brantham Alanus de Bellafago, se ipsius tanquam personam gerens, et licet frequenter commonitus, ad satisfaciendum minime consensit. Quoniam igitur nulla erat virtus cogendi, dilata est pro necessitate temporis omnis adversus eum actio, si forte succedentia tempora expulsa hostilitate aliquid pacis secum deferrent atque justitiæ.

Renuntiavit sponte, sub hac patriæ turbatione, regimini abbatiæ de Bello abbas Warnerius, cui post modicum successit vir venerabilis abbas Walterius. Defuncto interea rege Stephano, et rege Henrico secundo substituto, cum jam in regno pax aliquatenus esset reformata, abbas Walterius commissæ sibi ecclesiæ cœpit sollicitius curam agere.

Abbot Walter visits these churches.

---

[1] He is called by Godwin "Gulielmus Galsagus" (p. 426), though the Lambeth MS., quoted in the notes of Richardson's edition, gives him the right name de Belfago; in English, Bewfewe. In Wharton also (Ang. Sac. i. 406), his Christian name is written William, on the authority of a Chartulary belonging to Binham Priory. He was the King's chaplain; appointed to the diocese of Thetford in 1085; consecrated the year following by Lanfranc; and died in 1091. In Spelman's Glossary he is placed in the list of the Chancellors (with the name of Wilson or Velson) under the year 1084; p. 109.

Post aliquantum vero institutionis suæ tempus, pro consuetudine eorum, qui novas suscipiunt administrationes, prædia et possessiones in diversis et remotis partibus positas, gratia visitationis aditurus, presbyteris et clericis dotalium ecclesiarum quas in Essexia, Northfolkia, et Suthfolkia sitas memoravimus dedit in mandatis, ut sibi suisque, pro debita consuetudine, duarum præpararent in ecclesiarum possessionibus hospitia noctium.

Alanus de Bellafago refuses the Abbots entertainment, and gives further offence

Perveniens usque Brantham nuntii bajulus, Alano de Bellafago mandatum abbatis porrexit, sed ille ad eum nec ut dominum nec ut hospitem suscipiendum ullatenus consensit, se nullo hujusmodi circa eum asserens obligari debito. Distulit abbas ad tempus tantæ injuriæ tantique contemptus ultionem quærere, si forte idem Alanus in se rediens vellet resipiscere. Cernens Alanus se rem tam præsumptuosam impune transisse, nec sic contentus, malo pejus studuit adjicere. Abbate namque partes illas, in quibus memoratæ dotales ecclesiæ sitæ videntur, iterato adeunte, contigit eum in festivitate transitus beati Martini usque Mendlesham, cujus territorii ecclesia una est ex dotalibus pervenire, et in ecclesiæ possessione prout decebat a persona ejusdem ecclesiæ antiquitus instituta Withgaro nomine susceptum, solennitatem patroni sui ibidem celebrem agere. Volens idem Withgarus suis post se providere, abbatem convenit, ut quendam filium ejus Nicholaum nomine in ipsam ecclesiam de Mendlesham admittendum consentiret, ipsius abbatis præsentatione per episcopum instituendum. Consensit tandem abbas ad petentis instantiam, mediante tamen conditione, ut scilicet idem Withgarus qui eatenus nomine ejusdem ecclesiæ decem tantum solidos annuatim solverat, de cætero solveret xl^s.[1] Facto utrinque consensu, dies eo statuitur quo consensus firmius roboraretur. Adest die determinato abbas cum suis apud Colecestriam, adest et cum filio suo Nicholao

---

[1] This seems a large increase. But about this time the Abbots began to oppress the inferior clergy, and exact from them larger pensions. See some very curious researches on this subject in [Wharton's] Defence of Pluralities, p. 106.

Withgarus. Firmatur tam a patre quam et filio, fidei et sacramenti interpositione, de solvenda pensione xl. solidorum præmemorata conventio, præsentibus illic cum abbate monachis suis, militibus etiam, clericis et laicis quampluribus audientibus. Statuitur postmodum ab abbate dies alius, quo pariter Withgarus et filius ejus Nicholaus apud Bellum conveniant, conventus consensum cum carta confirmationis suscepturi. Assunt pariter apud Bellum die condicto, scilicet in Purificatione beatæ Mariæ, ubi in abbatis et totius conventus præsentia prædictus Nicholaus fidem et sacramentum iterato præstitit de xl^a. solidorum annuatim solvenda pensione, et fidei non fictæ circa abbatem et monasterium sancti Martini de Bello fideli conservatione. Fit ad ista conventus communis assensus, data sibi carta confirmationis.

Cum igitur per aliquantum tempus prænominatæ pensionis scilicet xl. solidorum facta esset integra solutio, prædictus Alanus de Bellafago Withgarum et filium ejus Nicholaum callide circumveniens tandem persuasit, ut fidei sacramentique religione postposita, a jamdictæ pensionis xl^a. solidorum solutione cessarent. Ecclesiam siquidem de Mendlesham sui juris esse asserens, irritam esse causabatur extra eum factam pensionis augmentationem. Ad hujus assertionis suæ munitionem, cartas quasdam Warnerii abbatis nomine prænotatas, quæ quidem surreptitiæ et falsitatis notam habere diligenter intuentibus videbantur proponebat, quarum auctoritate ecclesiam de Mendlesham, ecclesiam de Brantham, sed et ecclesiam de Branford, quæ et ipsa una est ex dotalibus, tanquam ex abbatis Warnerii donatione, sui juris esse ausus est constanter affirmare. Cujus persuasioni fidem accommodantes Withgarus et filius ejus Nicholaus consenserunt, et a solutione pensionis xl^a. solidorum cessantes, se ecclesiam de Mendlesham non nomine monasterii sancti Martini de Bello, sed nomine Alani de Bellafago tenere asseruerunt. *by claiming these churches and absolving Withgar from his compact with the Abbot.*

Quibus cognitis abbas iterato provinciam adiens, utrique dedit in mandatis, ut secum habituri colloquium sibi apud *The claim argued at St. Edmund's.*

sanctum Ædmundum occurrerent. Assunt itaque secum venientis Alani de Bellafago armati advocatione. Conveniente abbate utrumque super conventionis inter eos habitæ transgressionem, super fidei et sacramenti prævaricatione, Alanus medium se opponens, ecclesiam de Mendlesham sui juris esse, et Withgarum nomine vicariæ eam de se tenere, nec conventionem de augenda pensione extra eum factam alicujus momenti esse debere proclamavit. Acclamantibus in hæc Withgaro et filio ejus Nicholao, abbas utrumque seorsum eos a tanti sceleris temeraria præsumptione studuit revocare, nec tamen optinuit. In sua namque pertinacia nihilominus perdurantes, Alanum omnia tanquam ex eorum ore locutum esse palam clamitabant. Incurrerunt igitur ambo infidelitatis et perjurii notam, filiusque ipsius Withgari Nicholaus ab omnibus ut proditor arguebatur, quem constabat super fide circa abbatem cui jam in faciem resistebat integre conservanda, nuper sacramentum præstitisse. Licet tanti criminis notam incurrentes, infamiæ multipliciter subjacere viderentur, nullatenus tamen a malignitate concepta resipiscere voluerunt, Alano in eorum defensione pertinaciter persistente. Dicebat enim Withgarus Alanum omnia quasi suo ore proferre, Nicholaus vero se nullatenus a patris sui affirmabat consilio recedere.

The Abbot applies to the King. Videns abbas eos in rebellionis tantæ obstinacia perdurare, noluit cum eis in nihil utile contendere, commodum judicans tempus opportunius expectare. Domino itaque rege in transmarinis tunc temporis agente, cum eum abbas in propria persona non posset adire, aliquos ex suis cum litterarum suarum testimonio ad eum transmisit, qui ei viva voce rei gestæ ordinem panderent, suumque super hoc consilium et auxilium quærerent. Occupavit interea, Withgaro defuncto, Alanus de Bellafago ecclesiam de Mendlesham tanquam vacantem, eamque abbate et conventu de Bello inconsultis ibi redegit in possessionem, Nicholao perjuro Withgari filio penitus eliminato. Quo cognito abbas domino Norwicensi episcopo ecclesiam de

Mendlesham sui juris esse, tum litteris, tum viva loquentis nuntii voce studuit signare, prudenti procurans instantia, ne sæpedictus Alanus seu quis alius extra consensum suum in eandem ecclesiam admitteretur per episcopum instituendus. Utebatur ergo Alanus institutione propria, nec ad renuntiandum injustæ possessioni aliquatenus consensit.

Redeunt interea de transmarinis nuntii abbatis, præceptum regium ad regni justicias deferentes, quo super ecclesia de Mendlesham abbati de Bello justitiæ plenitudo exhibeatur. Dies locusque apud Wintoniam regia auctoritate abbati et Alano statuitur, ut ad unius actionem, alteriusque objectionem, veritatis plenior fieret inquisitio. Actum est hoc auctoritate regia, ad nullius tamen ecclesiastici juris dignitatisve detrimentum, quippe cum hoc solum curia regia duceret inquirendum, cujus præsentatione idem Alanus in ecclesiam de Mendlesham in fundo regio sitam, a prædecessoribus ipsius domini regis, et se monasterio de Bello concessam et confirmatam, fuerit institutus. Constabat enim eum nullius nisi aut domini regis, tanquam domini fundi, aut monachorum de Bello, quibus ipsa ecclesia regia largitione assignata esse dinoscitur, institui debere præsentatione. Adest die et loco determinato superstes adhuc, cujus superius facta est mentio, Robertus Philosophus vices abbatis illic adversus Alanum ibidem tunc etiam præsentem executurus. Quo in præsentia justiciarum jus monasterii sancti Martini de Bello exponente, et super Alani invasionem conquerente, Alanus renitens, cartas quas abbatis Warnerii nomine prænotatas memoravimus prætendit, seque ex ipsius abbatis dum adhuc viveret consensu illic admissum esse asseruit. Licet igitur diligenter intuentibus palam esset cartas ipsas notam falsitatis habere, erat tamen omnium qui aderant unanime consilium et persuasio, ut hinc inde potius ducerent componendum quam litigandum. Consilio et voluntati persuadentium pars utraque consentit, sicque ab arbitris datur hujusmodi

The case is heard before the judges.

forma compositionis, quatinus scilicet Alanus toti juri quod in ecclesia de Mendlesham se habere fatebatur sponte renuntians, cartas memoratas quibus partem suam tueri nitebatur in manus abbatis resignaret. Cujus sic gratiam adeptus, solam ecclesiam de Brantham quam, ut prædiximus, minus canonice assecutus est, ex qua pensio x. solidorum pro antiqua consuetudine solvebatur, sub annua pensione unius aurei monasterio sancti Martini de Bello solvenda, nomine ipsius monasterii quoad viveret teneret, et sic lis omnis et controversia conquiesceret.

A composition agreed on.

Omnibus hanc compositionis formam probantibus, partibusque hinc inde consentientibus, dies locusque apud Cantuariam statuitur, quo coram justiciis abbas in persona propria, et Alanus confirmandæ compositionis formatæ gratia conveniant. Abbate die et loco denominato coram justiciis apparente, Alanus nec comparens nec excusatorem dirigens, omnium judicio misericordiæ regis addicitur, postmodum vero dies locusque apud Londonias conveniendi, remque confirmandi utrique parti iterato præfigitur. Assunt denique hinc inde ad diem et locum, ubi totius rei serie et compositionis forma in justiciarum domini regis et aliorum quamplurium audientia plenius exposita, Alanus cartas memoratas in manus abbatis resignavit, sicque cartam abbatis de sola ecclesia de Brantham nomine monasterii de Bello tenenda sub pensione unius aurei annuatim solvenda suscepit.

The quarrel renewed;

His ita gestis, cum hinc inde sopita esse putaretur omnis controversia, repente idem Alanus tanquam litem novam initurus, super ecclesiam de Branford[1] quam sui juris esse asseruit, velato tamen sermone agere cœpit, sic, ni fallor, cupiens experiri, si quem forte in eam aditum posset invenire. Sed neminem in hac parte fautorem inveniens, tantam totius curiæ regiæ adversum se excitavit indignationem, ut jam omnium videretur esse sententia, in nullo tenendam esse paulo ante factam compositionem, sed restitutis ei memoratis cartis suis, ab initio totius causæ repetendum, et in ea non jam

---

[1] In Suffolk.

pace et concordia, sed lite et judicio procedendum. Arctatus igitur plurimum, quippe cum rem sibi pro voto minime cessisse conspiceret, abbatem per Ricardum Pictaviensem archidiaconum[1] adiit, toti se juri quod in quibuslibet ecclesiis monasterio de Bello dotaliter assignatis fatebatur habere pollicens omnino renuntiaturum, si quendam fratrem ejus Rogerum de Bellafago nomine in solam ecclesiam de Brantham consentiret instituendum, sub eadem pensione qua paulo ante inter abbatem et ipsum compositum est, nomine sæpefati monasterii de Bello, quoad viveret tenendam. Porro abbas suorum usus consilio, petitioni Alani decrevit in hac parte satisfaciendum, tempus ut putabatur oportunum nactus, quo ipse Alanus ab omnibus quæ sunt monasterii sancti Martini de Bello omnino redderetur alienus. Consensit igitur prudenter tamen, non quasi ad hoc omnino voluntate ductus, sed tanquam id intervenientis archidiaconi dilectioni præstiturus. In omnium itaque tam justiciarum scilicet domini regis, quam et baronum et aliorum quamplurium qui scaccario intererant præsentia et audientia, Alanus publice procedens, ecclesiæ de Brantham, ecclesiæ de Mendlesham, ecclesiæ de Branford, cæterisque omnibus ecclesiis dotalibus in perpetuum renuntiavit, sicque abbas solam ecclesiam de Brantham Rogero de Bellafago sub pensione unius aurei monasterio de Bello annuatim solvenda tenendam concessit. Sed ne extra consensum conventus sui aliquid in hac parte facere videretur, diem statuit quo idem Rogerus Bellum veniens eandem ecclesiam cum carta confirmationis ex consensu conventus susciperet, præstitoque sacramento de fidelitate servanda et pensione integre solvenda, postmodum ad episcopum[2] Norwicensem mitteretur, ad præsentationem abbatis et conventus instituendus. Omnibus vero ut res ipsa exigebat rite peractis, cum jam omnia

composed again.

[1] Afterwards created Bishop of Winchester in the year 1173. He was a friend of the Abbot's, and whilst Archdeacon of Poitou was excommunicated by St. Thomas of Canterbury. Several letters addressed to him by John of Salisbury are found also in the Quadrilogus of Lupus.

[2] Wm. Turbus, formerly Prior of Norwich.

pacifico fine conclusa putarentur, repente idem Rogerus huic vitæ finem faciens, ipsam ecclesiam vacantem reliquit. Sed præfatus Alanus de Bellafago defuncti Rogeri frater, eam diu vacare non permittens, abbate et conventu de Bello inconsultis illicite occupare præsumpsit. Quod abbas audiens, nec æquanimiter accipiens, in curia domini regis super hujusmodi invasione iterato conqueri statuit. Sed Alanus hoc cognito plurimum veritus, per quosdam magni nominis viros abbatem adiit, sibique indulgeri et parci suppliciter postulavit. Magnis viris illis diligenti cum instantia pro eo intervenientibus et dignam de præsumptione satisfactionem promittentibus abbas victus eorum precibus importunis, ad tempus conqueri distulit, volens intervenientium petitionibus aliquatenus satisfacere, et Alani promissam satisfactionem certius probare. Verum jam imminente vocationis suæ tempore quo vitæ præsenti tenebatur renuntiare, nullatenus in hoc negotio ultra processit, unde et Alanus in nullo satisfaciens, ipsam ecclesiam de Brantham abbate defuncto per aliquot annos propria fretus auctoritate cum fructibus ex ea provenientibus possedit.

Hucusque de laboribus et sollicitudinibus viri venerabilis abbatis Walterii, quibus tam ecclesias quam et terras injuste alienatas studuit revocare, sufficiat summatim pauca dixisse, quippe cum omnia ut erant plenius exprimere, magni videretur operis et laboris esse. Decet tamen hoc omnimodis breviter inserere, quod nisi in ecclesiarum dotalium virilius prudentiusque institisset revocationem, profecto jus omne monasterii sancti Martini de Bello quod in ipsis ab antiquo habebat, absque spe recuperationis penitus deperisset. Milites namque qui largitione regum qui Willelmo regi secundo in regnum successerant, villas et maneria in quorum territoriis ipsæ ecclesiæ sitæ videntur sunt adepti, jus sibi patronatus in ipsis ecclesiis vendicantes,[1] villæ cujuslibet caput ecclesiam inibi sitam esse dicebant, sicque eo ipso quo caput

---

[1] See Kennett on Impropriations, p. 17.

totius corporis pars est dignior, amplioris se juris plenitudinem in ecclesiis quam in territoriis, in quibus sitæ sunt, habere affirmabant. Sed abbas se in omnibus pro domo Domini scutum viriliter opponens, singulas de singulorum unguibus magna tamen cum difficultate extorsit, et juri monasterii sancti Martini de Bello restituit. Providit itaque in omnibus honori et utilitati commissæ sibi ecclesiæ, licet a quibusdam modernioribus putetur eum in ipsarum ecclesiarum revocatione prudentius egisse potuisse. Dicitur enim quia si tunc temporis omnimodis institisset, ipsas ecclesias cum fructibus omnibus ex eis provenientibus in usus monasterii sui transferre potuisset, institutis per eum vicariis, qui in ipsis sub annua et honesta mercede ministrarent.[1] Putatur autem tunc temporis id potuisse, quippe cum dominum regem haberet admodum benivolum, per quem et hæc et ampliora a summo pontifice poterat impetrasse,[2] obtentu etiam viri vene-

---

[1] A grievous abuse, which shortly after became general; the effects whereof are felt to this day. Upon this subject and the various disorders to which it gave rise, the reader will find much curious information in Spelman's larger work upon Tithes, p. 153; Ryve's Poor Vicar, p. 10: Kennett on Impropriations, p. 26. As early as the year 1106, Gundulph, Bishop of Rochester, granted leave to the monks of St. Andrew's to appoint vicars in various churches, on condition of the reservation of certain payments in kind to him and his successors. Reg. Roffens., p. 6, MS Nero, D. ii. f. 108.

[2] These possessions always proved a source of great trouble to the monastic orders. Whether managed by an advocate, or by the abbots themselves, in earlier times, or, at a later period, by monks appointed for the purpose, they produced most evil effects, and plunged their owners into the vexations and intricacies of lawsuits, withdrawing them from the cloister to the court. If the estates were managed by advocates, those who should have been the defenders, became too frequently the greatest oppressors of monastic rights, and betrayed those whom they should have defended; if by the abbots or priors, the discipline of the house was relaxed by the absence or secular occupation of its proper head; if by monks, the evil was the same. In some instances they were unfaithful to their trusts; in others, separated from the rest of their brethren whilst prosecuting the rights of their order, or sent to examine the condition of their estates, they too frequently lost their love of a monastic life, or carried back to the cloister the corruption and vices which they had learned in the world. It would not require any very great research to show that these were some of the influ-

rabilis Ricardi de Luci fratris ipsius abbatis, qui secundus a rege summæ tunc temporis in regno justiciæ nomen officiumque tenebat. Egit igitur abbas ut dicitur in hac parte minus circumspecte dum ipsas ecclesias clericis concessit pensionaliter tenendas, portiones comparatione fructuum ex eis habunde provenientium admodicas suscipiens, cum omnia de facili si institisset posset suscepisse. Verumtamen licet hoc moderniori consilio minime usus fuerit, plurimum tamen in ipsarum ecclesiarum revocatione constat eum monasterio suo contulisse, dum jus amissum et pæne irrevocabile viriliter revocare studuit, et jure restituto, cum antea ab aliquibus earum ut prædictum est paucos fructus, ab aliquibus vero propter hostilitatis tempora omnino nullos susciperet, de simul omnibus supra viginti duas marcas argenti singulis annis pensionaliter solvi fecit. Ex his autem pensionibus septem libras ad opera monasterii assignavit, centum scilicet solidos de ecclesia de Eillesham,[1] et quadraginta solidos de ecclesia de Middehale, perpetuo anathemati subiciens omnes, qui eas in alios usus transferrent, aut quavis ex causa auferrent, aut ut transferrentur auferrenturve consilio vel auxilio essent. Egit autem hoc ex voluntate et consensu conventus sui, bonum boni operis successoribus suis relinquens exemplum.

Appoints a moiety of the tithes at Wi, for the Sacristy at Battle.

Usque ad venerabilis hujus viri tempora, medietas decimæ de dominio de Wi, bovariis curiæ ejusdem manerii erat assignata, fuitque hereditas Domini merces mercenarii. Videns abbas hoc omnino non esse canonicum, bubulcis alias, hoc est de terra dominii de Wi, providit, ipsamque medietatem decimæ ipsis eatenus assignatam, sacristariæ monasterii sui de Bello ex consensu conventus sui assignavit, statuens ut ex ipsa decima duo nominatim cerei invenirentur, in choro coram conventu quotiens illic præsens indigeret lumine lucernæ arsuri. Statuit præ-

---

ences most effectual in destroying monasteries and corrupting monastic discipline.   [1] I. e. Aylsham in Suffolk.

terea singulis annis caritatem quandam albi vini conventui fieri, cum singulis guastellis[1] piperatis singulis monachis, exceptis simenellis debitis ex communi cellario appositis, cum duobus etiam ferculis optimis, exceptis ferculis debitis de coquina, ita quidem ut si fieri aliquatenus possit, unum semper de ferculis esse debeat de recenti salmone, et in mensura vini cuilibet fratrum apponenda nil sit minus galone. Hanc caritatem fieri voluit dum in hac vita superfuit in Decollatione beati Johannis Baptistæ;[2] post decessum vero suum, in die anniversario obitus sui. Ne quis vero successorum ejus in posterum hanc ipsius constitutionem imminuere vel eam immutando ei aliquatenus præsumeret contraire, ipse stola assumpta in capitulo fratrum cum candela accensa singulos etiam fratres qui seu sacerdotii seu diaconii fungebantur officio singulas stolas et candelas accensas sumere jussit, sicque etiam subdiaconibus manipulos cum candelis accensis, his vero qui inferioris erant ordinis cum conversis solas candelas accensas habentibus, omnium ore et consensu omnes ipsius institutionis suæ violatores perpetuo et inexorabili subjecit anathemati. *And his own anniversary.*

Hujus venerandæ memoriæ viri temporibus, duo milites in vicinio monasterii sancti Martini de Bello habitantes, scilicet Ingelrannus de Scoteni, et Robertus Bos, eidem monasterio pro sua suorumque salute duas terras de dominio suo sibi invicem contiguas juxta nemus quod dicitur Bodeherste contulerunt, ab omni consuetudine terrenæ servitutis immunes. Eratque militum ipsorum eo laudabilior devotio, quo id eidem monasterio conferendum decreverunt, quod quanto erat vicinius, tanto videbatur commodius. Dicitur autem ab incolis terra illa, quam Ingelrannus de Scoteni contulit, wista Smewini usque in præsens. *Grant of the wista of Sweni.*

Superior edidit narratio abbatem Gausbertum incliti

---

[1] I. q. Wastelles, from the French *Guasteau*. See the Glossary to the 2nd volume of Lobineau, Hist. de Bretagne.

[2] Aug. 29th.

regis Willelmi primi temporibus a quodam milite Osberno scilicet Hugonis filio, xxx^{ta} acras prati apud Bodeham datis ei quinquaginta solidis comparasse. Quia vero idem pratum aliquantulum a monasterio est remotum, expedire visum est, ut alicui fidelium qui in vicinio mansionem haberet, ipsius prati committeretur custodia. Sed quia tutum minime videbatur hanc curam alicui committere qui de monasterii non esset possessione, nec quia pratum illud totum in udo est, locus aliquis patebat, ubi competens mansio ad habitandum in ipsa possessione fieri posset, processu temporis cum milite quodam Roberto scilicet Borne, in vicinio prati ipsius habitante, actum est ut quandam partem terræ prato contiguam de dominio suo Deo et beato Martino in liberam et perpetuam concederet monasterii possessionem. Facta est ergo illic custodi prati mansio competens ad inhabitandum.

Rogatus nihilominus idem Robertus Borne a fratribus, viam a prædicto prato quousque feudum suum versus Bellum extenditur concessit, a patre suo pridem concessam, per quam fœnum et alia necessaria ab eodem prato usque Bellum carris et vehiculis pertraherentur, omnino quidem liberam, et ab omni fratrum heredum ac successorum suorum calumnia perpetuo quietam. Dederunt autem ei fratres tum pro mutua beneficii recompensatione, tum testimonii futuri gratia sex solidos, et caligas ferreas quas quidam proprie ocreas dicunt, auxilium scilicet quo unum ex fratribus suis militiæ ascriberet. Cum vero modicum terræ inter sæpedictum pratum et præfatam mansionem custodiæ ipsius prati adquisitam restaret interjacens, quod agendis fratrum, ut ea scilicet, quæ illuc in usus eorum navigio advehebantur in sicco collocanda reciperentur, videbatur accommodum, vir venerabilis abbas Walterius antedictum Robertum Borne et filium ejus Radulfum tum per se tum per suos conveniens, cum eis egit et obtinuit, ut quemadmodum dictam mansionem, ita et modicum illud terræ quod eidem adjacebat quasi de dominio suo erat, Deo et beato Martino pro sua suorumque salute libere quiete et perpetuo possidendum concederent. Cum igitur ambo consentientes in monasterio beati Martini coram ejus altari ipsum terræ ejusdem jam fecissent heredem, decrevit abbas eam non omnino gratis suscipere, quinimmo tum pro mutua vicissitudine, tum pro testimonio in futurum, patri x. solidos, filio vero aureum unum dari fecit. Quæ de terrulis his licet modicis meminimus, hic iccirco memoriæ committenda inseruimus quia priusquam sic adquisitæ monasterii jungerentur possessionibus, tam fratres quam eorum ministri præter rerum suarum dispendia plurima, multarum molestiarum subjacebant vexationibus. Non enim ad sæpedictum pratum accessum, vel inde recessum nisi per terras non suas habere poterant, terrarum circumjacentium possessoribus eis calumniam inferentibus, nec sibi per terminos suos liberum transitum habere permittentibus. Verum ipsius venerabilis abbatis sollicita procuratione, tum hæ tum aliæ res monasterii perplurimæ, meliorem statum sunt adeptæ.

In diebus ejus commissum sibi monasterium sancti Martini de Bello visitare dignatus est Dominus, cum ad declaranda beati confessoris sui Martini merita, locum ipsum miraculorum choruscare fecit frequentia. Convenit itaque eo tum pœnitentiæ et remissionis peccatorum, tum sanitatis adipiscendæ gratia, sexus utriusque plurima multitudo. Verum cum ex eo venientibus nonnulli repente corruentes in terra volutarentur, et nescio quo occulto Dei judicio miserabiliter cruciarentur, alii ex his qui aderant nec simili pœnæ ac ludibrio subjacebant, divinitatis operibus tanquam non ex Deo fuerint, minus sana mente cœperunt detrahere, nullaque in se pietatis seu compassionis viscera habentes, proximos in angustiis positos quibus ex communi fragilitatis humanæ conditione compati debuerant, insolenter irridere. Provocatus Dominus tum ex his, tum ex quorundam inhabitantium non digna coram se conversatione, indignari cœpit adversus ingratos, gratiamque concessam subtraxit indignis, cuidam fidelium

A vision. St. Martin's deprived of an honour intended it by God.

suorum revelans in visione, propositi quidem sui fuisse locum ipsum coram hominibus clarificare, sed inhabitantium quorundam habundante malitia se a proposito declinasse, gratiamque concessam subtraxisse. Quid igitur ad ista dicendum est? Plangere in his magis decet quam aliquid dicere. Heu, heu, quanta est infelicitas hominum qui divinitatis operibus ingrati existunt, Creatorique suo famulatum debitæ servitutis impendere negligunt! De quibus proculdubio constat, quod sicut multa sunt quæ immeriti a Deo accipiunt, sic innumera sunt quæ ingrati amittunt.

That honour is conferred on St. Nicholas, Exeter. Veruntamen cum sit suavis Dominus, benignus et multæ miserationis, gratiam concessam non omnino abstulit, sed ut voluit transtulit. Transtulit siquidem eam de matre ad filiam, de ecclesia scilicet beati Martini de Bello ad ecclesiam beati Nicholai in civitate Exoniensi sitam, quam ipsius ecclesiæ de Bello constat esse cellam, loci ipsius visitans dejectionem. Nondum enim ecclesia illa a primis fundamentis plenam acceperat consummationem, cum jam secundo ex repentino urbis incendio redacta esset in desolationem. Apparuit igitur illic in miraculorum signis gloria Domini, nec tantum locum ipsum, verumetiam diversas regni partes ad quas seu monachi seu clerici loci ipsius nomine directi prædicationis, gratia pervenerunt, mirifice illustravit. Crebrescentibus miraculis, circumquaque dilatatum est nomen beati Nicholai, cœpitque locus ipse ab utriusque sexus, a diversæ ætatis, religionis et ordinis fidelibus cum tanta beneficiorum comportatione frequentari, ut ex ipsorum beneficiorum copia non solum ecclesia pridem incendio dissipata reædificaretur, verumetiam fratribus illic conversantibus satis honesta ad inhabitandum ædificia pro loci capacitate construerentur. Non usquequaque in his ecclesia sancti Martini de Bello frustrata est, gratia Dei, quia honor filiæ, gloria est matris ejus. O beata loca et tempora, quæ sic Dei visitavit clementia!

Character of Abbot Walter. Multa quidem sunt quæ a viro venerabili abbate Walterio, et per ipsum magnifice gesta cognovimus. Sed ne lectores auditoresve nimia prolixitate videamur onerare, libet de cætero brevitati insistere, et prudenti lectori facile cognoscenda plura paucis explicare. Exequendi pastoralis officii modus ei talis inerat, ut inobedientibus et indisciplinatis rigidum se et severum exhiberet, mansuetis vero et obedientibus placabilem se et benivolum ostenderet. Misericordiam plurimam circa pauperes habens esuriem eorum datis reprimebat alimentis, et nuditatem protegebat indumentis. Leprosorum maxime et elephantiosorum ab hominibus ejectioni compatiens, eos non solum non abhorrebat, verumetiam in persona propria eis frequenter ministrans, eorum manus pedesque abluendo fovebat, et intimo caritatis pietatisque affectu blanda oscula imprimebat. Dignitates libertatesque commissæ sibi ecclesiæ nullatenus passus est imminui, nec res possessionesve ejus negligentia distrahi vel dissipari. Curam possessionum ecclesiæ sic aliis committebat, ut tamen omnium ipse curam gereret. Ecclesiam ipsam quam hostilitatis tempore regendam susceperat, cum omnibus suis ab hostium incursione pro viribus protexit, et quæ direpta fuerant postmodum pacis tempore viriliter revocavit. Primis promotionis suæ temporibus hospitalitati non usquequaque potuit vacare, quippe cum sibi rerum facultas videretur deesse. Sic enim pæne cuncta quæ monasterii erant manus hostilis invaserat, ut modicum illud quod videbatur superesse, ad qualemcumque sustentationem fratrum vix posset sufficere. Pacis postmodum tempore cum jam plurima ex parte licet cum nimiis laboribus et expensis distracta revocasset, domus suæ statum in melius commutans, antiquas debitasque consuetudines restituit, ita quidem ut omni pulsanti aperiretur, hospitalitatis beneficium postulans nemo repulsam pateretur, omnibus pro dignitate seu conditione personarum officium humanitatis exhiberetur. Visitationis gratia ecclesiæ suæ maneria frequenter adiit, non plus aliis credens de rebus sibi commissis quam sibi, et in ipsis ædificia quorumlibet potentum ac nobilium receptui apta construi fecit. Maneriis ipsis in diversis et remotis par-

His care for the estates belonging to the monastery.

tibus positis, cum vicecomites aliique provinciarum potentes eum super libertatibus et dignitatibus suis, tam ab eo, quam ab hominibus ecclesiæ, indebita exigendo vexare niterentur, putantes se sic ab eo tanquam pro redemptione rerum et libertatum suarum munera accepturos, ipse quidem omnium eorum timore nudus, nullius eorum cupiditati satisfacere voluit. Sic quippe de domini regis benivolentia confidebat, per quem de omnibus quæ voluit impetravit, seque vexare volentes potestate vexandi et spe muneris ab eo percipiendi frustratos compescuit. Decore præterea domus Dei delectatus, monasterium suum tot tantisque palliis, casulis, cappis, albis, dalmaticis, tunicis, tapetis, signis, variisque ornamentorum varietatibus adornavit, quot et quantis nemo prædecessorum suorum illud dinoscitur adornasse. Claustrum fratrum a primis ecclesiæ fundamentis minus decenter extructum funditus diruit, aliudque ex tabulatis ac columnis marmoreis opere polito et plano construxit. Quo consummato, lavatorium ex simili materia et opere facere intendens, artifices quidem conduxit, sed morte præventus, cum consummare non posset, substantiam qua consummaretur assignavit.

Enriches the church; builds the cloister anew.

His death; June 22, 1171.

Florente sic in omnibus statu ecclesiæ, cum jam in hoc esse videretur ut ex flore fructus uberior procederet, repente spes omnis absciditur, dum idem vir venerabilis de medio tollitur. Extrema namque sui corporis parte semimortua, cum per plures annos ægritudine continua laborasset, sibi in nullo indulgens, quominus seipsum pro domo sibi commissa in quibuslibet adversis scutum opponeret, tandem cum quoddam monasterii manerium Wi nomine visitandi gratia adisset, cœpit repente solito molestius sentire. Ingravescente per dies infirmitate, satis vicini monasterii de Favresham abbatem Clarenbaldum,[1] virum quidem venerabilem et in partibus suis religiosi nomen habentem evocavit, cum eo de salute animæ suæ conferens, et de excessibus quos in præsenti vita contrax-

[1] One of the delegates appointed to examine the cause of his namesake, the Abbot of S. Augustine's Twysd. 1818.

erat pœnitentiam agens. "Non est enim homo qui vivat, et non peccet." Sacramenta nihilominus corporis et sanguinis Domini frequenter suscipiens priori monasterii sui dedit in mandatis, ut ad se cum quibusdam fratribus, postposita veniret dilatione. Veniente secundum mandatum ipsius priore cum fratribus, cœpit diligenter etiam cum eo de salute animæ suæ agere, et tam ab ipso, quam a fratribus qui cum eo erant, de omnibus quibus eos seu merito seu immerito contristaverat indulgentiam petere, prius eis similia remittens. Prior vero cum fratribus totius conventus vices agens, ei de omnibus pro omnibus indulsit, omniumque ore benedixit. Benedicens et omnibus ipse paterno affectu, sententias quavis occasione in quoslibet fratrum præcipitabas relaxavit, omnes ex officio pastorali quo fungebatur absolvit. Cum vero per singulos dies viribus corporis destitueretur, visitaturus eum vir illustris Ricardus de Luci frater ejus advenit, visoque eo fretusque colloquio, cum super eo sanitati restituendo spem nullam conciperet quatinus celeriter ad monasterium suum deportaretur admonuit. Ne quid eorum quæ tenet institutio ecclesiastica properanti ad transitum deesse videretur, sana mente sanoque intellectu semper Deum invocans tandem inungitur, sicque feretro impositus, equis deportantibus usque Bellum transvehitur.[1] Quo perveniens jam omnino erat sine voce, solo spiritu in pectore palpitante. Accurrunt cum gemitu filii, patrem plusquam seminecem jamque migrantem visuri, non tamen ejus colloquio fruituri. Accedunt singuli sic jacentem deosculantes, et de cætero quia dies illucescere videbatur horam incognitam expectantes, exitumque suum orationum devotione munientes. Jam noctem cum die subsequente sic solo spiritu palpitans transegerat, noxque secunda tenebris suis terras obtexerat, cum jam a cunctis qui aderant putaretur sine mora migraturus, cum omni velocitate in

---

[1] This was in accordance with the rule of his order. See Martene de Antiquis Monachorum Ritibus, for an account of the ceremonies observed at the last sickness of an Abbot. V. ch. 12.

fratrum delatus est capitulum, illic pro loci consuetudine emissurus spiritum. Ubi cinere et cilicio substrato depositus, repente omnia corporis membra quæ pridem præmortua videbantur cœpit movere, et motu labiorum gestum loquentis exprimere. Excitatis fratribus omnibus, ori ejus qui propius assistebant aures adhibuerunt, sed cum solus esset sibilus sine voce, nihil eorum quæ dicere intendebat potuerunt discernere. Nocte transcurrente, cum jam mane diluxisset, animam in manus voluntatemque Creatoris sui reddidit fratribus circumstantibus, et proficiscentem cum orationum devotione Domino commendantibus. Exequiis ut decebat per biduum celebratis, demum terra terræ ex qua sumpta est redditur, et coram majori crucifixo, et altari crucis Crucifixi sepelitur. Appositus est igitur ad patres suos anno incarnationis Dominicæ millesimo centesimo septuagesimo primo, promotionis suæ anno tricesimo tertio, undecimo kalendas Julii. Qui cum in multis operibus suis bonis merito sit laudandus, in hoc tamen præcipue est admirandus, quod cum res possessionesque ecclesiæ hostilitatis tempore plurima ex parte distractas multo labore et expensis innumeris revocaverit, domum statui pristino restituerit, ecclesiam ornamentorum plurima varietate decoraverit, domum tamen ipsam nullo penitus debito intus vel extra obligatam reliquit; ministris nihilominus tam suis qui sibi familiarius adhærebant, quam his qui in communi fratrum administratione erant sic in omnibus providit, ut nemo eorum de his quæ sibi recompensandi laboris sui gratia debebantur, quicquam deesse merito posset causari. Super hæc omnia, argentea quædam vasa moriens ecclesiæ dereliquit, ex quibus ad honorem Dei et ipsius memoriam fabrifacta est super majus altare dependens corona, auro ad ipsius inaurationem addito, simili materia fabrifactam habens in medio columbam, corpus Dominicum continentem. Igitur ex tanta beneficiorum ejus recordatione, memoria ipsius viget in multiplici benedictione.

Rebus humanis sic exempto viro venerabili abbate

Walterio, vir illustris Ricardus de Luci frater ejus curam domus destitutæ cœpit diligenter agere, fratrumque desolatorum quieti et consolationi providere. Nemini vero fratribus minus cognito vel suspecto voluit domus committere procurationem, qui eorum quavis occasione posset perturbare quietem. Erant autem duo fidelis prudentiæ viri in burgo de Bello præ foribus monasterii mansionem habentes, Petrus scilicet de Criel miles et Hugo de Beche qui ex habitationum suarum vicinitate ab ipsis fere cunabulis frequentes habebunt ad fratres accessus, in multis agendis ecclesiæ fideles inventi, et ideo inter amicos fratrum amici familiarissimi. Virum illustrem Ricardum de Luci super his non latuit, quippe cum amborum notitiam jampridem habuisset, quoniam fratre suo Walterio abbate superstite, inter primos sibi ministrantium habebantur primi. His itaque de mandato suo ad se venientibus, totius monasterii curam in secularibus commisit, præcipiens ut fratribus in necessariis victus et vestitus honeste providerent, reparationi domorum in quibus fratres ex regulari consuetudine cotidie conveniunt, cum officinis aliis fratrum usibus necessariis intenderent, servientibus quoque qui in eorum communi administratione erant, et sine quibus esse non poterant, congrue prospicerent. Suscipientes hi duo viri procurationis officium cum tanta diligentia per iiii[or] annos quibus vacabat ecclesia fratribus ministraverunt, ut nullum penitus defectum seu penuriam in his quæ ad victum ipsorum atque vestitum regulariter et consuetudinaliter pertinebant ex contemptu vel negligentia procurantium sustinerent. Nullam ecclesia his diebus dignitatis libertatisve suæ sustinuit diminutionem, nullam adversariorum impugnationem, scientibus omnibus virum illustrem Ricardum de Luci ipsius esse protectorem, qui ex summa qua post dominum regem fungebatur potestate, quoslibet in ipsam insurgere molientes poterat reprimere. Inerat namque ei ad expedienda ipsius ecclesiæ negotia emergentia voluntas tam promta, tanta diligentia, ut in ipsis expediendis omnem absciderent dilati-

Richard de Luci, being guardian, appoints as his stewards Peter Criel and Hugo de Beche.

onem, sciens quoniam sæpe mora trahat periculum. Unde quia propter regni ardua negotia quibus maxime prospicere tenebatur ex officio justiciario, quibuslibet negotiis minoribus audiendis semper vacare non poterat, notariis suis sigilliique sui custodibus præcepit, ut quotiens aliquos ad ipsum pro quibuslibet ejusdem ecclesiæ agendis interpellandum venire cognoscerent, mox sententia ejus non expectata nisi in arduis, nomine suo cuncta pro quibus venissent expedirent.

Presentation to the moiety of the church at Wi granted to Godfrey de Luci, upon the request of his father.

Sub hoc tempore presbyterum ecclesiæ de Wi Willelmum nomine decedere contigit, qui ejusdem ecclesiæ medietatem ex concessione abbatis defuncti et fratrum possederat. Quod cum ad viri illustris Ricardi de Luci pervenisset notitiam, litteras deprecatorias pro filio suo Godefrido de Luci priori et conventui direxit, ut ei ecclesiam ipsam sicut Willelmus tenuerat, tenendam concederent. Lectis in omnium audientia litteris, decreverunt tanti viri petitionibus non deesse, quem sibi in omnibus agendis senserant gratanter adesse. Igitur unanimi consilio præbentes assensum, postulanti rescripto significaverunt se quod petebantur præstare, Willelmum quidem presbyterum medietatem tantum ipsius ecclesiæ possedisse, seque eamdem medietatem Godefrido de Luci filio suo petitionis suæ gratia concedere. Cognoscens Godefridus concessam sibi non integre ecclesiam, sed tantum ecclesiæ medietatem, mox ingratus pro bonis studuit mala rependere, totis viribus agens, quo medietatem non concessam de fratrum manibus extorqueret, sicque totam simul ecclesiam sibi in possessionem redigeret.

Godfrey obtains the other moiety from the King.

Festinus itaque dominum regem seu per se seu per suos adiit eique ecclesiam de Wi defuncto presbytero vacare, seque succedendi defuncto prioris et conventus de Bello assensum habere suggessit, postulans ut quoniam abbate defuncto ipse rex vices abbatis videbatur agere, ecclesiam ipsam confirmato eorum assensu sibi regia auctoritate dignaretur concedere. Videtur in hac sua suggestione regi facta, quod de concessa sibi sola duntaxat ecclesiæ medietate meminimus, suppressisse, aut eum quovis alio modo tacita veritate circumvenisse. Annuens namque rex postulanti, totam ecclesiam de Wi non solum sibi concessit, verumetiam confirmavit, necnon viro venerabili Ricardo tunc Cantuariensi electo ut per eum institueretur litteras direxit.[1] Idem vero electus licet minoris adhuc esset dignitatis ac potestatis, electione sua nondum per dominum papam confirmata, quantula tamen potuit illum auctoritate instituit, quali etiam carta potuit institutionem confirmavit. Postmodum cum sedem apostolicam sacrandus adisset, expeditis omnibus pro quibus ierat, denuo in Angliam redisset, eidem Godefrido ad se venienti jam archiepiscopus, jam totius Angliæ primas, jam apostolicæ sedis legatus, omnia ut pridem concessit, et episcopali auctoritate confirmavit. Dicitur tamen eum conditionaliter instituisse, salvo scilicet omnium hominum jure. Erat itaque toto tempore quo vacabat ecclesia inter fratres et ipsum Godefridum plurima dissensio, dum ipse Godefridus totam ecclesiam sibi niteretur in possessionem redigere, fratres solam ipsius medietatem ei non concessam sibi ipsis conarentur retinere.[2]

Multas per Angliam ecclesias, multaque sub hoc tempore contigit vacare monasteria. Vacandi causam licet aliquantulum videatur ab re, indignum tamen putavimus penitus silendo prætermittere.

Apposito ad patres suos in senectute bona Theobaldo Cantuariensi archiepiscopo,[3] successit ei nomen officiumque suscipiens archiepiscopi Thomas Cantuariensis archidiaconus,[2] domini regis cancellarius, quem superior edidit narratio cum bonæ memoriæ abbate Walterio adversus Cicestrensem episcopum Hylarium viriliter stetisse, seque pro defensione libertatis ecclesiæ sancti Martini de Bello advocatum exhibuisse. Cujus meritorum memoria tanto

State of the contest between the Bishops and the Monastic Orders. Thomas à Becket.

---

[1] Richard (formerly prior) succeeded to the See of Canterbury in 1173.

[2] This Godfrey Lucy was a potent person. In 1189 he was Bishop of Winchester, and in 1197 Chief Justice, as his father had been. See Wharton, A. S. i. 302.

[3] A. D. 1160.

debet apud ejusdem ecclesiæ fratres esse celebrior, quanto ad eorum tuendas libertates dinoscitur fuisse sollicitior. Erat quidem dum cancellarii fungeretur officio inter quoslibet post dominum regem nominatos in regno nominatissimus, inter quoslibet potentiores potentissimus, inter quoslibet regis familiares familiarissimus. Procuravit itaque rex omni cum instantia quatinus archiepiscopatus Cantuariensis apicem consequeretur, cujus dignitas inter ecclesiasticos honores prima in regno esse dinoscitur. Putabat namque eum ex antiqua familiaritate in omnibus quæ vellet assensum præbiturum, nec sibi quavis occasione in aliquo contradicturum. Verum eo talia proponente, Deus longe aliter dignatus est disponere. Adeptus siquidem tantæ dignitatis apicem vir venerabilis Thomas, plus cogitabat de onere quam de honore, plus de curæ pastoralis gravitate, quam de temporali dignitate. Honores in eo secundum vulgare proverbium mutabant mores, non ut fere omnium mos est, in deterius, sed per singulos dies in melius. Veterem namque hominem qui secundum seculum erat exuens, novum hominem qui secundum Deum creatus est, satagebat induere.

Henry II. attempts to oppress the Clergy.

Cœpit interea rex velle opprimere dignitates ecclesiasticas, archiepiscopi et suffraganeorum ejus assensum exigens. Consentientibus episcopis non consensit archiepiscopus, defensorem se exhibens ecclesiæ, non impugnatorem. Exarsit igitur adversus eum rex cum episcopis et regni optimatibus in tanta indignatione, ut jam nihil esse videretur antiqua dilectio, concepti circa ipsum odii comparatione. Stetit nihilominus tamen ipse pro ecclesia, sed solus. Adversantibus sibi cunctis cum nemo secum ageret, solusque agens parum aut nihil proficeret, videns periculis pericula succedere, elegit potius spontaneum subire exilium, quam dignitatis ecclesiasticæ præsentialiter videre dispendium. Transferens itaque seipsum de medio iniquitatis, Francorum regnum adiit, pacem quærens in solo alieno, quam non habebat in proprio. Exulabat ergo pauper et egenus rerum ac possessionum suarum, fructuumque ex eis provenientium potestate mox spoliatus. Quot passionibus sex exilii sui annis subjacuerit, per neminem præter ipsum potuit exprimi, quia nemo præter ipsum habuit experiri. Inter innumera flagitia sibi enormiter illata, hoc videtur flagitiosissimum, quod cum ipse in persona propria deesset ad injuriam, exarsit indignatio in universam ejus cognationem.[1] Addicti sunt siquidem præscriptioni quotquot videbatur habere propinquos et benivolos, cum exule exules, et quæ deesse videbantur passionum ejus passionibus suis adimplentes. Erat visu nimium miserabile, dum non ætati, non sexui, non conditioni pepercit tanta crudelitas, compulsis egredi pregnantibus cum parvulis pendentibus ad ubera, juvenibus etiam cum veteranis baculo regentibus membra debilia. Exilii anno septimo jam inchoato visus est eum rex recepisse in gratiam, reformataque specietenus pace permisisse, quatinus exilium patria commutans, pacifice remearet in Angliam. Repatrians itaque patriarchatus sui adiit ecclesiam, promissa pace frui cupiens, nec tamen promissam inveniens. Vix enim per mensem in ecclesia sua resederat, et ecce insurgentibus in eum iiii^{or} militibus a curia regia venientibus, non dico missis, in ecclesia pro ecclesia perimitur, pastor ecclesiæ, a regeneratis in Christo et ecclesia, jam tamen tanto commisso flagitio alienatis ab ecclesia. Terras celerius percurrit, maria pertransit fama tam enormis sceleris, et clamore de terris ad cœlos ascendente, mox ostenditur de morte præsulis quod sit martyrium, ubique terrarum choruscante frequentia miraculorum. Videbatur interea martyr Domini, immo pro martyre suo Dominus innoxii sanguinis ultionem quærere, cum rex regis filius in regem patrem suum insurgens, eum, quampluribus procerum regni consentientibus, multis etiam opem præstantibus, regno conatus est expellere. Erat igitur pater omni destitutus consilio atque solatio,

_{Banishes the friends and relations of Becket.}

---

[1] In the collection of Lupus, there is a letter addressed, by some nameless author, to Henry II., remonstrating on this act of cruelty and injustice.

hinc eum sæva memorati flagitii redarguente conscientia, inde inevitabili imminente periculo, quippe cum filius ejus pauca navium multitudine in transmarino littore, cum intolerabili exercitu armatorum regnum jam videretur occupaturus.[1] Sic in arcto positus didicit humiliari, et jam feritatis oblitus Cantuariam celerius adiit, discalciatisque pedibus cum appropinquaret civitati, sepulchrum beati martyris petiit se reum confitens, veniam postulans, dignum pœnitentiæ fructum promittens. Memor Dominus cum martyre suo solitæ misericordiæ, non distulit humiliato misericordiam præstare, subitum quendam timorem hostibus ejus immittens, ut mox mutato consilio cœptis desisterent, et a mari quod transnavigare paraverant pedes retraherent. Hostibus ejus universis in brevi virtute divina triumphatis, regno quoque pacificato, agere cœpit quatinus ecclesia Cantuariensis regni sui metropolis pastorem susciperet. Electus est itaque jamdictus Ricardus Cantuariensis ecclesiæ monachus, a summo Romanæ sedis pontifice ut supra meminimus post modicum consecratus. De quo prætermittendum minime videtur, quippe cum sequenti narrationi sit necessarium, quod cum mox post electionem suam, consecratione sua non expectata, quædam publice statuenda decrevisset, dominus papa in ipsius consecratione cuncta quæ a die electionis suæ statuisse visus est, in irritum redegit. A primis igitur diebus exilii beati martyris Thomæ usque ad succedentis sibi archiepiscopi Ricardi reditum a sede apostolica multas ut prædiximus per Angliam ecclesias, multaque contigit vacare monasteria. Vacantibus namque sedibus episcopalibus, episcoporum electio nulla fieri potuit vel debuit, cum archiepiscopus non adesset qui eorum electionem confirmaret, et electos consecraret, nec minus otiosa videbatur quorumlibet ad monasteriorum regimen vocatio, dum per dioceses minus essent pontifices, per quos vocatorum fieret institutio. Præterea cum rex omnibus interesse volens nihil præter se fieri permitteret, orta post marty-

Richard, Archbishop of Canterbury.

[1] See Girald. Cambr. de Instr. Principum, p. 20.

rium beati Thomæ mox inter ipsum et filium ejus de qua diximus dissensione, ex multa circa alia occupatione, minori circa ecclesias utebatur sollicitudine. His licet aliquantulum videantur ab re, non tamen hic sine causa breviter insertis, quippe cum quædam sequentium ex ipsis habeant pendere, jam nunc ad exequendam propositi nostri seriem revertamur.

Anno incarnationis Verbi Dei millesimo centesimo septuagesimo quinto, regni vero domini regis Henrici secundi anno vicesimo primo, ordinatus ut jam dictum est, et in sede sua confirmatus vir venerabilis Ricardus Cantuariensis archiepiscopus, singulos episcopos qui sedibus pontificalibus eatenus vacantibus præsiderent ordinavit, paulo ante electos. Ordinatus est tunc temporis ecclesiæ Cicestrensi episcopus beatæ recordationis Johannes,[1] ipsius ecclesiæ decanus, Hylario episcopo cujus superius frequens facta est mentio huic vitæ pridem subtracto,[2] dum adhuc beatus martyr Thomas esset in exilio. Consummatis itaque omnibus quæ circa pontificum ordinationem facienda videbantur, agere cœperunt tam rex quam ipse archiepiscopus super eligendis monasteriorum prælatis et instituendis. Communicatoque invicem consilio vacantium monasteriorum uniformiter scribendum decreverunt congregationibus, quatinus singuli singulorum monasteriorum priores, sociatis sibi iiii[or] aut quinque congregationum suarum fratribus, se eorum conspectibus apud Wedestoche omni occasione postposita præsentarent, ut illic in eorum præsentia abbates sibi ipsis Deo procurante digne præficiendos eligerent.[3] Quorum ut electio a remorante in monasteriis universitate omnino rata haberetur, litteras de communi consilio et consensu conventuum suorum secum deferrent. Ad agendum hujusmodi negotium, duo mox clerici sunt directi, qui diversas provincias percurrentes, commissamque

A. D. 1175. Proceeds to fill up the ecclesiastical appointments which had become vacant during Becket's exile.

Among others, the monks of

---

[1] Johannes de Greenford, elected 1173.

[2] About four years before, in the year 1169. He was one of John of Salisbury's correspondents. See the letters addressed to him, inter Epist. Joan. Sarisbur.

[3] See Diceto, p. 587.

L

legationem in monasteriis quæ viciniora videbantur expedientes, Bellum usque pervenerunt. Quorum adventu cognito, mox priore vocante convenit in capitulum tota simul congregatio. Introducti clerici regis et archiepiscopi mandata porrexerunt, quæ ilico in omnium audientia lecta sunt. Expeditis omnibus quæ per clericos ipsos illic agenda videbantur, cum jam abscedendum putarent, repente nuntius alius advenit, qui litteras inopinatas priori et conventui nomine regis porrigendas detulit, continentes quidem quatinus prior et fratres qui curiam regiam eligendi gratia pastoris adituri erant, cartas dignitatum ac libertatum suarum a rege Willelmo monasterii ipsius inclito fundatore successoribusque ejus regibus sibi concessas, secum deferrent. Stupefacta ad hoc mandatum universa congregatio, cœpit ex ipso amplius timere, quam de priori sollicita esse.[1] Monasterii namque sui dignitatibus multos invidere certum habentes, plurimum verebantur, ne forte rex, cujuslibet maligna suggestione cartas jam dictas vellet surripere, ne abbas noviter monasterio præficiendus, ad monasterii ipsius protectionem earum frui posset auctoritate. Non enim a memoria exciderat, qualiter, ut superior edidit narratio, adversus easdem libertates fuerit aliquando a pluribus conclamatum, ipsas minus rationabiles esse, nec nisi prius mutatas atque correctas observari debere.

Plus itaque ex hoc mandato sinistrum quam prosperum suspicantes, mentibus per diversa et incerta rapiebantur, attentius tamen orantes evenire sibi prospera. Igitur communicato consilio tractabant de præficiendi sibi pastoris electione, cupientes eum omnimodis sibi secundum cartarum suarum tenorem præfici de propria congregatione. Consenserunt itaque in duas capituli sui personas, ut si forte una non admitteretur, altera reciperetur. Imminente jam die qua coram rege et archiepiscopo erat conveniendum, prior sociatis sibi iiii^{or} fratribus iter eo

---

[1] This seems to be in conformity with the policy pursued by the Norman Kings. The reason for this demand is stated at pp. 148, 156.

veniendi arripuit, interminante eis universa congregatione, ne quemquam præter personas in quas communiter consenserant admittendum præsumerent. Venientes usque Wedestoche die determinato, multitudinem priorum similiter cum monachis suis illuc vocatorum invenerunt congregatam. Expectantibus omnibus vocationem suam, ecce primi adesse jussi sunt, abbatem electuri, prior et monachi sancti Martini de Bello, procedentesque primi intra portas regias, cæteris foris expectantibus, sunt introducti, ac in præsentiam Gileberti Londoniæ episcopi,[1] et quarundam aliarum personarum, quas ad eorum animos indagandos, vel potius ad eos ad regiæ voluntatis consensum inducendos, rex et archiepiscopus direxerant, sunt perducti. Sciscitati sunt illic præsidentes, si secundum susceptum regis et archiepiscopi mandatum instructi venissent, si litteras de consensu universitatis suæ, quo quicquid illic per præsentes fieret, a non præsentibus ratum haberetur, detulissent; si in aliquam personam consensissent. Respondentibus illis ad singula, cum quidem sciscitantibus esset in cæteris satisfactum, personarum in quas convenerant electioni regem non consentire dicebant, quippe cum una earum sibi omnino esset incognita, altera minus accepta, nec velle regem regni sui honores cuiquam tribuere, quem seu minus notum seu suspectum videretur habere. Alias itaque personas quarum promotioni rex assensum præberet eos nominare monebant, utque eos de voluntate regis plenius instruerent, plures eis nominetenus proponebant, nunc minarum asperitatibus ad consentiendum urgentes, nunc verborum blanditiis persuadentes. Stabant in sua pro viribus fixi sententia prior et fratres, seque extra ea in quibus monasterii sui universitas consenserat, sibique facienda injunxerat nihil posse præsumere asseruerunt, maxime autem electioni personarum ab eis nominatarum se nullatenus adquiescere, quippe cum

Their nomination objected to.

---

[1] Gilbert Foliot. He was acting in conformity with his principles. Henry had sent for the priors to court, in order to appoint abbots of his own creation. See Diceto, pp. 567, 587.

earum notitiam non habentes, de laudabili ipsarum vita et digna coram Deo et hominibus conversatione possent dubitare. Instanter urgentibus regiæ voluntatis fautoribus, prior et fratres regis voluntatem universitati suæ renuntiaturi inducias petebant, nec impetrabant. Igitur quo se verterent nesciebant in anxietate plurima positi, dum neminem præter eos, quibus sibi præficiendis unanimis monasterii sui congregatio assenserat auderent eligere; illis e contrario qui pro regia voluntate agebant, pertinaciter insistentibus, quatinus incontinenti alium eligerent. Cum autem in hujusmodi conflictu plurimum diei tempus casso labore consumeretur; repente rex, quem cum archiepiscopo expectantem donec de assensu prioris et fratrum cum voluntate sua sibi nuntiaretur, jam tædebat morarum, indignantis vultum præferens accurrit; cur moras necterent inquisivit. Urgentibus eo acrius his qui ab ipso missi fuerant satis advertebant prior et fratres non se posse secundum propositum procedere, aliud sibi consilium necessario quærendum fore.

Odo, Prior of Canterbury, appointed Abbot.

Advenerat tunc forte illuc pro negotiis ecclesiæ Cantuariensis, nuper incendio dissipatæ,[1] vir eximiæ religionis Odo, ipsius ecclesiæ prior, cui præter cætera quibus pollebat virtutum insignia, nomen celebre fecerat insignis eloquentia, qua cum esset doctus lege divina, oportune noverat proferre nova et vetera. Hic quidem, quoniam cartæ dignitatum ac libertatum Cantuariensis ecclesiæ, in ipsius repentino incendio erant ex plurima parte absumptæ, regem convenerat, ut eas auctoritate regia innovaret.[2] Visus est rex postulanti velle satisfacere, spem sibi multam ponens promissionibus, in fine tamen effectu carentem. Credens sic promittenti vir simplicis ac recti animi, adjecerat postulare, ut cartis ipsis formam cartarum monasterii sancti Martini de Bello dignaretur apponere. Rex petenti non tantum non contradixerat, quinimmo ad

[1] In 1174. See the description in Gervas. 1290.
[2] The events here narrated took place directly after the council held at Westminster in this year. Ib. 1431.

optemperandum tam devotum tamque promptum se specietenus exhibuerat, ut mox priori et conventui de Bello litteras supramemoratas transmitteret, sibique cartas dignitatum ac libertatum monasterii deferri juberet. Venerat igitur usque Wedestoche prior ille venerabilis spe maxima regiæ promissionis adductus. Prior et fratres sancti Martini de Bello hunc maximæ opinionis virum esse cognoscentes, communicato consilio eligendum eum præficiendumque sibi decreverunt, Gileberto Londoniæ episcopo cæterisque in quorum stabant præsentia id ipsum omnimodis persuadentibus. Quem quidem eo affectuosius præ cæteris sibi ad eligendum propositis fratres admittendum censuerunt, quo cum alios omnino nescirent, ipsum ex parte cognoverunt. Si quid vero eis notitiæ ipsius in morum inexperta deerat honestate, spe bona supplebant, et nimia suæ opinionis dilatatione. Sperabant namque sibi et ecclesiæ suæ non inutilem futurum, quem ecclesiæ Cantuariensi in qua prioratus fungebatur officio didicerant fuisse necessarium. Nuntiatur regi et archiepiscopo per episcopum Londoniæ quod super ipso eligendo inierant consilium; probat uterque præbens assensum.

Mittuntur ergo ad ipsum venerabilem priorem vocandum duo episcopi, qui eum cum honore perducant in præsentiam regis et archiepiscopi. Mirabatur vir prudens tantam sibi inopinate exhiberi honoris reverentiam, credens sibi ad honorem temporalem posse sufficere, si modo per quemlibet inferioris dignitatis et ordinis ministrum in eorum præsentiam juberetur adesse. Venientem susceperunt cum honore rex et archiepiscopus, et cum simul sederent eum inter se medium sedere fecerunt. Introducti sunt interea prior et fratres sancti Martini de Bello, de præficiendi sibi pastoris electione palam pronuntiaturi. Ad quorum ingressum, cœperunt cogitationes in viri illius venerabilis cor, ut ipse postmodum asserere solitus erat, ascendere, jamque mente vaticinabatur suspectum habens quod incontinenti contigit experiri. Processerunt itaque introducti, et quia prior impeditioris erat linguæ, paulo ante paralysi percussus, uni ex fratribus qui secum aderant, vices suas commisit in electionis publicandæ pronunciatione. Quas ille suscipiens, coram rege astitit, et in hujusmodi verba erupit:

The speech of the deputies from the abbey.

"Gratias agit excellentissime domine in monasterio nostro commorans congregatio nostra, gratias agimus et nos qui congregationis hic vices exequimur, gratias inquam communiter vestræ referimus serenitati, quod cum nos et ecclesia nostra, immo vestra a principatus vestri initio dilexeritis, dilectionem ipsam operis semper exhibitione probare dignati estis. Experti namque loquimur. Felicis etenim recordationis domini Walteri de Luci quondam abbatis nostri temporibus, humilitati nostræ vestra nunquam defuit sullimitas, quæ monasterii nostri negotia tanquam propria fuerint semper promovenda decrevit, nec libertates dignitatesque ipsius regia sibi auctoritate a primis fundamentis concessas aliquatenus imminui permisit. Nec post ejusdem patris nostri decessum circa nos licet immeritos conceptus pietatis vestræ tepuit affectus, cum quidem vacante jam per annos iiii^{or} ecclesia nostra pii pastoris vices nobis impenderitis, necessariis victus et vestitus sufficienter et honeste nobis exhibitis, præscriptis etiam dignitatibus et libertatibus nostris in sua integritate conservatis. In his vero plurimum honoris, vir illustris dominus Ricardus de Luci, vestræ celsitudini dinoscitur contulisse, qui commissum sibi procurationis officium, tum per se, tum per ministros suos tam sollicita devotione studuit circa nos adimplere, ut nemo nostrum merito possit causari, sibi quicquam eorum, quæ ratio dictabat administranda, defuisse.

"Nostræ igitur exiguitati sic hactenus in omnibus vestra condescendere dignata est excellentia, ut desiderii quidem nostri fuerit, nemini in posterum nisi vobis subesse, si id ipsum ratio ecclesiastica usus et ordinis vellet admittere. Quis enim bene in bonis expertum non satis experto velit sponte commutare? Verum quoniam ab ecclesiasticis procedit institutis, singulis ecclesiis singulos pastores præfici debere, qui subditorum moribus informandis provida sollicitudine possint invigilare, huc vestra dominique archiepiscopi vocati auctoritate en assumus, ut pastorem nobis Deo auctore digne præficiendum secundum instituta canonum eligamus. Est enim omnino temerarium, transgredi decreta majorum. Virum itaque venerabilem Cantuariensis ecclesiæ priorem dominum Odonem in nomine sanctæ Trinitatis eligimus, nostræque electioni a vestra sullimitate assensum dari postulamus."

Vix electi nomen in omnium audientia publicaverat, cum idem electus in vocem contradictionis erupit, dicens: "Nominari me audiens, et inopinata electione ad regimen monasterii de Bello vocari, non illo, non alias, extra nostram Cantuariensem ecclesiam, consentio transferri. Meipsum vero summi pontificis protectioni subicio, et ne vos fratres qui huc pastoris eligendi gratia venistis me eligatis, vosque domine rex et domine archiepiscope ne eis in electione assensum præbeatis, omnimodis inhibeo, et ne quid adversum me in hac parte possit attemptari, sedem apostolicam appello."

Odo refuses the honour intended him.

Stupentibus ad hæc omnibus qui aderant, cum unus eorum ipsum in hoc responso nimis festinasse diceret: "Festino," respondit, "quia festinare compellor." Et adiciens, "Ego," inquit, "ad huc veniendum nulla quidem tractus sum curiositate, nulla cujuslibet honoris dignitatisve temporalis impulsus sum cupiditate, sed sola negotiorum Cantuariensis ecclesiæ sum perductus occasione. Quæ si per me possunt expediri, gaudeo; sin autem, domum licet inactus redeo. Sed cur mihi invito et ingrato suscipiendum proponitur, quod plures ex his forte qui assunt nec invitos nec ingratos velle suscipere non dubitatur? Si vero id agitur ut sic amovear a prioratus officio, prioratui libentissime cedo, et in ecclesia Cantuariensi simpliciter conversaturus, cum prioratu cuilibet prælationi sponte renuntio. Prioratum namque ipsum mihi semper plus sensi fuisse oneri quam honori, quem proculdubio invitus suscepi, invitus et coactus hactenus tenui."

Remains firm in his denial, notwithstanding the persuasions of others.

Hæc eo dicente, mirabantur omnes eum cum tanta constantia respuere, quod solent plurimi etiam religiosorum summo desiderio affectare. Nec sine causa se sponte prioratui suo velle renuntiare, dixisse putabatur, dicentibus aliquibus archiepiscopum ipsius constantiam et morum perfectionem nimium formidare, tanquam non facile nisi ex ratione posset ad voluntatum suarum consensum inclinari, ideoque ipsum archiepiscopum velle illum cum quadam astutia a prioratus officio amovere, et sub quadam specie majoris honoris conferendi, alias transferre.[1] Hoc autem tanquam cavendum licet prior ipse venerabilis frequenter audierit, persuaderi tamen sibi ut crederet non potuit, quousque rei eventus experimentum dedit. Instabant itaque rex et archiepiscopus cum aliis qui aderant persuadentes ad consentiendum, sed ille inflexibilis permanens non adquiescebat.

Tries to escape.

Petebat inducias deliberationis, ut Cantuariam rediens illic fratrum suorum colloquio frueretur et consilio, sed non impetrabat, scientibus omnibus eum nullatenus denuo rediturum, si semel liberum posset habere recessum. Præcipiebat rex quatinus prior et fratres sancti Martini de Bello electum suum acciperent, sed appropinquantibus illis electus ipse eos repellebat, et ne se contingerent interposita appellatione inhibebat. Repulsi abibant retrorsum, eum tamen eo magis sibi præferri cupientes, quo amplius recusabat. Igitur cum ad consentiendum nullatenus flecteretur, quidam episcoporum qui aderant archiepiscopum monuit, ut in ipsum excommunicationis sententiam promulgaret. Sed vir ille venerabilis oculos in eum indignantis more dirigens, "Non tuam," inquit, "non illius formido sententiam, cum quidem me summi pontificis protectioni supposuerim,

---

[1] There seems some probability in his conjecture in respect to the King as well as the Archbishop, for Odo was a great stickler for the rights of his monastery. (See a remarkable instance in Gervase, 1422.) It should also be remembered that only two years before, Odo had been put forward by the monks of Canterbury, together with Richard, now Archbishop, for the See of Canterbury. He would probably have been appointed, instead of Richard, to this high honour, had it not been for the tergiversation of Gilbert Foliot. Diceto, 568.

sedemque apostolicam appellaverim." Monebat rex Regem filium suum,[1] qui tunc forte aderat, pace inter eos paulo ante post præscriptas inimicitias reformata, monebat et omnes quos apud ipsum electum quicquam posse putabat ut eum ad consentiendum satagerent inducere. Stabat solus contra omnes, secularium negotiorum se, inter cætera quibus excusationi insistebat asserens ignarum, res monasterii posse pati dispendium, si regendi nescius rectoris susciperet officium. Causabatur præterea se corpore nimis esse invalidum, laboris impatientem, oportere monasteriorum rectores esse robustos, et cum sint multi rerum ecclesiasticarum impugnatores, earumdem protectores necessario tam in secularibus studiis quam in divinis debere esse exercitatos.

Audiens eum rex hujusmodi excusationes prætendere, quem precibus non potuit vel persuasionibus, flectere studuit promissionibus. Dignitates ergo libertatesque monasterii sancti Martini de Bello, quas præ cæteris regni sui ecclesiis ac monasteriis habere dinoscitur, ei proposuit, affectumque suum et devotionem, quam circa eas in sua integritate conservandas eatenus habuerit, asserens eidem affectui ac devotioni suæ plurimum fore adiciendum, si ipse ad id quod sibi proponebatur consentiret suscipiendum. Ipso namque pacifice et quiete in monasterio degente, se adversus omnes in ipsum vel res sibi commissas insurgere molientes protectioni et defensioni omnimodis affuturum pollicebatur, indempnitati suæ et suorum se in omnibus provisurum, dummodo de negotiis suis in eorum emersionibus per quemlibet monasterii fratrem aut servientem sibi nuntiaretur. Manebat ille inflexibilis ad omnia, in nullo amplius cedens promissionibus quam antea persuasionibus. Supplicabat autem obnixius ut sibi liceret patria egredi sine ulla in posterum spe remeandi, malle se dicens in solo alieno quietum vivere sub lege claustrali, quam in proprio curis secularibus im-

The King strives to persuade him by promising additional favours to the abbey.

---

[1] Henry, then styled Rex, during his father's lifetime. His presence on this occasion is also noticed by Gervase, Chron. ib.

plicari. Sic vicissim rex cum suis instabat, ille supplicabat, neuter tamen alteri pro voto cedebat, sicque dies ad occasum, re multum capiente effectum, properabat. Rex tamen nolens cœptis desistere, tam erat instando infatigabilis, quam ille non adquiescendo inflexibilis.

<small>At last Odo wavers, remembering the example of Theophilus,</small>
Cum igitur tempus casso labore consumeretur, jam omnino circa eum inclinandum humani studii defecisse videbatur consilium, nisi supervenisset divinum. Sed quem ad voluntatis suæ arbitrium pertrahere non potuit potestas terrena, repente cum voluit de facili flexit virtus divina. Occurrerunt namque subito menti ejus Theophili actus qui Christum negavit, qui cum ante negationem tantæ opinionis fuisset, ut eum clerus et populus ecclesiæ Dei in ordine pontificali præficiendum eligerent, vocanti se ecclesiæ pertinaciter resistendo curam pastoralem temere refugit, voluntatemque propriam communi præponens utilitati, in ecclesiæ offensione Christum ecclesiæ sponsum offendit. Quem indignatus indignatione Dominus dimisit secundum desideria cordis sui quæ contra Dominum elegerat, ut iret in adinventionibus suis, manum suæ protectionis subtrahens, et ipsum propriæ fragilitati relinquens. Qui divina protectione destitutus, et post modicum per alium episcopum, quem eo recusante sibi ecclesia præfecerat, a vicedominatus honore et officio quod eatenus habuerat amotus, primo quidem de sua dejectione doluit, dolens absque remedio divinæ consolationis, tristitiam postmodum incurrit, tristis desperavit, desperans diabolo professus servitutem sub cyrographo, Christum negavit. Hæc inquam menti suæ, haud dubium quin Deo immittente, occurrentia, vir venerabilis prior Cantuariensis Odo volvebat in pectore, jamque in anxietate spiritus sui positus, cœpit sibi ipsi metuere, ne si forte ultra resistere suæ vocationi præsumeret, quicquam Theophili actibus simile vel deterius aliquid sibi contingeret.

<small>and of St. Anselm.</small>
Recordabatur nihilominus et beati Anselmi Cantuariensis archiepiscopi, qui suscepto dudum religionis habitu in monasterio Beccensi, cum se in omnibus ab

ipso conversionis suæ initio tam honeste, tam discrete, tam digne et laudabiliter habuisset, ut eum sibi monasterii ipsius universitas processu temporis, priore suo defuncto, nomine et officio prioris præfici desideraret, desideriis quidem eorum satisfacere distulit, se tanquam indignum et tanto oneri imparem arbitratus, alium digniorem eligi, sibique indulgeri postulavit. Sed cum universa congregatio sic in ejus fixa maneret electione, ut eam in neminem præter ipsum vellet transferre, ipse virum venerabilem Maurilium[1] tunc temporis Rothomagensem archiepiscopum adiit, ut eum tanquam virum discretum, super re hujuscemodi quid expedire videretur, consuleret. Archiepiscopus audito universitatis in eum consensu, ut adquiesceret in virtute obedientiæ sibi injunxit, et si forte in posterum ad altiora promovendus canonice vocaretur, ne resisteret omni qua potuit auctoritate præcepit. Accidere namque frequenter asseruit ut dum aliquis sciens et potens aliis præesse atque prodesse, vocante eum ecclesia, non acquiescit, offensus Dominus gratiam sibi concessam subtrahit, et eum in aliquod crimen coram Deo et hominibus detestabile ruere permittit. Unde cuilibet sanum sapienti, magis attendenda est multorum communis utilitas, quam propria, licet sibiipsi videatur utilis, voluntas.

Pulsatus hujusmodi cogitationibus vir prudens et discretus Odo prior Cantuariensis, plurimum anxiebatur, cum quidem tam solenni electioni suæ non consentire perpenderet esse periculosum, consentire autem voluntati et proposito suo esset omnino contrarium. Movebatur eo amplius, quod in electione sua videbatur regnum et sacerdotium convenisse, procurante scilicet eam rege patre cum rege filio, et regni magnatibus, archiepiscopo metropolitano cum suffraganeis, priore etiam monasterii sancti Martini de Bello cum fratribus eo secum perductis. Quid igitur faceret. Importunis omnium precibus, immo potius divini timoris correptione tandem devictus, non *Consents at last, and resigns himself to their wishes.*

[1] See Neustria Pia, p. 169.

quidem quod electioni adquieverit publice pronuntiavit, sed tantum a solita cessans contradictione, tacendo se eorum voluntati et arbitrio dimisit. Mox archiepiscopus altisona modulatione ymnum "Te Deum laudamus"[1] incipiens, quod in abbatum electione minus fieri solet, demum data oratione solita, ejus electionem confirmavit. Electus est itaque hoc modo vi° idus Julii, dolentibus et flentibus tam monachis quam cæteris omnibus quotquot illuc a Cantuaria contigerat secum advenisse.

Utrum ex divina prudentia, an ex humani consilii processerit prudentia, quod illuc sit eligendus advenerit, incertum habemus, cum tamen non incongrue seu ex Deo, seu ex hominibus fuerit procuratum esse videamus, ut qui formam cartarum monasterii sancti Martini de Bello se accepturum putaverat, monasterium ipsum cum cartis ejus et dignitatibus omnibus regendum disponendumque susciperet. Verum ecclesiæ Cantuariensis, ex cartis monasterii de Bello illo delatis nihil provenit utilitatis, quippe cum nec prolatæ fuerint illic, nec interrogatæ, immo nulla super ipsis, an illic ad manum haberentur, vel a rege vel ab archiepiscopo facta mentione. Reportatæ sunt igitur in monasterium cum omni integritate, fratribus omnibus plurimum exultantibus in earum satis desiderata receptione. Culpam quidem nullam vir venerabilis jam electus ex eo contraxit, quod Cantuariensi ecclesiæ negotium ibidem per eum minus expeditum fuerit, quia quisquis pro persona propria cogitur agere, his qui extra personam suam sunt poterit minus intendere. Venit illo ut pro negotiis ejusdem ecclesiæ pro viribus instaret, sed eadem necessitate propriæ personæ compulsus intermisit. Auditus est postmodum frequenter asseruisse, quod nisi occasione eorum quæ sibi animo meminimus occurrisse, summi regis indignationem incurrere expavisset, nullius unquam terrenæ potestatis favore aut

---

[1] For proof of its being sung upon the election of a new abbot, see Martene de Antiq. Ritibus, v. i. § 46.

gratia, vel etiam terrore, ad consentiendum electioni suæ animum accommodasset.

Consummatis omnibus quæ circa electionem facienda videbantur, rex ab eo sacramentum servandæ fidelitatis, pro consuetudine non exegit, sciens eum nullatenus præstiturum, immo magis si ab eo exigeretur, renuntiandi electioni inde occasionem quæsiturum. Prior et fratres sancti Martini de Bello peractis omnibus pro quibus illo venerant, ipsum utpote sibi jam electione prælatum, quid faciendum decerneret convenerunt, mæstum consolari cupientes, omnimodamque cum reverentia sibi obedientiam promittentes. Præcepit ille omnes pariter domum remeare, dicens se Cantuariam aditurum, ibique communicato cum ecclesiæ suæ fratribus consilio, de quorum sincero circa se non dubitabat affectu, se ad eorum arbitrium electioni suæ vel penitus renuntiaturum, vel omnino assensum præbiturum, quippe cum necdum usquequaque penes se deliberasset, in quam se partem pronior inclinare vellet. Ad ejus jussionem prior et fratres ad monasterium redeunt, universitati monasterii quæ gesta fuerant nuntiant, et cum non ut sibi de electione injunctum fuerat fecerint, se de impossibilitate excusant. Nutu divino cunctis, quæ per eos gesta nuntiabantur, tanquam a Deo ordinatis, mox universa congregatio consensum præbuit, gaudens quidem et exultans, ac spem plurimam concipiens, quod bono initio, bona deberet succedere finalis conclusio. Erat omnium unanimis exultatio, talem tantumque sibi præfici virum, quem ad consentiendum nulla precipitasset ambitio, sed quem canonica procreasset electio. Electus vero ipse Cantuariam veniens, cum quidem eorum quæ circa eum gesta fuerant fama præcessisset, universam Cantuariensis ecclesiæ congregationem nimio mærore ac luctu repperit deficientem, tantum virum sibi auferri, aliasque transferri, unanimiter deplorantem. Communicare cœpit cum omnibus consilium, maxime tamen cum fratribus discretioribus, sibique amplius familiaribus, in quam se partem,

The two deputies return to the abbey, and Odo to Canterbury.

consentiendi scilicet aut renuntiandi pronior inclinaret, aliis sic pro ratione aliis vero sic pro voluntate persuadentibus. Summum tamen erat præcipuumque consilium, electioni quæ ex Dei voluntate processisse videbatur, non resistere, immo magis ut præsens tristitia verteretur in gaudium, Deum obnixius obsecrare.

<small>Fearing the new Abbot's submission to the abbey there, the monks of Battle despatch some of their brethren to prevent it.</small>
Veniente post aliquot dies Cantuariam archiepiscopo, directi sunt eo a conventu monasterii sancti Martini de Bello quidam ex fratribus, qui electioni interfuerant, electum suum ab omnimoda subjectione Cantuariensis ecclesiæ liberum postulaturi. Introducti sunt illuc venientes in monasteriale capitulum, ubi universa congregatione præsente, et archiepiscopo præsidente, cum de electi sui exemptione agerent, eumque a professione quam illic in monachatu confirmatus fecerat, absolvi specialiter exposcerent, ipse electus in medium processit, seque nullatenus sic velle absolvi asseruit. Hujusmodi namque exemptione, se ab ecclesia Cantuariensi omnino alienum fieri timebat, quam cum præ cæteris ecclesiis omnibus, tanquam in ea sumpto religionis habitu, ab adolescentia conversatus, specialiter diligeret, plus honorem dignitatemque suam diminui arbitrabatur quam augeri, si se quavis exemptione ab ea contingeret alienum fieri. Porro archiepiscopus, ejus pium circa eandem ecclesiam laudans affectum, eum ab omni illius subjectione, ad prædictorum fratrum instantiam nihilominus absolvit, monens de cætero ut a prælibato affectu suo non tepesceret, sed si quando ecclesia Cantuariensis ejus consilio et auxilio indigeret, devoti sibi filii obsequium et beneficium impenderet. Sic demum facta oratione, dataque benedictione,[1] diu multumque coram omnibus commendatum sæpe dictis fratribus omnino emancipatum dimittens, præcepit ut tanquam devoti filii dignum patrem debito affectu diligerent, honorem et reverentiam impenderent, præcepta ejus vel

---

[1] Gervase says that the Archbishop gave the benediction in his capacity of legate, as he excused himself when the Bishop of Chichester remonstrated upon this infringement of his rights. Ibid.

monita non negligerent, ejus exemplo vivere contenderent, ex quibus omnibus coram Deo gratiam, et coram hominibus honorem proculdubio invenirent. Susceperunt illi sibi dimissum tanquam divinitus datum, jam tanto lætiores, quanto de ipso certiores, dantes Deo gloriam, ipsique omnimodam dilectionem promittentes et obedientiam.

Paucis diebus postmodum decursis, ipse omnibus valedicens, non sine dolore omnium tam monachorum scilicet, quam et civium, quos mellitis sermonibus ad cælestium mandatorum custodiam frequenter solitus erat informare, iter veniendi Bellum arripuit, atque eo pridie nonas Augusti pervenit, occurrente ei universi monasterii congregatione, eumque cum solenni et lætabunda processione suscipiente. Introductus in monasterium, facta oratione universam congregationem suscepit in pacis osculum,[1] sicque in capitulum est perductus, regulam beati Benedicti de ordinando abbate illic auditurus. Sed cum plurima populi multitudo quæ ad famam tanti viri concurrerat, post eum sequens tanto impetu irrueret, ut facile arceri non posset, ipse fratri qui lecturus coram eo processerat innuit, ut omnino ab ipsa lectione cessaret, ruptoque ex regulari, consuetudine silentio, in hujusmodi verba erupit; erat enim universitas fratrum ibi congregata.

Odo takes his way to Battle.

"Satis," inquit, "perpendo fratres karissimi ex officio quod mihi extrinsecus exhibetis, quam pium circa me intrinsecus affectum habeatis. Nullis namque meis præcedentibus meritis, me vobis non satis cognitum vestrique notitiam minus habentem, tanti habendum censuistis, ut licet minus idoneum, immo, ut verius fatear, omnino indignum, vobis tamen nomine et officio pastoris omnimodis præfici volueritis, renitentem nec adquiescere volentem compuleritis, invitum et coactum ad qualemcunque tandem consensum perduxeritis. Fateor me tamen, adhuc nutante voluntate, de ipso consensu non-

His address to the monks there.

---

[1] According to the custom of the new Abbot on these occasions. See Martene, ibid.

dum plene deliberasse. Jam vero ad vos venientem cum tanta solennitate susceptis, cum quanta, si quemlibet eorum suscepissetis qui solent honoribus temporalibus delectari, in nullo sibi minus in hac parte fuisse satisfactum, posset merito causari. Verum licet vestram circa me benivolentiam satis attendam, ad Cantuariensem tamen ecclesiam, a cujus dulcissimis mihi uberibus me per vos avulsum doleo semper mente recurrens, dubitare me fateor utrum vobis propio affectu gratias debeam, an pro mea quam per vos incurri perturbatione malivolentiam. Honorem vero meæ indignitati impensum, non tam mihi, quam summo pastori Deo, reputo exhibitum, quia ipsum in mea humilitate suscepistis, cujus me vices in vobis agere desideratis. Ipse namque se in suis, seu recipi, seu sperni asserit, et prophetam vel justum in nomine prophetæ vel justi suscipientibus, mercedem prophetæ et justi promittit. Dignetur ipse, si me vobis præesse decrevit, talem efficere, qui vos in pascuis gregum ejus possim digne deducere, sibique de vobis sine meo periculo lucra multiplicia comportare."

Enters on his office.

Hæc et his similia perplura non sine lacrimis dixit, fratrumque omnium animos in sui amorem amplius excitavit. Delectabantur nihilominus et turbæ, quæ irruerant, super his quæ in ipso attendebant, quia morum venustatem quam intrinsecus in mente habebat, extrinsecus in vultu repræsentabat. Ne vero circa hæc prolixius exequenda diutius immoremur, consummatis omnibus quæ in ejus susceptione agenda videbantur, dimissisque omnibus in propria, tam his scilicet qui venienti occurrerant, quam his qui eum a Cantuaria venientem non sine gravi mærore deduxerant, ipse de cætero in medio fratrum conversari cœpit, seque omnibus formam bene vivendi verbo et exemplo exhibuit, studens omnimodis amplius ab omnibus amari quam timeri.

Demurs to receiving his benediction from the Bishop of Chichester.

Sic electo, sic in monasterio suscepto, sola restabat adhuc, ut sic consummarentur omnia, benedictio ab episcopo percipienda. Verum quoniam ad ejus notitiam jam venerat, prædecessoribus suis abbatibus ab episcopis Cicestrensibus frequens et multiplex illata vexatio, cavendum sibi omnimodis decrevit, ne in benedictionis susceptione, vel obedientiæ professione, quicquam præpropere fieret, quo sibi simile aliquid vel deterius contingeret. Advenit illuc interea a Cicestrensi episcopo Johanne directus Cicestrensis ecclesiæ decanus Jordanus cum quibusdam concanonicis suis, ut electum abbatem super benedictione percipienda convenirent, ejusque animi propositum indagarent. Quorum adventus causa plenius audita et cognita, electus ipse electionis suæ per regnum et sacerdotium factæ modum et ordinem eis exposuit, seque extra regis et archiepiscopi conscientiam nihil inde facturum esse asseruit, maxime cum id in se habere viderentur monasterii libertates, quod electus abbas in suo monasterio deberet benedici, sicut primum abbatem Gausbertum Cicestrensis episcopus benedixit. Et ut majorem assertioni suæ faceret fidem, cartas monasterii idipsum continentes in eorum præsentia fecit exhiberi. Dimissis itaque clericis *Applies to the King;* post modicum idem electus regem et archiepiscopum adiit, rem totam eis exposuit, nolle se asserens aliquid per se temere attemptare, quo monasterii dignitates videretur imminuere. Persuasum est itaque domino regi ab his qui erant a latere, ut a quolibet episcoporum suorum electum ipsum in sua faceret benedici præsentia ne si alias extra regis præsentiam benediceretur, aliqua forte adversus eum per episcopum et canonicos Cicestrenses controversia excitaretur, qua postmodum vexationi subiceretur. Quod cum nemo in præsentia regis præsumeret attemptare, possent omnia cum pace consummari, relicta posteris memoria pii affectus, et regiæ protectionis ad monasterium quod est coronæ regiæ signum.

Videbatur sic persuadentibus rex assensum velle præbere, cum Cantuariensis archiepiscopus Ricardus ipsum electum benedicendi a domino rege licentiam petiit et impetravit, nullam se asserens hoc appetere consuetudinis *with whose consent he receives benediction from the Archbishop.*

vel subjectionis occasionem,[1] sed ex pio dilectionis affectu quo se devinctum fatebatur electi personæ.[2] Data ergo die Dominica, cujus diem crastinum celebrem reddebat sancti Michaelis solennitas, venit electus abbas, abbatis nomen et officium jam plenius suscepturus, usque Mallingam, manerium scilicet archiepiscopi juxta Lewes situm, ubi ab archiepiscopo et a suis cum honore susceptus, solenniter omni amota professione, vel etiam professionis interrogatione, est benedictus. Unde in crastino quo ut diximus beati Michaelis solennis agebatur memoria, cum ad monasterium suum reverteretur, occurrente sibi processionaliter festive omni congregatione, cum magna omnium susceptus est exultatione, cognita ejus ad secum commanendum confirmatione.

Grows more strict in his life and conversation.

Cœpit jam tunc esse in orationibus devotior, in divinis meditationibus ardentior, in vigiliis crebrior, in exhortationibus et exemplorum bonorum operibus studiosior, in lectionibus frequentior, verbo et opere omnibus bene vivendi forma factus. Misericordiæ visceribus affluens omni se petenti tribuebat, omnibus sine discretione personarum hospitalis, omnibus prætereuntibus ad ingrediendum monasterii portis apertis, tam ad reficiendum quam ad pernoctandum. Personis quas monasterii regula intra ipsius septa non permittit pernoctare, extra murorum ambitum fecit hospitalitatis humanitatem impendere. Obsequiis divinis in monasterio, lectioni et meditationi simul cum fratribus vacabat in claustro, cibum sumebat in refectorio, ubique in omnibus unus, hoc solo excepto, quod in communi fratrum non quiescebat dormitorio. Patiebatur enim assiduam stomachi indigeriem, qua supra modum ab annis juvenilibus vexatus, nunquam facile nisi medicinarum usu, et tunc quidem cum difficultate solvebatur. In cujus solutione cum esset verecundissimus, neminem admittebat consortem, neminem vel ad visum vel ad auditum proximum. Hac ergo de causa, extra commune fratrum quiescebat

---

[1] *Nulla occasione,* MS.   [2] See the true cause before, p. 152.

dormitorium, alias per omnia conversatus in illis quasi unus ex illis. In gestu, actu, et habitu, nihil tumidum, nihil quod levitatis notam prætenderet ostendebat, bona providens semper, et in omnibus non tantum coram Deo, sed etiam coram hominibus. Inerat ei discreta modestia et modesta discretio, communi fragilitati condescendere, omnibus omnia fieri, nolens a malo vinci sed magis studens in bono vincere. In expositionibus scripturarum divinarum, et in tractatibus, quos undecumque sumens materiam vel in scriptum redigebat vel ad edificationem audientium nunc Latine nunc Gallico sermone,[1] frequenter vero ad edificationem rudis vulgi lingua materna publice pronuntiabat, tam evidens, tam facundus, tam gratus omnibus apparebat, ut quæ obscura videbantur, et ab antiquis doctoribus minus explanata, lucida redderet et evidentissima, nec fastidirent audientes, licet quandoque diffusius loqueretur, loquentis prolixitatem, tum personæ tum sermonis ab eo prolati delectati dulcedine. Excitabatur eo amplius ad eum audiendum fidelium devotio, dum ipsum non attenderent aliud loquentem et aliud operantem, quia se secundum quod ore proferebat, operum executione exhibebat. Interiorem vitam ejus, et intimum circa Deum et proximum devotionis affectum divino examini jam de cætero dimittentes, qualiter in rerum sibi commissarum regimine se habuerit perstringamus.

Expounds the Scriptures, and preaches in Latin, French, and English.

Cum post susceptam ab archiepiscopo benedictionem, et in pastorali regimine confirmationem, per aliquot dies in monasterio suo resedisset, a jam substituto sibi successore in Cantuariensis ecclesiæ Christi prioratu Benedicto,[2] postmodum Burgensi abbate, rogatus Cantuariam adiit, ubi cum tanta solennitate a monachorum universitate, et ci-

Pays a visit to Canterbury.

---

[1] This is undoubtedly the same Abbot who composed a gloss on the Psalter, found by Leland in the library of Battle Abbey. Collect. III. 68. See the additional notes.

[2] He was chancellor to the archbishop. See Sumner's "Canterbury," ii. 115. A more detailed account of him will be found in Gunton's "History of Peterborough," p. 285; drawn from original sources.

vium ac promiscui sexus multitudine processionaliter est susceptus, ac si adesse nuntiaretur cœlestis angelus. Paucis ibi moratus diebus, curiam domini regis postmodum adiit, ubi a rege tanti habitus est, ut quendam Rogerum Cantuariensis ecclesiæ monachum, regi omnino incognitum in monasterio sancti Augustini Cantuariæ abbatem[1] fieri permitteret, eo solo contentus, quod abbas de Bello ipsius commendavit personam. Licet enim prædictus Rogerus alios ab initio mediatores apud regem habuerit et intercessores, non potuit tamen rex ad consensum pertrahi, nisi prius constaret sibi de honestate personæ ex abbatis de Bello cui fidem habuit commendatitia assertione, sciens eum morum ipsius per experimentum habere notitiam, quem suæ noverat subditum disciplinæ, cum prioratu fungeretur Cantuariensis ecclesiæ. Sic illo promoto, contigit prædictum Cantuariensis ecclesiæ priorem Benedictum regis indignationem incurrere. Sed abbate interveniente, qui mediator intercessit, rex eundem priorem in tantam gratiam recepit, ut eum processu temporis ad abbatiam Burgi promoveret. Hæc ideo inseruimus, ut quantæ apud ipsum regni principem, seu quaslibet diversæ conditionis personas habitus sit reverentiæ, quantæ opinionis, quantæ honorificentiæ, liquido possit adverti.

One of the charters granted by William I. destroyed by age. The Abbot endeavours to have it renewed.

Unam ex cartis regis Willelmi, fundatoris monasterii de Bello, contigit tunc temporis in ipso monasterio vetustate dissolvi. Quam cum abbas regi porrexisset, "Hæc," inquit rex, "renovatione indigeret." Abbate ad hoc respondente, "Et nos ut eam si placet auctoritate regia renovando confirmetis supplicamus;" "Non hoc," inquit rex, "nisi ex judicio curiæ meæ facturus sum." Divertit ad hæc abbas a rege, et virum illustrem Ricardum de Luci adiens, regis sibi exposuit responsum. Ad quod vir illustris Ricardus respondens, "Si nostrum," inquit, "super hoc expectatur judicium, ad effectum petitionis tuæ unanimem invenies totius curiæ consensum." Loco et tempore ex consilio viri illustris Ricardi expectato, cum

[1] See Thorn, p. 1819, for the ground of this displeasure.

post modicum rex in medio procerum suorum resideret, abbas procedens cartam suam vetustate dissipatam in conspectu omnium proposuit, et ut regia auctoritate renovaretur expetiit. Rege super hoc, si faciendum esset necne, judicium procerum requirente, "Decet," inquit Ricardus de Luci, "decet vos si placet domine cartam ecclesiæ de Bello renovare, cujus etiam si omnes cartæ perissent, nos omnes cartæ ejus esse debemus, qui de conquisitione apud Bellum facta feodati sumus. Et quoniam judicium nostrum utrum faciendum sit necne exigitis, ut cartam prædictam auctoritate vestra confirmando renovetis adjudicamus." Rex ad hæc, vocato Waltero de Constanciis, tunc cancellario suo, postmodum Lincolniensi episcopo, et post modicum Rothomagensi archiepiscopo, jussit cartam novam nominis et sigilli regii secundum formam cartæ veteris fieri, præcipiens cartæ novæ imponi se confirmationem illam fecisse pro amore Dei et petitione Odonis abbatis, nomen et meritum ejusdem abbatis volens esse in recordatione. Et quoniam in cartis et munimentis, a diversis personis, diverso tempore super eodem negotio datis, solet in posterioribus priorum mentio fieri, ita ut quod posterius est videatur præcedentium exigere testimonium hujusmodi verbis, "sicut carta illa vel illius N testatur," jussit rex ne clausula illa insereretur, sed aliam antea inusitatam ipse dictavit, et super his quæ viderat in persona propria testimonium perhibens, cartæ præcepit imponi, hoc modo: "Quoniam inspexi cartam Willelmi proavi mei, in qua præscriptæ libertates et quietantiæ, et liberæ consuetudines ab eo præfatæ ecclesiæ concessæ continebantur." Nec dedignatus est inclitus princeps super prædicta clausula reddere rationem. "Si," inquit, "clausula quæ suppressa est inserta fuisset, carta posterior sine priore modicum conferret. Nunc vero nulla in posteriori de præcedentibus originalibus facta mentione, hæc carta sola sufficeret, etiam si omnes aliæ cartæ de Bello deperissent." His a rege dictis, exegit abbas a cancellario et obtinuit, ut sibi tres cartas unam eandemque formam secun-

The Abbot obtains several copies of the charter to be signed by the King.

dum præceptum regis continentes scribi, regisque sigillum singulis faceret apponi. Commissæ sibi ecclesiæ diligenter in hoc et prudenter prospexit, ut quoniam possessiones monasterii sunt a monasterio plurimum remotæ, siquando quavis ex causa quamlibet trium cartarum contingeret, vel etiam duas extra monasterium alias deferri, una saltem earum ad manum semper haberetur in monasterio.

The prior and convent appropriate the church of St. Mary's Battle during the vacancy.

Infra quadriennium quo, ut superius expressum est, post decessum abbatis Walterii, destituta pastore vacavit ecclesia, contigit Humfridum quendam presbiterum et personam ecclesiæ beatæ Mariæ de Bello, quæ contigua muro monasterii parrochialis habetur, huic vitæ finem facere. Prior et conventus licet orbati pastore, ipsam et ecclesiam in usus proprios auctoritate propria redegerunt, omnes ex ea provenientes fructus nemine contradicente percipientes, capellano quodam in ea vicarii officium exequente, sed nihil in ea perpetuitatis habente. Institerunt plures precibus ut eis ecclesia a conventu concederetur, nec obtinuerunt. Inter quos Ricardus, tunc Pictavensis archidiaconus, postmodum vero Wintoniensis episcopus, scripsit eis diligentius supplicans, tanto de impetrando securior, quanto videbatur esse potentior. Sed prior et conventus inito communi consilio, scribenti rescripserunt, prædictam ecclesiam monasterii esse capellam, adeo ut ipsius capellæ altare quasi unum ex altaribus monasterii habeatur, capellanum inibi ministrantem consiliorum monasterii tanquam unum ex monachis debere esse conscium,[1] et ob hoc fidelissimum, hujusmodique ac similibus de causis se nemini memoratam ecclesiam concessuros, nisi qui in ea in propria persona ministraret. Me-

Aluredus de S. Martino intercedes with the King for the vicarage to be given to Thomas, his chaplain.

morato archidiacono a petitione sua ad hujusmodi responsum cessante, quidam Aluredus de sancto Martino qui in finibus Hastingensium sub comite Augi vicecomitis exequebatur officium, a domino rege, tunc temporis trans mare moram faciente, litteras ad priorem et conventum impetravit deprecatorias, ut ecclesiam prædictam cuidam

---

[1] Added in the margin; "qualis debeat esse decanus."

capellano Thomæ nomine ipsi Aluredo tunc adhærenti concederent. Sed fratrum universitas hujusmodi mandatum ægre suscipiens, habito unanimi consilio monasterii sacristam Robertum de Chaam nomine, ipsi Aluredo notum et familiarem, ad eum trans mare direxit, cum eo omnimodis acturum, ut a petitionis suæ recedens instantia super præfata ecclesia eos minime vexaret, clericoque suo alias provideret. Prosperatum est iter fratris transfretantis, expeditoque per eum negotio, memoratus Aluredus a sua petitione quievit quam universitati fratrum onerosam esse cognovit. His ita quiescentibus quieverunt et cæteri, pos- *But quits his intention.* seditque ex tunc pacifice ecclesiam universitas monasterii, *The church is appropriated* toto postmodum tempore quo monasterium abbate caruit, *for lights for the monastery.* usque ad Odonis abbatis adventum, eam ad luminaria monasterii assignans, maxime autem ad cereum coram majori altari et corpore Christi, reliquiis quoque sanctorum inibi repositis jugiter arsurum. A prima enim fundatione monasterii usque ad tempus illud, lampades oleo immundo et fœtido infusæ coram Christi corpore accendebantur. Sus- *In fear of a legatine visit,* cepto apud Bellum Odone abbate, post paucos susceptionis suæ dies scripsit ei Ricardus Cantuariensis episcopus, totius Angliæ primas, et apostolicæ sedis legatus se auctoritate legati illo esse venturum. Sciens itaque abbas clericorum archiepiscopi cupiditatem, qui si forte sæpe nominatam ecclesiam parrochialem vacantem invenirent, eam importunis precibus archiepiscopi mediantibus de manibus suis extorquerent, decrevit adventum archiepiscopi prævenire, ex consensu conventus licet ægre sustinentis, cuidam cognato suo, Johanni nomine, capellano ecclesiæ de Heriatesham, eam concedens, mediante tamen conditione, ut scilicet in propria persona in ea deserviret. Et ne moleste ferret conventus assignationem suam super ecclesia irritam fieri, luminaria quoque quæ ad decus et decorem monasterii constituerant crederent debere extingui, satisfecit eis abbas super luminaribus non extinguendis, promittens se alias satis habunde provisurum, quo sic continuarentur, ne super ipsis quicquam subtraheretur.

The Abbot presents John, chaplain of Herietsham, his relative,

Admissus in ecclesiam præfatus Johannes solo jure advocationis, jamque nimium securus, cœpit de institutione sibi per episcopum facienda minus esse sollicitus, trahebaturque animo ad vicariam ecclesiæ de Heriatesham in qua ex multo tempore ministraverat, dicens se personæ illius ecclesiæ fidei et sacramenti interpositione obligatum, ministerii sui termino nondum præterito. Cumque hæc in Augusto mense gererentur, inducias seipsum expediendi usque ad festum sancti Michaelis petiit et impetravit, ministrante interim in concessa sibi ecclesia capellano quodam circa regimen animarum minus idoneo, quod quidem abbas moleste accipiebat. Veniente atque elabente induciarum termino, venire distulit qui expectabatur, mandans se nondum plene expeditum, petensque iterato inducias usque ad natale Domini subsequens, et super petitis impetrans. Sed nec tunc veniens, rursus inducias usque ad pascha expetiit, et ægre optinuit. Cumque jam pascha pertransisset, et nec etiam tunc ipse veniret, satis intellexit abbas eum frustratoria dilatione moras nectere, quo possit in propria persona in prædicta vicaria de Heriatesham ministrare, et per vicarii administrationem fructus parrochialis ecclesiæ de Bello percipere. Dicebatur etiam aliud aliquid esse in causa, quare abbatis subterfugeret præsentiam. Nam cum minus continens esse diceretur, abbatis verebatur honestatem, sciens quod ab abbatis amicitia alienus redderetur, si inhoneste ac turpiter vi-

on his refusal to reside,

vens, incesti notaretur infamia. Dedit ergo ei abbas in mandatis, ut infra nativitatem sancti Johannis Baptistæ sese expediens omni excusatione postposita veniret, sin autem, alium in memoratam ecclesiam instituendum ipso penitus excluso provideret. Cum autem nec tunc adquiesceret, immo magis habita secum deliberatione responderet, se malle alienum fieri a personatu parrochialis ecclesiæ de Bello, quam a vicaria ecclesiæ de Heriatesham, cœpit jam tunc abbas de alio instituendo esse sollicitus, beatæ Dei genitrici, in cujus memoriam constructa est ecclesia, humiliter supplicans, ut in ecclesia sua ministrum provideret idoneum. Sacerdotes quos bonæ opinionis et famæ esse didicit, tam ex remotis partibus quam ex finitimis plures ad se venire faciens, eis sæpedictæ ecclesiæ ministerium obtulit, et ex ea proveniens beneficium. Sed in locis oportunis congruas ad ministrandum mansiones habentes, nota pro ignotis noluerunt commutare. Suggestum est interea abbati de quodam diacono Waltero nomine, qui in Bercsire in episcopatu Saresberiensi moram faciens, et inde trahens originem, immunis quoque ab omni ecclesiastico beneficio, in gestu et actu inter scolarum exercitia morum prætenderet honestatem. Dicebatur a quibusdam, divinitus de eo fuisse revelatum, ut ad prænominatæ ecclesiæ ministerium vocaretur, loco manifeste in quo esset inveniendus declarato. Abbas ergo litteris ad eum directis, ut secum locuturus veniret mandavit, venitque vocatus, in loco, super quo revelatum fuisse dicebatur, inventus. Cui licet antea incognito abbas regendam obtulit ecclesiam, et ut in ea ministraturus proximo ordinationis tempore susciperet presbiteratus officium. Diaconus nulla cupiditate illectus, seseque humiliter excusans, respondit, "Propositi sui nondum esse ut regendarum animarum curam susciperet, ad quam se minus idoneum asserebat, summo sibi esse desiderio scolasticis adhuc exerceri studiis, nihil super re tam ardua se posse repente præsumere, nisi prius inquisito amicorum suorum assensu atque consilio." Has et hujusmodi prætendens excusationes, nitebatur omnimodis subterfugere quod solent multi summo desiderio affectare. Instabat abbas ut quod offerebatur susciperet, dicens hoc magis ex divino quam ex humano provenisse consilio, ut ad sæpedictæ ecclesiæ regimen vocaretur, ipsum Dei et beatæ Virginis matris incursurum offensam, si subterfugeret vocationem quam constabat omnino esse canonicam. Hæsitabat inter hæc diaconus cui se parti potissimum inclinaret, suscipiendi scilicet aut recusandi, quia suscipiendo, scolastici exercitii disciplinam relinquere penitus erat proposito suo contrarium; et recusando, Dei offensam incurrere erat periculosum. Paucorum ergo dierum habita deliberatione, magnorumque ac prudentum virorum usus consilio, licet non sponte consensit, suscepitque ecclesiam sæpedictam ab abbate et conventu in capitulo Belli, ex jure patronatus, Johanni tunc Cicestrensi episcopo, qui jam successerat Hylario post modicum præsentatus. A quo personatum ecclesiæ curamque animarum suscipiens, proximo ordinationis tempore ad sacerdotii gradum est promotus. Ministravit ex tunc in commissa sibi ecclesia, verbo et exemplo, populum sibi creditum diligenter instruens, factusque forma gregis, sic omnes ad virtutum provectum informare studuit, ut liquido possit adverti, vocationem ipsius a Deo fuisse, qui eum ecclesiæ suæ præviderat necessarium et utilem fore.

Tunc temporis accidit quendam Hugonem[1] Romanæ ecclesiæ diaconum cardinalem a latere domini papæ Alexandri missum, legationis gratia venire in Angliam, qui convocatis archiepiscopis, episcopis, abbatibus, et totius regni clero, concilium generale apud Westmonasterium concitavit, tum de negotiis pro quibus venerat tractaturus, tum de statu Anglicanæ ecclesiæ, et causis ecclesiasticis cognaturus. Abbate de Bello, generali edicto inter cæteros ad concilium vocato, scripsit ei prædictus legatus auctoritate apostolica, speciale sibi dirigens mandatum, ut omni excusatione remota in præsentia sua appareret, Godefrido de Luci super ecclesia de Wi responsurus, et juri pariturus. Abbas suscepto hoc mandato, plurimum turbatus est animo, sciens dominum regem prædictam ecclesiam de Wi præfato Godefrido de Luci, vacante ecclesia de Bello, absque omni exceptione dedisse et confirmasse, ipsum quoque Godefridum ad præsentationem domini regis a Ricardo Cantuariensi electo

---

[1] Generally called in our chronicles Hugutio or Hugezun. See Will. Neubrigens. iii. 1; Girald. Camb. p. 475; Dialogus de Vita; Hoveden, f. 313, 314, b. These events happened in 1176.

fuisse susceptum, et auctoritate, qua electus potuit, in ecclesia institutum, carta nihilominus sibi a præfato electo super ipsius institutione præstita, quam idem electus postmodum ab apostolica sede rediens, et a papa Alexandro consecratus, jam archiepiscopus, jam primas, jam apostolicæ sedis legatus, omni qua fungebatur auctoritate confirmaverat. Metuebat ergo cernens undique imminens periculum, quoniam si adversus Godefridum litem iniret, contra regiæ auctoritatis donationem, et archiepiscopi institutionem, ac utrorumque confirmationem, contraque dominum Ricardum de Luci sæpedicti Godefridi patrem, totius Angliæ post dominum regem justiciam capitalem irreverenter agere videretur. Si vero liti renuntians a causa deficeret, mox ecclesia de Wi Godefrido absque ulla exceptione tota adjudicaretur, monasteriumque de Bello annis singulis amissioni decem marcarum subjaceret. Recurrens igitur abbas ad nota et consueta devotionis et orationis præsidia, seseque fratrum commendans orationibus, dominum regem adiit, quomodo in causam traheretur exposuit, prudenter principis animum, cui se parti potius inclinaret, cupiens indagare. Supplicabat regi, "Ut se verbo simplici certum redderet, si ecclesiam de Wi Godefrido de Luci concessisset necne; asserens se nullatenus adversus ipsum Godefridum litem initurum, si sibi de regis donatione posset certius innotescere." Rex donationem per se factam sciens non esse canonicam, cœpit dissimulare, dicens, "Non se habere in memoria quod sæpedictam ecclesiam Godefrido concesserit vel confirmaverit." Abbas ab eo nihil certum valens extorquere, divertit ad archiepiscopum, sciscitans ab eo si Godefridum ad præsentationem domini regis in ecclesia de Wi personam instituisset et institutionem auctoritate qua fungebatur confirmasset. Archiepiscopo magna cum assertione protestante se Godefridum non nisi ad portionem ecclesiæ, quam Willelmus presbiter, de quo superius facta est mentio, die qua in fata concessit, possederat, instituisse, nihilque super his quæ archiepiscopum contingebant esse verendum, abbas quasi jam secure litem ingressurus, jam de solo advocato, cui causam suam committeret defendendam, cœpit esse sollicitus. Conveniens itaque quendam clericorum archiepiscopi, magistrum scilicet Gerardum cognomento Puellam, virum quidem eruditissimum et litteratissimum, postmodum vero Cestrensem episcopum, causam suam sibi exposuit, rogans ut antiquæ familiaritatis gratia sub mutuæ vicissitudinis obtentu eam fovendam susciperet. Clericus ille, audita et plenius cognita causæ serie, respondit, causam illam dominum suum archiepiscopum contingere, nec se partem aliquam posse tueri, quia domini sui actus velut minus rationabiles videretur improbare. Illo sic excusante, abbas magistrum Bartholomeum Exoniensem episcopum sibi olim familiarem expetiit, ut una cum clericis suis secum in causa sua staret. Episcopus cognoscens quod adversus Godefridum de Luci esset agendum, respondit eundem Godefridum Exoniensis ecclesiæ esse canonicum, nec se causam alienam, ad se non pertinentem, contra canonicum suum posse fovere. Prætendente episcopo hujusmodi excusationem, declinavit abbas ad magistrum Johannem Saresberiensem, postmodum Carnotensem episcopum, eum de causa sua consulens, et auxilium postulans. Sed idem Johannes se excusans, " Canonicus," inquit, " sum Exoniensis ecclesiæ, nec Godefrido cum ejusdem ecclesiæ socii et concanonici simus possum adversari." In hunc modum se excusabant omnes,[1] quotquot habere credebat amicos et familiares. Clerici domini regis et archiepiscopi, causam illam dominos suos dicebant contingere, nec se dominorum suorum diffinitionibus posse contradicere. Episcoporum et clericorum alii dicebant Godefridum esse canonicum suum, alii concanonicum. Communis omnium et generalis erat excusatio, se indignationem domini Ricardi de Luci pa-

[1] All these persons to whom the Abbot addressed himself were friends of the Archbishop Thomas à Becket; and various letters addressed to them are found in the Epist. Joan. Sarisburiensis.

tris sæpedicti Godefridi, nolle incurrere. Abbate in angustia posito, persuasit ei quidam, ut cum quodam clerico legis perito, qui cum legato de Italia venerat loqueretur, sicque cum eo ageret, ut causæ suæ susciperet advocationem, quia terrarum domini regis nec indigena nec incola, nec beneficio seu quavis familiaritate Cisalpinis obnoxius, non regem, non principem, non archiepiscopum, non episcopum, non quamlibet ecclesiasticam secularemve regni personam in qualibet advocatione verebatur. Adquievit abbas persuadenti, clericumque conveniens causam suam sibi exposuit, cujus advocationem clericus suscepit ab abbate marcam argenti recepturus. Jam securus abbas sese recepit hospitio, litem ingressurus in crastino. Nocte superveniente cum jam hora quietis instaret, affuerunt quidam a prædicto clerico ad abbatem transmissi, mandatum ipsius abbati viva voce exponentes, quod scilicet causam, super qua inter eos convenerat, fovere non poterat, quia domini regis et magnatum terræ indignationi subjacere nolebat. His auditis, nuntiisque qui venerant dimissis, jam omni spe consolationis succisa, anxiatus est in abbate spiritus ejus, sui quoque plurimum anxiebantur. Et quemadmodum inter mæstos solet frequenter accidere qui cum mæstitudinis suæ remedium non habeant, aliquid sæpe loquuntur aut faciunt, per quod mæstitudini suæ amplius adiciunt sic unus eorum qui cum abbate erant, propinquus ei et cæteris familiarior, ad abbatem conversus dixit: " Si mihi domine cæterisque qui vos contingunt propinquis, impensas sufficientes contulissetis, quibus scolas frequentare possemus, in lege et decretis jampridem exercitati, vobis in instanti et in aliis necessitatibus possemus esse præsidio. Nunc vero in scripturis bruti et hebetes, a nobis ipsis consilium non habemus, nec ab aliis prece vel pretio consequi valemus." Ad hæc abbas, " Jam me," inquit, " fere pœnitet, quod studio legum animum non apposuerim." Omnibus qui aderant tum ex naturæ necessitate, tum ex nocturna consuetudine quiescentibus, abbas parum aut nihil repausans noctem totam aut noctis

Is persuaded to apply to a lawyer in the train of the legate.

The lawyer declines it.

partem majorem pervigil in oratione transegit insomnem, se causamque suam Deo commendans, sanctoque Martino, ut sibi advocatus fieret, humiliter supplicans. Celebratis in crastino divinis officiis, simpliciter cum suis ad locum decisioni causæ præfixum processit, parte adversa ex opposito veniente cum advocatorum multitudine. Procurator et advocatus principalis in causa partis adversæ erat quidam magister Ivo Cornubiensis, qui procedens in medium, litterasque patentes Godefridi de Luci tunc in transmarinis scolas frequentantis in publicum proferens, commissam sibi manifestavit causæ, procurationem, et Godefridi ratihabitionem. Erat autem tunc ibi, utpote ad concilium vocati, cleri conventus maximus, non tamen præsidente legato, sed quibusdam suorum quibus causæ commiserat decisionem. Præfatus ergo magister Ivo sic exorsus ait. "Satis vobis domini judices ex patenti testimonio litterarum domini mei Godefridi de Luci credimus constare, ipsum utpote in remotis extra hoc regnum partibus scolarum studia frequentantem huic causæ suæ interesse non posse, mihique causam eandem procurandam commisisse. Cujus ego advocatione suscepta, non minorem mihi quam si dominus meus præsens adesset postulo dari audientiam, sed tanto diligentiorem, quanto causam quam fovendam suscepi constat esse justiorem. Cum jam huic vitæ finem fecisset vir venerabilis Walterus abbas de Bello, domini mei Godefridi patruus, totius monasterii dispositio in regiæ sullimitatis devenit potestatem, adeo ut in domini regis fuerit arbitrio, monasterii ipsius regimen cui vellet committere cum tamen in voluntate non habuerit aliquem in eo nisi canonice electum substitui. Nondum penes se deliberaverat majestas regia, cui monasterialis prælationis conferret honorem, cum presbiterum quendam Willelmum personam ecclesiæ de Wi contigit huic vitæ renuntiare. Dominus rex ratione, qua potuit de totius monasterii corpore pro voluntate disponere, prædictam ecclesiam de Wi in fundo monasterii sitam domino meo Godefrido de Luci pietatis et caritatis concessit intuitu, et carta sua, quam ad manum habemus, confirmavit, ut rex, ut fundi dominus, ut monasterii illius, præter cætera regni monasteria, specialis patronus. Nec quidem incongruum fuit domino regi de membris disponere, cui totum corpus erat in potestate." Et hæc dicens, cartam domini regis super donatione et confirmatione in medium protulit. Et adiciens: " Facta," inquit, " jure patronatus hujusmodi donatione, vir venerabilis dominus Ricardus tunc Cantuariensis electus, dominum meum Godefridum, auctoritate qua potuit, ad præsentationem domini regis suscipiens personam absque omni exceptione instituit, datis sibi in testimonii munimentum institutionis suæ litteris, sigillo quod tunc habere videbatur opposito, licet nondum in plena potestate videretur constitutus." Proferensque in publicum litteras, " En," inquit, " ipsius electi testimonium. Sedem apostolicam postmodum adiens, ibique a domino papa solenniter consecratus, ac inde cum plena potestate archiepiscopi, primatis et legati denuo rediens, quod electus minus antea facere poterat, jam confirmatus plena auctoritate instituendo et confirmando roboravit." Et hæc dicendo, cartam archiepiscopi ipso etiam archiepiscopo præsente in omnium oculis ostendit, ita subinferens. " Cum igitur," inquit, " hujus ecclesiæ de Wi non qualemcunque portionem sed ecclesiam totam cum omni juris sui integritate dominus meus Godefridus tam excellenti auctoritate obtinuerit, dominus abbas et monachi de Bello ipsius ecclesiæ medietatem contra regiam episcopalemque dignitatem detinent occupatam. Ergo secundum plenam domini regis donationem et domini archiepiscopi plenam institutionem, plenam petimus possessionem, ad majorem parati probationem, si forte jam edita videatur minus sufficiens; abbati et monachis, plena possessione suscepta, si quid quæstionis adversum nos habuerint responsuri, et secundum juris ordinem satisfacturi."

Stupefactus ad hæc abbas plurimum, stabat expers humani consilii, confisus tamen de divino. Responsurus ad proposita, cum eos quos credebat amicos, ut ad consi-

The Abbot is amazed at the charge.

lium suum venirent benigne rogaret, omnes se modo quo prædictum est excusaverunt, adeo ut nec unus omnium qui aderant præter suos qui secum illo venerant consilium sibi vel auxilium præstiturus procederet. Nemo enim omnium timore domini regis et archiepiscopi et Ricardi de Luci secum stare præsumpsit, cognito quod eos causa contingeret. Aderat illic inter cæteros magister Walerannus Baiocensis archidiaconus, postmodum Roffensis episcopus,[1] qui tunc temporis Cantuariensi archiepiscopo adhærens, illic collateralis magistri Gerardi Puellæ residebat. Hic abbatem intuens in angustiis positum, et divino ut creditur instinctu pietate motus, conversus ad magistrum Gerardum : "Magister," inquit, "Gerarde, sic omnes abbatem de Bello desolatum relinquemus? Dei odium incurrat, qui ei in hac necessitate deerit." Surgensque et magistrum Gerardum amica violentia manu injecta post se trahens, "Eamus," inquit, "et abbatis assistentes consilio, ei in causa sua subveniamus." Venientibus ex insperato ambobus ad abbatis consilium, abbas jam erat animæquior, et de causa sua securior. Non diu protracto, sed maturato expeditoque consilio, redeunt pariter ad judicum consessum, ubi magister Gerardus, agente magistro Waleranno, immo Deo disponente, procedens in spiritu fortitudinis, non regem veritus, non archiepiscopum dominum suum, non principes, non quoslibet eorum fautores, libera voce cœpit in hunc modum pro abbate allegare : "Sicut ea," inquit, "quæ canonice sunt inchoata, ut perfectionem obtineant sunt promovenda, sic quæ contra juris ordinem perperam sunt attemptata, in irritum sunt revocanda, aut in statum meliorem transformanda. Allegatum est a parte adversa, quod monasterio Belli pastore orbato, totius monasterii dispositio in manus domini regis devenerit, vacantem interim ecclesiam de Wi in

Walerannus, Archdeacon of Bayeux, takes his part.

Gerard Pucelle speaks in his behalf.

---

[1] He was domestic chaplain of Richard Archbishop of Canterbury, which makes his advocacy on this occasion the more generous and disinterested. He was elected to Rochester in 1182, and died in 1184. See Wharton's Ang. Sac. I. 346; Godwin, p. 528.

fundo monasterii sitam dominus rex domino Godefrido de Luci contulerit, quodque eum regia auctoritate præsentatum dominus noster Cantuariensis primum electus, postmodum archiepiscopus, ad eandem ecclesiam susceperit, et in personam instituerit. Ad hæc imprimis salva pace domini regis respondemus, quod in rebus ecclesiasticis nihil juris obtinet potestas secularis.[1] Licet ad tempus, in rebus monasterii pastore orbati, visa fuerit majestas regia pro potestate sibi juris aliquid vendicasse, nihil tamen ad detrimentum monasterii abbatisve futuri de jure potuit vel debuit immutare, alienare, seu aliquatenus disponere, sed abbati futuro, resignanda omnia in sua integritate, conservare. Domini igitur regis super ecclesia de Wi in fundo monasterii sita nulla debuit esse donatio, quia vacantis cœnobii non tam patronus quam custos, nullam in eo proprii juris obtinuit possessionem, nec de jure alieno facere debuit donationem. Cum ergo, palam sit quod sit irrita donatio, consequens omnino est ut etiam irrita debeat esse præsentatio, quia qui non potuit dare, nec debuit præsentare. Præsentatus domino Cantuariensi electo per eum dicitur fuisse admissus, sed licet ratione præcedentium minus canonica fuerit institutio, et ideo irrita, alia tamen consideratione nulla fuit, nec esse potuit, quoniam electione archiepiscopi per summum pontificem nondum confirmata, electus admittendi vel instituendi non habuit potestatem. Consecratus a domino papa archiepiscopus, et a sede apostolica in plenitudine potestatis reversus, quod minus antea fecerat dicitur solennius fecisse, et episcopali auctoritate confirmasse, sed nulla esse debuit vel potuit ipsius confirmatio, cum in ipsius consecratione sint omnia a summo pontifice cassata, quæ ante consecrationem ejus electionis tempore ab ipso fuerant instituta. Cum

---

[1] This was a bold statement. See p. 91, where the narrator details, with very different feelings, the same reasonings urged by the Bishop of Chichester against the privileges bestowed by the King on the abbey. It is somewhat remarkable that in both cases the doctrine was propounded by foreign canonists.

igitur electionis tempore facta fuerit præsentatio et præsentati institutio, dum omnia in consecratione revocantur in irritum, constat etiam quod quicquid circa præsens negotium est attemptatum sub universitate concluditur, unde et in irritum proculdubio revocatur. Quia enim respectu apostolicæ auctoritatis modica aut nulla esse dinoscitur potestas episcopalis, quæ ab excellentiori dissolvantur, per inferioris ordinis gradum nequivit accipere firmitatem. Totius itaque rei serie diligentius considerata, dum omnia in juris ecclesiastici præjudicium perpetrata videntur, firmitatis suæ non immerito robur amittunt, quoniam in ecclesiasticæ soliditatis radice non subsistunt. Plenæ institutionis postulat pars adversa beneficium cum potius beneficio portionis privari meruerit, quod in præfata ecclesia de Wi nullo rationis titulo dinoscitur possidere. Spoliatum est jure suo vacans monasterium, nec tenentur injuste spoliati, in jure suo respondere nisi primum restituti, unde et dominus abbas de Bello pro monasterio suo agens juris sui petit restitutionem, postmodum paratus ad exhibendam justitiæ plenitudinem." Cum in hunc modum magister Gerardus in omnium audientia perorasset, et allegationem suam legum ac decretorum quæ hic inserere longum erat auctoritatibus comprobasset, jamque pro allegatione partium ferenda esset sententia, delegati judices haud dubium quin adversæ parti respectu potestatis deferentes, sententiam sub dissimulatione reliquerunt, et partibus ut componerent præceperunt. Abbas cui plus erat desiderio pacis bonum quam lis atque contentio, ex multarum consideratione circumstantiarum decrevit compositionem non respuere, sciens se jam nihil eorum quæ possederat amissurum, immo magis confisus se amplius adepturum. Formata est illic, viris discretis huic inde intervenientibus, hujusmodi compositio, ut scilicet decimis de Bekewelle et Beawerdregge et Holeford ad sacristariam monasterii de Bello ab antiquo assignatis, in eadem assignatione permanentibus, de cætero Godefridus de Luci totam ecclesiam de Wi nomine vicariæ perpetuæ sub pensione xv. marcarum monasterio annuatim solvenda possideret. Et quoniam, ut prædictum est, Godefridus tunc temporis in transmarinis moram faciebat, in reditu suo ad monasterium Belli in propria persona accederet, instrumenta omnia quæ vel regis vel archiepiscopi nomine super præfata ecclesia habere videbatur, monasterio resignaret, munimentumque per quod compositio firmaretur a solo monasterio reciperet. In hunc modum formata et hinc inde approbata compositione, abbas Deo et beato Martino gratias agens in sua rediit, jam tanto hilarior, quanto de causa sua securior. Interrogatus inter gratulandum si jam graviter ferret, quod decretorum ac legum exercitium non haberet, jocunde respondens, "Nulla," inquit, "lex tam bona, nullum adeo efficax decretum, ut est psalmus, *Miserere mei Deus.*" Hæc ideo duximus inserenda, ut liquido detur intelligi quantam habuerit in oratione devotionem, qui jam didicerat in causa sua magis obtinere fusa ad Deum oratione, quam facunda hominum allegatione. Negotium hoc præterea iccirco diffusius texuimus, quia divinæ virtuti abbatisque orationibus ascribendum putavimus, quod cum paulo ante regnum et sacerdotium aut adversus eum publice staret, aut nullo consilio vel auxilio seu prece seu pretio sibi adesset, inopinatum repente divinitus intercessit patrocinium, quo partis adversæ deiceretur de qua confidebat potestas, et advocatorum confunderetur multiplicitas.

Godefridus de Luci his cognitis, licet ægre accipiens, non tamen a forma compositionis resilire prævalens, in reditu suo a transmarinis monasterium Belli in propria persona adiit, resignatisque omnibus instrumentis suis, cartam confirmationis secundum formam pæscriptam ab[1]

* * * * * * *

---

[1] The MS. is, unfortunately, defective.

APPENDIX.

(A.)

FOUNDATION CHARTER TO BATTLE ABBEY, FROM SELDEN'S EDITION OF EADMER.

WILLIELMUS Dei gratia rex Anglorum, tam clericis quam laicis per Angliam constitutis salutem.[1]

Notum sit vobis me concessisse et confirmasse, assensu Lanfranci archiepiscopi Cantuariensis et Stigandi episcopi Cicestrensis, et consilio etiam episcoporum ac baronum meorum, ut ecclesia Sancti Martini de Bello, quam fundavi ex voto ob victoriam quam mihi Deus in eodem loco contulit, libera sit et quieta in perpetuum ab omni servitute et omnibus quæcumque humana mens excogitare potest, cum omnibus dignitatibus et consuetudinibus regalibus quas ei regali auctoritate concessi sicut cartæ meæ testantur. Volo itaque et firmiter præcipio quatenus ecclesia illa, cum leuga circumquaque adjacente, libera sit ab omni dominatione et oppressione episcoporum, sicut illa quæ mihi coronam tribuit, et per quam viget decus nostri regiminis. Nec liceat episcopo Cicestrensi, quamvis in

---

[1] On this charter, Selden observes: "Quantus item fuerit Guilielmus iste in imperio quod circa sacra exercebat, palam videre est in diplomate ejus, quo cœnobio quod a bello in quo vicit Heraldum ad littus Sussexianum denominari voluit, plurima privilegia tam sacris officiis quam jurisdictioni episcopi Cicestrensis derogantia, stylo perquam imperioso concessit. Illud ex ipso autographo quod etiamnum, sigillo regis appenso, servatur in thesauro quantivis pretii Cottoniano, subjungam." Notæ ad Eadm. p. 165.

Some very valuable remarks upon this charter will also be found in Sir Henry Spelman's larger work upon Tithes, showing that this King took upon himself a fulness of ecclesiastical power which had never been witnessed before. P. 186.

illius diocæsi sit, in ecclesia, vel in maneriis ad eam pertinentibus ex consuetudine hospitari contra voluntatem abbatis; nec ordinationes aliquas ibidem facere, nec abbatiam in aliquo gravare. Sed neque super illam, dominationem aliquam aut vim vel potestatem exerceat, sed sicut mea dominica capella, libera sit omnino ab omni ejus exactione. Ad synodum vero abbas ire non summoneatur nec compellatur, nisi propria voluntate pro aliquo negotio ire voluerit. Nec monachos suos, ubi sibi opportunius viderit, ad sacros ordines promoveri facere prohibeatur. Nec altarium sacrationes, confirmationes, vel quaslibet episcopales benedictiones, abbatis vel monachorum requisitione a quolibet episcopo ibidem libere fieri, ab aliquo contradicatur. Hoc etiam regali auctoritate et episcoporum ac baronum meorum attestatione constituo quatenus abbas ecclesiæ suæ et leugæ circumjacentis per omnia judex sit et dominus.

Defuncto abbate de eadem ecclesia abbas eligatur, nisi forte (quod absit) ibidem idonea persona reperiri non possit.

Hanc constitutionem meam sic voto et regali auctoritate confirmatam nullus successorum meorum violare vel imminuere præsumat. Quicumque igitur contra libertates vel dignitates ejusdem ecclesiæ fecerit, forisfacturæ regiæ coronæ subjaceat.

Hujus rei testes sunt Lanfrancus archiepiscopus Cantuariensis, Stigandus Cicestrensis episcopus, Walkelinus episcopus Winton., Wulstanus Wigorn.[1] episcopus; qui omnes, me præsente et audiente, horum præceptorum meorum et constitutionum violatores perpetuo anathemate damnaverunt.

Apud Wintoniam.[1]

---

[1] Selden's Eadmer, Notæ, p. 185

APPENDIX.

(B.)

ABSTRACT OF A SHORTER CHRONICLE OF BATTLE.

From the Cotton MS. Nero D. ii.

1067. Willielmus Angliam cepit, interfecto Haroldo.

1076. Terræ motus factus est; 17kl. Maii eclipsis lunæ rubens; [Gausbertus abbas factus est].[1]

1087. Willielmus Rex ob.; successit Willielmus filius ejus in Anglia.

1089. Lanfrancus ob.

1095. Gausbertus primus abbas Belli ob. et Walterus abbas.[2]

1096. Facta est motio euntium in Jerusalem. [Henricus in abbatem electus est.][3]

1102. Henricus abbas Belli ob.[4]

1107. Lanzo ob. et Willielmus Fiscamn. abbas. Radulphus abbas Belli factus est.[5]

1124. Calixtus P. obiit; successit Honorius. Radulphus abbas Belli ob.; succ. Warnerius.[6]

1133. Eclipsis solis facta est iiii. non. Aug^{ti}, hora vi.

1138. Tetbaldus arch. factus est. Recessit Warnerius.

1139. Successit Walterus.[7]

1161. Theodbaldus arch. ob.

1162. Successit Thomas arch.

1166. Henricus rex obsedit Rad. de Fulg.

1171. S. Thomas arch. martyrizatus est; et Walterus V. abbas Belli ob.[8]

1175. Odo abbas de Bello successit Waltero.[9]

1184. Ricardus arch. Cant. ob.

1185. Successit Baldewinus; et Patriarcha Ierosol. venit in Angliam.

---

[1] See p. 9. His name occurs in a charter, 1088, in Hickes' Thesaurus, according to Willis, ib. p. 178.
[2] P. 42.
[3] P. 44.
[4] P. 47.
[5] P. 51.
[6] P. 60.
[7] P. 65.
[8] P. 136.
[9] P. 148.

1189. Henricus rex Angliæ ob.

1200. Odo abbas de Bello, obiit; cui successit Johannes kl. Maii.[1]

Rex Johannes dedit quandam particulam de Sepulchro Domini ecclesiæ de Bello, a fratre suo rege Ricardo cum aliis reliquiis delatam.

1204. Seinfridus Cicest. ob. cui successit Symon.

1206. Rex Johannes iiii. feria Paschæ ad Bellum veniens in curia monachorum hospitatus est, et casulam decentem super magnum altare obtulit.[2]

(C.)

LIST OF THE ABBOTS OF BATTLE.

From the Registrum de Bello; copied from the Extracts made by Sir William Burrell, now in the British Museum. Add. MSS. 5706.

Johannes de Northburne, 3 Edw. II.
        15 Sep. 6 Edw. II.

Johannes, IV. kal. Nov. 1300, Ed. I.	i.	f. 100
Radulphus, A. D. 1246		f. 111
Joĥes Nuton, IV. Jan., 49 Hen. VI.		f. 113
Riĉus Tovy, II. May, 9 Hen. VII.		f. 114
Walterus		f. 144
Joĥes		f. 145
Walterus, tempore Hilarii episcopi Cicestrensis, et Theobaldi archiepiscopi Cant.		f. 155
Radulphus, A. D. 1250		f. 166
Idem 1249		f. 180
Riĉus		

---

[1] John de Duvra, a monk of Canterbury. He died in 1213.

[2] For an account of the abbots of Battle since this period to the suppression, the reader may consult Browne Willis, ib.; or the New Monasticon, iii. 235.

APPENDIX.

Alanus, A. D. 1331, 1337	f. 293
Radulphus, 41 Hen. III.	f. 299
Riĉus	f. 409
Joĥes	f. 514, 515
Reginaldus, 3 Edw. I.	f. 523
Radulphus, (Ranulfus,) 22 Hen. III.	f. 568
Henricus, v. kal. Aug. 16 Edw. I.	f. 569
Wiłłmus, 25 July, 1415, 3 Hen. V.	ii. f. 1
Riĉus, 9 Hen. VII.	f. 6
Laurentius, 3 Hen. VIII.	f. 7
Idem 4 Hen. VIII.	f. 10
Joĥes, 35 Edw.	f. 31
Walterus	f. 71—214
Odo	f. 71—214
Joĥes, A. D. 1299	f. 72
Joĥes, A. D. 1304	f. 72
Henricus, 14 Edw.	f. 76—216
Reginaldus, 56 Hen. III.	f. 87
Idem 52 Hen. III.	f. 97
Radulphus, 43 Hen. III.	f. 102
Alanus, 1337, 17 Edw. II.	f. 104—222
Odo	f. 124
Reginaldus, A. D. 1275	f. 125
Gausbertus, Will. I.	f. 135
Wiłłs, 10 & 14 Hen. IV.	f. 203—204
Joĥes, 1304, 3 and 10 Edw. IV.	f. 215

(D.)

Taxatio Spiritualium et Temporalium Virorum religiosorum ipsos in Archid. Sudburiæ et Suffolciæ contingentium. A. D. 1200.—MS. penes T. Astle.

Abbas de Bello. { Pro eccl. de Ixning, vii. marc.
Pro pensione in Mildenhall, ii. mar.
Pro eccl. de Bramford, vii. mar. } Spiritual: Fordham Hundred.

(E.)

EXTRACTS OF CHARTERS AND DOCUMENTS FROM THE REGISTRUM DE BELLO.

From the same MS. p. 36.

I.

Confirmation of a Corrady or Exhibition, in the Abbey of Battle, to Alanus de Meltone, Chamberlain of the Bishop of Chichester, on payment of 100 *Marks from the Bishop.*—Registrum de Bello, I. 109.

Universis ad quos præsentes litteræ pervenerint, &c. Joannes Dei gratia abbas de Bello et ejusdem loci conventus salutem.

Noverit universitas vestra nos recepisse a venerabili patre domino G. Dei gratia Cicestriæ episcopo, c. marcas sterling. pro quodam corradio sive liberatione assignata Alano de Meltone, camerario suo, [in] domo nostra; sicut in carta nostra quam eidem Alano super hoc fecimus, plenius continetur. De qua pecunia nobis esse plenarie satisfactum tenore præsentium confitemur. In cujus rei testimonium sigillum nostrum apponi fecimus huic scripto.

Dat. in domo nostra pridie idus Januar. anno Domini 1300.

II.

Terms of the Pension.—Registrum de Bello, I. 109.

Omnibus Christi fidelibus ad quos præsens scriptum pervenerit, Johannes Dei gratia abbas de Bello et ejusdem loci conventus, salutem in Domino sempiternam.

Noverit universitas vestra nos concessisse Alano de Melthone camerario venerabilis patris Domini Gilberti Dei gratia Cicestriæ episcopi, singulis diebus quoad vixerit, duos symenellos majoris ponderis, unum galonem et dimidium cervisiæ conventus, unum ferculum et dimidium tam diebus carnium quam piscium, sicut libera familia nostra habet in aula. Concessimus etiam eidem pro garcione suo duos nigros panes, unum galonem cervisiæ et de coquina sicut uni de propriis garcionibus nostris. Concessimus etiam eidem Alano per annum unum robam cum furura de eodem panno quo vestiuntur armigeri nostri; et cameram honestam infra septa monasterii nostri, fænum ad unum equum, literium et boscum ad focum suum sufficientem.

Concessimus etiam ei quod omnia prædicta possit integraliter percipere sive præsens fuerit, sive absens, excepto fæno, literio et bosco.

In cujus rei testimonium sigillum nostrum præsentibus sunt appensa (sic).

Dat. ap. Bellum, IV. kal. Nov. A.D. 1300.

III.
(Registrum de Bello, p. 143.)[1]

Carta regis Johannis 1o. de custodia domus;—2o.—quod decedentibus abbatibus ejusdem loci, ipsi monachi habeant custodiam domus suæ et liberam administrationem omnium rerum et possessionum suarum, et quod abbatem sibi præficiant de seipsis secundum formam electionum de prelatis quæ est in regno nostro.

IV.

Confirmatio immunitatis ecclesiarum de Bello a subjectione Episcopi Cicestriæ a Papa Honorio, fol. 105. Eadem a Papa Gregorio, fol. 108. — Confirmatio ejusdem a Theobaldo Archiepiscopo Cantuar. fol. 111.—Registrum de Bello, p. 127, 128.

V.

Pope Gregory's Confirmation, &c.—Registrum de Bello, p. 154.

Gregorius abbati et conv. de Bello salutem.

Cum bonæ memoriæ Ylarius Cycestriæ episcopus quondam monasterii vestri abbatem impeteret super eo quod

---

[1] See Prynne's 'Papal Usurpations,' p. 272.

monasterium ipsum multiplici libertate donatum proponebat sibi esse subjectum, demum in presentia claræ memoriæ H. Regis Angliæ et T. Cant. archiepiscopi metropolitani sui apostolicæ sedis legati et aliorum multorum dictum monasterium ab omni jurisdictione sua et ecclesiæ Cicestriæ fore liberum recognovit, et quod ibi ex debito hospitari non poterat vel quicquam disponere, aut exercere episcopalia, celebrare ordines, seu cathedram collocare nisi de abbatis et conventus ipsius monasterii procederet voluntate; cujus recognitionem metropolitanus archiepiscopus auctoritate apostolica et metropolitica comprobavit; Nos ergo—confirmamus.

VI.

Confirmationes Theobaldi Archiepiscopi Cantuariæ super immunitate a subjectione Episcopi Cicestriæ. — *Registrum de Bello*, p. 155.

Theobaldus Dei gratia archiepiscopus, &c.

Notum facio quod coram domino nostro H. rege me presente et archiepiscopo Ebor. Rogero et aliis quamplurimis coepiscopis et abbatibus, et populi multitudine apud Colecestriam, discordia quæ erat inter venerabilem Hyllarium Cycestriæ episcopum, et Walterum abbatem de Bello de dignitatibus et libertatibus ecclesiarum suarum ad pacis concordiam perducta sit, et hoc modo. Episcopus Cicestriæ Hylarius cartarum auctoritate ecclesiæ de Bello, simulque ratione cogente, nobis omnibus audientibus, ecclesiam de Bello, et abbatiam cum leuga circumjacente ab omni subjectione et exactione Cicestrensis ecclesiarum et Episcopi quietam proclamavit et liberam, neque hospitari quasi ex consuetudine in eadem abbatia vel in maneriis eidem ecclesiæ pertinentibus, nec quicquam disponere, vel quælibet ibi prosequi episcopalia, neque ibidem ordines facere, nec cathedram collocare, præter licentiam abbatis et monachorum, se posse vel debere contestatus est. Quod ego—confirmo.

VII.

Litera Stigandi Episcopi Cicestriæ de immunitate a subjectione Episcopi Cicestriæ.—Registrum de Bello, p. 158.

Ego Stigandus Cicestriæ ecclesiæ episcopus, assensu et voluntate omnium canonicorum meorum, confirmo omnes dignitates et libertates, tam ecclesiasticas quam seculares, quascunque rex Willielmus fundator ecclesiæ Sancti Martini de Bello eidem ecclesiæ concessit, et cartis suis confirmavit. Concedo etiam ut si provincia illa episcopali sententia pro aliqua re interdicta fuerit ecclesia Sancti Martini de Bello non cessabit, sed si infra factam interdictionem aliquis prædictæ ecclesiæ frater aut soror morte preventus in provincia sepeliri non possit, requisita memorata ecclesia Sancti Martini, licentiam sepeliendi absque omni calumpnia episcopali habeat, nisi forte is qui sepeliendus est interdictionis fuerit causa. Sitque abbas suæ ecclesiæ et leugæ circumjacentis judex et dominus; ad synodum vero abbas non summoneatur, neque vi cogatur, sed si forisfacturæ Christianitatis alicujus rei infra leugam contigerint, coram abbate diffiniendæ referantur, habeatque ecclesia S. Martini emendationem forisfacturæ, pœnitentiam vero delicti rei ab episcopo percipiant. Liceatque ipsius ecclesiæ abbati vel monachis suis a quolibet episcopo ubi voluerint, vel ubi oportunius fuerit, ad sacros ordines promoveri facere, absque ulla calumpnia vel contradictione ecclesiæ Cicestriæ; or dinationes quoque, confirmationes altarium, consecrationes sacrorum vasorum vel vestium, episcopales benedictiones, in ipso loco abbatis vel monachorum requisitione a quolibet episcopo fieri a nullo prohibeantur. Illud etiam successoribus meis episcopis notum sit, quod non debeant in prefata ecclesia quasi jure consuetudinario missas celebrare, nisi ab abbatibus vel fratribus fuerint requisiti, nec ibidem benedictiones vel ordinationes facere neque cathedram collocare, nec in maneriis ad abbathiam pertinentibus præter voluntatem abbatis hospitari. . . .

VIII.

Taxatio Vicariæ antiqua de Ecclesia de Yclesham.—Registrum de Bello, p. 159.

Ranulphus Cicestriæ episcopus &c. . . . Ad universorum volumus notitiam pervenire quod nos de consensu domini Nicholai Haringot patroni ecclesiæ de Yclesham, consensu etiam et voluntate Reginaldi ejusdem ecclesiæ personæ, vicariam ab eisdem concessam fieri æstimationis xx. marcarum, ita taxavimus et ordinavimus per visum et juramentum multorum a nobis examinatorum de valore pertinentium ad ecclesiam; viz. quod vicarius percipiet omnes proventus altaris et minutas decimas, excepta medietate decimarum feni, et habebit domos et ædificia juxta ecclesiam, et totum illud mansum, et exhibebit ministros ecclesiæ honorifice, et faciet in ea divina celebrari sollempniter, sufficienter et honorifice a duobus capellanis, et solvet personæ iii. marcas argenti annuatim; scil. ad fest. Nat. Domini x^s., ad Pascha x^s., ad fest. S. Johannis Baptistæ x^s., et ad festum S. Michaelis x^s., et sustinebit omnia onera episcopalia vicarium tangentia. Salvo nobis et successoribus nostris in perpetuum jure pontificali et parochiali.

IX.

Confirmatio Ecclesiæ de Westfeld in proprios usus.—Registrum de Bello, p. 163.

Ricardus &c. Cicestriæ episcopus. Ecclesiam de Alciston cum illa de Lullington sibi tanquam membro coherente, cedente vel decedente rectore ejusdem, memoratæ ecclesie nostræ contulimus, salva competenti vicaria.—De ecclesia de Westefeld sic duximus ordinandum;—concessimus abbati et conventui de Bello omnes decimas bladi et leguminum, præterquam in ortis ad prebendum hospitium ad ipsos convenientium. Retenta vicaria—a nobis—conferenda —percipiet quicunque fuerit vicarius omnes obventiones altaris et minutas decimas, decimas feni, terram ecclesiæ cum manso, hominibus, homagiis, redditibus, et integre omnia undecunque obvenientia, seu quandocunque in dicta parochia addictam ecclesiam spectantia, preterquam decimas bladorum et leguminum, prout prescriptum est.—Item percipiet dictus vicarius c. sol. annuos de bladis dictæ ecclesiæ per manus dictorum religiosorum cum una pellicea et cotis decentibus—Dat. A. D. 1251. . .

X

Compositio inter nos et Ecclesiam de Cicestria.—Registrum de Bello, p. 164.

. . . Ut scil. electus de Bello qui pro tempore benedicendus fuerit benedictionem petat et recipiat ab episcopo qui pro tempore fuerit in ecclesia Cicestriæ, et in eadem ecclesia benedicatur electus. Quod si episcopus ibidem eum benedicere noluerit, in alio loco benedicatur quem unanimiter elegerint episcopus et electus excepta ecclesia monasterii de Bello. Electus vero professionem episcopo faciat, non tamen liceat episcopo per professionem hujusmodi in monasterium vel abbatem seu monachos ejusdem monasterii jus vel jurisdictionem sibi aliquam vendicare nisi quæ subscribitur; et installandum auctoritate sua per priorem ipsius monasterii remittat eundem. De triennio quoque in triennium ab abbate et conventu predicti monasterii Cicestriæ episcopus requiratur, ut per aliquem discretum monachum dioceseos Cicestriæ ordines B. Benedicti et habitus eorundum, et qui eis non sit suspectus, secundum eorum constitutiones et approbatas consuetudines, abbate et conventu predictis sibi alium quem voluerint monachum de eadem diocesi associantibus, ipsos visitari, faciat vice sua, tam in capite, quam in membris.— abbas corrigat monasterium; visitatores si concordes fuerint una cum conventu abbatem corrigant. Illi autem monacho qui fuerit ab episcopo transmissus non liceat nisi v. equitaturas habere et servientes suo et equorum suorum servitio competentes. Et nisi evidens necessitas seu beneplacitum abbatis et conventus moram exegerit longiorem, ipse et alius monachus visitator, ultra ii. dies in dicto monasterio non morentur, abbate et conventu per illos dies ministrantibus sibi necessaria liberaliter et benigne.—Ipse vero episcopus Cicestriæ de triennio in triennium ad monasterium ipsum cum xxv. equitaturis semel hospitaturus accedat. Qui nihil ibidem corrigat, nec aliquatenus visitet, et aliquid jus episcopale ibi vel infra circumjacentem leugam non exerceat, nisi abbatis et conventus precibus exoratus; tamen capitulum tantum ingredi poterit ad proponendum verbum Domini.—Et episcopus Cicestriæ qui nunc est, et sui successores semel quoad vixerint, in suo primo adventu tantummodo ibidem cum processione suscipiantur ab eis. Monachi vero ordinandi accedant ad ordines episcopi memorati.—Vacante capella S. Mariæ de Bello presentatum ab abbate et conventu predictis capellanum idoneum ad eandem, Cicestriæ episcopus admittere teneatur, cui curam tribuens animarum institutionem ipsius prædicto abbati remittat. Qui cum auctoritate ipsius episcopi decanum instituet predictæ leugæ circa monasterium adjacentis, et institutus habita jurisdictione ab episcopo Cicestriæ, de causis omnibus infra leugam eandam libere et absolute cognoscat et terminet, sicut rationabiliter eas viderit terminandas, exceptis criminalibus et matrimonialibus causis; quas cum ortæ fuerint episcopus vel ejus officialis extra leugam ipsam audiat et decidat, predicto decano eis nihilominus in earum cognitionibus assidente, nec tamen diffiniente, et tam ipsarum matrimonialium et criminalium causarum, quam et aliarum emolumentum ad abbatem libere ac integre redundabit. Liceat insuper in prædictis causis hiis qui de jure poterunt ab abbate seu decano predictis ad supradictum episcopum appellare. Correctio quoque decani ejusdem ad abbatem ordinarie spectet, quod si denunciante episcopo eundem corrigere neglexerit, delinquentem, tunc episcopus ipse corrigat eum rationabiliter ac discrete. Teneatur etiam idem decanus accedere ad synodum ipsius

Episcopi auditurus ejus precepta et nullum judicium subiturus; impetratis et impetrandis super premissis omnibus de cetero minime valituris. Acta 1255.

XI.
Professio Decani de Bello.—Reg. de Bello, pp. 166, 167.

Mem. quod A. D. 1250 Ricardus decanus capellæ S. Mariæ de Bello coram Radulpho Abbate et Conventu in Capitulo constitutus, Waltero de Dicton clerico presente, inspectis sacrosanctis evangeliis in hæc verba juravit. Ego promitto canonicam obedientiam et fidelitatem domino Abbati et Conventui; et jura eorum et indempnitatem pro posse meo in omnibus me conservaturum; promitto etiam quod compositionem inter Ecclesiam Cicestriæ et Ecclesiam presentem factam in omnibus articulis me contingentibus diligenter et fideliter observabo; emolumenta et taxationem eorum de omnibus causis coram me tractandis Abbati integre et plene reservans;—Sic me Deus adjuvet et sancti ejus.

XII.
Rubricella regendi Monasterii, Monasterio vacante.—Ibid. 570.

Vacante Monasterio qualitercunque, primo petatur licentia a Rege eligendi per literam conventus, si a Rege teneant in capite.

2º. Scribatur fratribus absentibus quod veniant ad electionem, maxime existentibus in provincia.

3º. Fiat prefixio in ipso capitulo per instrumentum vel per literam authenticam statuendo diem electionis, ita quod dies electionis sit post sepulturam defuncti Abbatis, et fiat potestas notarii in scriptis ad facienda instrumenta super electione. Die ad electionem faciendam conveniant omnes in choro ecclesie et ibi audiant missam, ad summum altare, solempniter, de Sancto Spiritu. Qua finita omnes fratres jus eligendi habentes intrent capitulum, et ibi proponatur verbum Dei, deinde legatur monitio quæ est infra in instrumento processus, ut excommunicati recedant. Post hæc per presidentem collegii stantem incipiatur, alta voce, *Veni Creator*, et cum genuflectione respondeatur, et sic genuflectatur usque ad finem et dicatur Collecta. Deinde legatur constitutio *Quia propter*. Post hæc tractatur per quam viam est procedendum; et ille clericus secularis qui regit electionem, habeat aliqua verba commonitoria proponere in conventu quod fratres consentiant viæ compromissi, quia illa est tutissima, omnes aliæ periculosissimæ. Qua electa, requiratur consensus omnium et singulorum per presidentem capituli, una cum ii. testibus et notario, si habeatur, si placeat eis via compromissi. Si sic, eligantur compromissarij, sic dividatur Conventus in tres partes; seniores per se, mediocres per se, et minores per se; et tunc dent seniores iv. compromissarios, mediocres duos, minores unum compromissarium. Quibus compromissariis, sic electis, quæratur iterato de singulis personis in Conventu si placeat eis idem numerus compromissariorum, et si sic, tradatur eis commissio; qua obtenta, ponantur compromissarii seorsum, et duo testes cum notario ad audiendum tractatum eorum; quibus compromissariis concordatis, detur potestas uni compromissariorum ad eligendum et providendum unum nomine eorum. Qua electione facta, cantetur " *Te Deum*," et ponatur coram summo altari. Deinde publicetur electio clero et populo palam, in lingua materna. Deinde presentetur electio, et requiratur consensus ipsius. Post hæc conficiatur decretum, et presentetur episcopo per Procuratores capituli, et impetretur litera proclamationis; et medio tempore petatur consensus regius, et die confirmationis proponatur factum totius processus, a tempore vacationis, cum quibusdam verbis commendaticiis, tam episcopo quam electo, et in defectum propositionis legatur decretum electionis, et die Dominica sequente, procuretur benedictio, et post benedictionem procuretur datio temporalium per Regem. Et semper Electus a die Electionis jacebit in maneriis monasterii, ab administratione tamen abstinendo.

ADDENDA.

5, v. 4, *innumeris*, above ten thousand. — See the remarks of Browne Willis, prefixed to the volume.

4, v. 7, *Maj. Monasterium* (Marmoutier), near Tours, founded by St. Martin. It had several dependencies in England.— At pp. 27, 50, for "Marmonstier," read "Marmoutier.'

9, v. 35, *ab omni exactione.*—See the Foundation Charter, printed in the Appendix, with the remarks of Selden and Spelmann.

17, note 2. For a fuller explanation of these terms, see Thomas Rudborne in Wharton's A. S. i. 260 ; and, of modern writers, Newcome's Hist. of St. Albans, p. 61 ; Kemble's Dipl. Anglo-Saxon, i. p. xlv.

23, v. 4 from the bottom, *simenelli*. Compare the corrody in Appendix (D.)

26, v. 4, *liberatio*. A similar instance of a pension or exhibition granted to one attending the King's Court is given in Spelmann, s. v. This was no less a person than the King of Scots.—See Appendix (D.)

27, v. 12, *clericus quidam capellanus*. This seems to have been a secular clerk, a practice afterwards forbidden by Honorius III.—Alteserra Ascet. p. 107.

52, v. 3, *Gundulfo*. This abbot, Ralph, is the abbot mentioned in the Chronicles of Rochester as attending Gundulphus on his death-bed ; to whom the bishop replied, when his friends urged him to give his ring to the abbot, " Monachus est ; nihil sibi et annulo."—Nero, D. ii. f. 108. b.

53, v. 13, *judicio aquæ*. Spelmann, in his Glossary, pp. 326. 435, gives instances of the right of ordeal by water, as well as otherwise, being conferred upon monasteries by the Kings of England; but the fact of its being attached to the manor of a subject is strange, nor can I find any other instances.

65, v. 6, it is somewhat remarkable that the Chronicler should make no further mention of the government of his house between A.D. 1135—1139. Abbot Warner resigned in the fourteenth year of his government, that is, 1139. However, in the year 1138, according to John of Hexham, Cardinal Albericus gave the benediction to the new abbot of Battle, named Adanus, of whom I can find no other notice. His words are these: " Abbatiæ quæ est juxta Hastinges, quæ dicitur ad Bellum, abbas nomine Adanus electus est, quos utrosque prædictus Albericus benedixit."—Spelmann's Conc. ii. 42.

65, v. 16, *Abbate S. Albani*.—See Newcome's Hist. of St. Alban's, p. 53.

66, v. 6.—See The Ancient Laws and Institutes of England.

67, v. 17, *eo tempore*.—See Spelmann's Concilia, ii. 53.

84, v. 12, *Angra*, called in the ancient records Aungre, now Ongar, in Essex. The hundred of Ongar was given by Henry II. to Richard de Luci, and with it the castle and honour of Ongar. It is not a little singular, that the church, a very early erection, was dedicated to St. Martin.—See Wright's Essex, ii. 327.

108, 5, *sigillum*.—On the use of seals, more especially by private persons, see Dugdale's Warw. p. 672.

113, v. 9, *Robertus*, &c. Crepito Corde is mentioned as a benefactor to the Church of Rochester in Thorpe's Reg. Roff. p. 209, and elsewhere. So also is the name of Will. de S. Leodegario, spoken of at p. 54.

122, 25, *filium*. This mention of a priest's son, and of his succeeding to his father's living, may perhaps seem strange;

ADDENDA.

I find, however, that, in 1107, Pope Paschal granted a dispensing power to Archbishop Anselm to promote such persons, although, according to the Canon Law, they were incapable of benefices. It is very remarkable, also, that they were said to be very numerous in England, the more moral as well as the larger part of its clergy — " major pæne et melior clericorum pars." — Spelm. Conc. ii. 29. The stricter requirements of the Canon Law were enforced only by degrees.

147, v. 10. The Bishop of London was employed on a similar service, when St. Alban's was vacant ten years before.— See Newcome's St. Alban's, 74, who observes that this was a new mode of election; but, as the contest ran high between Henry and the Archbishop of Canterbury, the King had determined to show his power by these proceedings.

INDEX.

A.

Adrian IV. 77 ; his letter, 78, 113.
Ædric qui signa fundebat, 14.
Æduardus Gotcild, 13.
—— Purgator, 13.
Ædvin Cniht, 15.
—— faber, 14.
Æluric de Dengemareis, 14.
—— Dispensator, 13.
—— Dot, 12.
Ælwinus secretarius, 16.
Æilnod sutor, 14.
—— f. Fareman, 13.
—— Heche, 16.
Æilric Cild, 14
Ælduin cocus, 14.
Ælfuin Trewe, 13.
—— Abbat, 15.
—— Hachet, 16.
—— Turpin, 16.
Ælstrild Nonna, 14.
Æluric Curlebasse, 15.
—— Corveiser, 16.
Agnes, wife of Bern. de Novo Mercato, 35 ; grants Berington to Battle Abbey, 35.
Ailric pistor, 14.
Ainardus, a monk, 9.
Alanus de Nova Villa, 110 ; the King's forester, *ib.*
—— Bella fago, 121 : refuses to entertain the Abbot of Battle, 122, 59.
Albericus, the legate, 64.
Aldredus, Archbishop of York, 22.
Aluredus de S. Martino, presbyter, 168.
Alexander III., 169.
——, a clerk, 114.
Anselmus, S., Archbishop, 154.
—— de Fraevilla, 54 ; gives the tithes of Glesi to Battle, 54.
Ansgerus, Dean of Lewes, 77.
Augi, Comes, 168.

B.

Balduin sutor, 16.
Bartholomew, Bishop of Exeter, 171
Battle Abbey, occasion of its foundation, 1 ; delay therein, 6 ; description of the possessions and lands surrounding it, 10, 24 ; privileges conceded to it, 24, 33 ; deficient in water, 8 ; its tenants, 12 ; dedication of, 40 ; founded on the model of Christ-Church, Canterbury, 69.
Benedictus dapifer, 14.
Benedict, Prior of Canterbury, 163.
Benwold Gest, 15.
Bernardus, Bishop of St. David's, 61.
—— de Novo Mercato gives St. John's Brecknock to Battle Abbey, 34, 35.
Blachemann de Bodeherstegate, 16.
Blacheni bubulcus, 13.
Brembel, 15.
Brictricus hortolanus, 15.
—— Barhe, 16.
Brithtricus, presbyter, 42.
Brihtwinus qui fuerat Bedel, 12.
Brother, presbyter, 48.
Brunreve, 16.
Burnulfus carpentarius, 14.

C.

Carlo cantor, 57.
Charters decayed by age, 164.
Chebel, 15.
Chenewardus, 16.
Clarenbaldus de S. Leodegario, his charity to Battle, 54.
Cocardus, 16.
Cocus, 20.
Cono, a monk, 32.
Council at London, 72.

D.

Dering Pionius, 13.
Doomsday-book quoted, 10, 17.
Durand, 15.

E.

Edilda Tipa, 15.
Emma, 14, 15.
Emma, wife of Osbern de Badham, grants certain lands in Badham to Battle, 54.
Eugenius III., 70.
Eustace, Earl of Bologne, 4.

F.

Fiscamnensis Abbas, pays Will. de Braiosa a rent of 10 modii of wine for lands in Wurmincgeherste, 36.
Flagi, a monastery in Normandy, 44.
Francefant, 14.
Fulbertus de Cilleham, 48.

G.

Gausbert, a monk of Marmontier, first Abbot of Battle, 9, 25; refuses to go to Chichester for consecration, ib., 67; or to Marmontier for ordination, 27, 69; his death, 43.
Gausfridus, monk of St. Carileph, Custos of Battle, 47; his care for its estates, 47, 49, sq.; intimate at the Court, 50.
——— Abbot of St. Albans, 65.
——— Abbot of Holme, 87, 104.
Gerardus Puella, 171, 175.
Geroldus de Normanvilla grants land in Glesham to the Abbey, 55.
Gild, the, of S. Martin's, 20.
Gilebertus clericus, 14.
——— extraneus, 13, 20.
Gilbertus Textor, 13.
Gilbertus de Baillol, 106, 107.
——— Bishop of London, 117, 147, 149.
Giltehalle, 20.
Godefridus, 15.
Godfrey de Luci, son of Richard de Luci, 140; has the moiety given him of the church at Wi, ib.; obtains the other from the King, 141; his contention with the convent of Battle, 170; Canon of Exeter, 171.
Godieve, 13.
Goduin cocus, 13.
——— f. Colsuein, 13.
——— Gisard, 16.
Golding, 15.
Goldstanus, 15.
Golduinus, 14.
Gosfridus cocus, 15.
Gotselinus, 14.
Gundulphus, Bishop of Rochester, 41.
Gunnild, 14.
Gunterus, a monk of Battle, 31; Abbot of Tournay, 32.
Guarinus, vide Warren.

H.

Haimo f. Vitalis, 48.
Haimo Peccatum, 116, 117, 118.
Hamelinus, a monk, 9.
Hanselinus miles, 36.
Harold perjured, 2; collects an army to oppose the Conqueror, 3.
Hastings, description of the battle, 5.
Henry, Prior of Canterbury, second Abbot of Battle, 44; strives to prevent the abbey losing a valuable casuble, 44, his death, 47.
——— Archdeacon of Chichester, 57, 77.
Henry I., 47, 49, 51, 52; exchanges his manor at Apeldreham for lands held by the Abbey at Reading, 55; gives to Battle St. Peter and St. Theodore's, Carmarthen, 55; his death, 64.
Henry II. crowned at Westminster, 72; hears the dispute between the Bishop of Chichester and the Abbot of Battle, 85, sq.; his contention with Thomas à Becket, 143.
Henricus de Augi, 105.
——— de Essexia, 85, 87, 93, sq., 97, 104.
Herod, 14.
Hieronymus, St., a copy of his Epistles presented by the monks of Battle to the Bishop of Chichester 57.
Hilary, Bishop of Chichester, 67; his commendation, 68; his dispute with the monks of Battle, 67, 82, sq.; resigns his claim, 103; favoured by Eugenius III., 70; moves Archbishop Theobald against the Abbots, 72.
Hildewardus, Prior of Battle, 60.
Hospital near Battle for strangers, 12, 18, 19.
Hostelry at London and at Winchester belonging to Battle, 26.
Hugo de Beche, 139.
Hugo de Mortuo-mari, 75; rebels against Henry II., 75.
Hugo, secretarius, 15.
Hugutio, Cardinal, 170.
Hunfredus Genester, 16.
Hunfridus presbyter, 15.
——— 166.

I.

Jerusalem, fratres de, 71.
Ingelrannus, cognomento Becchene-ridere, 105; a retainer of Withelardus de Bailol, ib.; sells to the abbey a piece of land in Bernehorne, 52, 105; gives Boccholte, 53.
Ingelrannus de Scoteni, 131.
Jocelin, Bishop of Salisbury, 114.
Johannes Comes de Augi, 106.
John, a monk, 9.
—— Belet, serviens regis, 60.
—— Dean of Chichester, 77.
—— Bishop of Chichester, 145, 169.
—— Vicar of Heriatesham, 169.
—— Treasurer of York Cathedral, 97.
—— of Salisbury, 172.
Ivo Cornubiensis, 174.
Juliot Lupus, 15.

L.

Lambertus, 14.
—— Sutor, 13.
Lanfranc, Archbishop of Canterbury, 40, 69, 81, 97.
Leffelmus, 15.
—— a monk, 9.
Lefflet Lounge, 15.
Lefui Nuc, 13.
Lefuinus pistor, 14.
—— Hunger, 15.
Legarda, 13.

M.

Malgarus faber, 12.
Marmoutier, monks of, invited to Battle, 23; claim obedience of the Abbot there, 27.
Mary, St., Church of, 13, 19.
Mathelgarus Ruffus, 14.
Matilda, queen of William I. induces him to build the nunnery of the Holy Trinity, Caen, 38.
Matilda de Yclesham, 109.
Mauricius, 14.
Maurilius, Archbishop of Rouen, his advice to St. Anselm, 154.
Merlin, his prophecy, 4.

N.

Nicholaus de Sigillo, 85.
—— son of Withgar, 122.
Norwich, Bishop of, 116, 119, 124.

O.

Odo, Bishop of Bayeux, 29.
—— Prior of Canterbury, 148; elected Abbot of Battle, 149; refuses the honour, 151; consents at last, 153; his address to the monks there, 158; refuses the benediction of the Bishop of Chichester, 161; his life, 162; his preaching, 163.
——, Abbot of Flagi, 46.
Ordricus porcarius, 13.
Orgar, 14.
Osbern de Bodeham, 54.
——, f. Hugh, grants 30 acres of meadow in Bodeham to Battle, 34, 132.
Osbern f. Isilia, gives two salt-pits at Rye, 54.
Osbert, Count d'Eu, 10.
——, Pechet, 16.
Osmund, a monk of Battle, 107.
——, Bishop of Salisbury, 41.
Oter, 19.

P.

Paganus Peche, 15.
Patrick, Earl of Salisbury, 87, 97, 104.
Peter pistor, 14.
Petrus de Chriel, 107, 139.
Philippus de Braiosa, 36.

R.

Radulfus, a physician, 85.
Radulphus, third Abbot of Battle, 51, 105; a monk of Caen, 51; came into England with Lanfranc, 30; obtains exemption from episcopal jurisdiction for the chapel of St. Mary's, Battle, 56; makes a new reliquary, 57; his good deeds, 58; his death, 59.
——, Bishop of Chichester, 41; refuses to consecrate Henry, Abbot of Battle, except in his cathedral, 44; is friendly to the Abbey, 56; is presented by the monks with copy of St. Jerome's Epistles, 57.
—— Calvus, 57.
—— Ducgi, 13.
—— f. Theodori gives 100 ambres of salt to Battle Abbey, 36.
Reginald, Earl of Cornwall, 76.
—— de Warren, 88, 97, 104.
Reinbaldus de Bece, 12.
—— Genester, 16.

Richard de Chaaines, 109.
——, Bishop of London, 87, 104, 114.
——, Archbishop of Canterbury, 141, 144, 168.
——, a monk of Flagi, 46.
—— de Luci, 65, 71, 76; his castle at Ongar in Essex, 84; present at the dispute with the Bishop of Chichester, 85, 88, 97, 111; Chief Justice, 130, 164; guardian of Battle, 138.
—— de Bellafago, Archdeacon, afterwards Bishop of Norwich, 120.
—— de Humez, 76, 85.
Robertus Bos, 131.
—— Borne, 132.
Robertus de Ciltuna, 47; fined for wasting the manor of Wi, 49.
—— de Crevequeor, 113.
—— Philosophus, 115, 117, 125.
Roger, Bishop of Constance, 41.
——, Archdeacon of Poitiers, 127, 166.
Roger, Abbot of Canterbury; afterwards Abbot of Peterborough, 163.
——, Archbishop of York, 87, 97, 104.
—— de Bellafago, 127.
——, Bishop of Salisbury, 60; Chief Justice, ib.
—— Braceur, 16.
—— de Fraelvilla, 54.
—— Moin, 11.
——, a monk of Battle, 35.
—— presbyter, 115.
——, Treasurer of Chichester, 77.
Rollo, 1.
Rotbert f. Wido, 11.
——, Earl of Leicester, 85, 87, 97, 104, 111.
——, Bishop of Exeter, 87, 104.
——, Bishop of Lincoln, 87, 104.
Rotbertus de Andevilla, 57.
—— Barate, 15.
—— Blancard, a monk of Marmoutier, 7; drowned, 8; first Abbot of Battle, ib.
—— de Bolonia, a monk of Marmonstier, 7.
—— Bovis, 11.
—— Comes Augi, 55.
—— de Cornuilla, 70, 99.
—— Fillel, 48.
—— de Havena, 13.
—— Molendinarius, 13.
——, a monk, 32.
—— de Yclesham, 109, sq.

Robertus f. Siflet, 13.
Russell, 14.

S.

Salomo, a clerk to Theobald, Archbishop of Canterbury, 71.
Seiffrid, Bishop of Chichester, 60, 62, 65, 67.
Selaf bovarius, 13.
Sevugel, 14.
—— cannarius, 15.
—— Cochec, 13.
Seward Gris, 143.
Sewinus, 14.
Silvester, Abbot of St. Augustine's, Canterbury, 87, 104; his dispute with the Archbishop of Canterbury, 88.
Siwardus Stigerop, 14.
—— Crull, 15.
—— f. Sigar, 106.
Slote, 15.
Smewini, 131.
Standard, 8.
Stephanus Comes Boloniæ, 64; King of England, ib.; confirms the privileges of Battle, 70; buried at Feversham, 71.
Stigand, Archbishop of Canterbury, opposed to the Conqueror, 23, 81.
——, Bishop of Chichester, refuses benediction to the Abbot of Battle, except in his Cathedral Church, 25, 69, 97.

T.

"Te Deum" sung on the appointment of an Abbot, 154.
Templo, fratres de, 71.
Tetbertus, a retainer of William de Braiosa, gives a hide of land in Langlintown to Battle Abbey, 36.
Thedbaldus Vetulus, a monk of Marmoutier, 7.
Theophilus, 153.
Theodbaldus, Archbishop of Canterbury, 70, 71; crowns Henry II., 72; is set against the Abbey of Battle by the Bishop of Chichester, 72; has great influence with Henry II., 73; present at the dispute with the Bishop of Chichester, 87, 93, 104; his death, 141.
Thomas à Becket, Chancellor, 73, 74; one of the court to hear the dispute between the Abbot of Battle and the Bishop of Chichester, 85, 86,

87, 97, 104; delivers the judgment, 98; made Archbishop, 141; his contention with Henry II., 142; his relations banished, 143; his return, *ib.*; his martyrdom, *ib.*
Thomas, a clerk, 117.
Thomas, Dean of Hastings, 77.
Tithes, 27.

V.

Vivian, guardian of Battle during the interval, 47.

W.

Walchelinus, Bishop of Winchester, 41.
Walter, a monk of Battle, 55; Prior of St. John's, Brecon, *ib.*
—— Constance, Bishop of Lincoln, 160.
—— of Berkshire, 168.
Walterus Fitz-Lambert. 10.
Walterus de Luci, fifth Abbot of Battle, 65; brother of Richard de Luci, *ib.*; his dispute with Hilary, Bishop of Chichester, 68; careful for his rights, 104; proceeds against Robert de Crepito Corde, 113; visits his churches in the diocese of Norwich, 120.
—— Ruffus, 16.
Warner, Abbot, 46, 60; monk of Canterbury, *ib.*; refuses to attend the Synod at Chichester, 62; his contention with the Bishop, 63; resigns, 64.
Walerannus, Archdeacon of Bayeux, Bishop of Rochester, 175.
Warinus f. Geraldi, 85, 88, 97, 104.
Weningus gives the church of Westefeld to Battle, 53.
William, younger brother of Henry II., 85.
—— I. in great favour with the Norman nobility, 2; heir to Edward the Confessor, *ib.*; invades England, *ib.* 20; anecdotes of his invasion, 3; his character, 6; refuses to change the site of Battle Abbey, 8; crowned, 22; account of his death, 36; builds two monasteries, 38.
—— II., his munificence to Battle Abbey, 37, 40; crowned by Lanfranc, 40; gives to the Abbey the manor of Bromham, 40; and certain churches in Suffolk, Norfolk, Essex, 41; his death, 46.
Willelmus Corduanarius, 13
Willelmus de Heli, 60.
Willielmus, Archbishop of Canterbury, 60, 64.
—— comes Augi (Eu), 34.
—— de Braiosa gives eight mansuræ in Bramber, and three in Shoreham, to Battle Abbey, 35.
—— Coche, a monk of Marmoutier, 7.
—— Bishop of Durham, 41.
—— Faber, a monk of Marmoutier, 4; reason for his surname, *ib.*; engages the Conqueror to found a monastery, *ib.*; employed to superintend the building, 7, 9.
—— Fitz-Osbert, his interpretation of William's fall when he landed at Hastings, 2.
—— Grei, 13.
—— de Ipra, Sheriff of Canterbury, 66.
—— de S. Leodegario, sells Prunhelle, 54.
—— de Orbec, 116, 117.
—— Pinel, 13.
—— Rotbert, 11.
—— f. Wibert, 53; gives the tithe of Bocstepe to Battle, 53.
Withelardus de Bailol confirms certain grants, 52, 53, 105.
Withgar, a priest. 122.
Wrenci, 20.
Wreck, right of, in the Abbey, 49, 65.
Wulbaldus Winnoc, 15.
Wulfricus porcarius, 15.
Wulfuinus carpentarius, 16.
—— Hert, 13.
—— Scot, 15.
Wulmerus, 12.
Wulvrun hida, 36.
Wuluric Aurifaber, 13.

THE END.

LONDON:
Printed by S. & J. BENTLEY, WILSON, and FLEY,
Bangor House, Shoe Lane.

CPSIA information can be obtained at www.ICGtesting.com
Printed in the USA
BVOC011319280312

286292BV00002B/6/P